幼儿教育专业互联网+创新教材

幼儿教师口语

(微课视频版)

主　编　贾　瑛
副主编　叶齐玲　林爱銮　陈怀倩
参　编　邓翠和　崔素民　何观莲　潘秋凤

机械工业出版社

本教材是幼儿教育专业互联网＋创新教材中的一本，主要内容包括：普通话水平训练、幼儿教师基础口语技巧训练、幼儿教师教育口语训练、幼儿教师教学口语基本技能训练、幼儿教师活动用语训练、适用不同对象的幼儿教师口语的运用、幼儿教师其他工作口语训练、幼儿教师展示性口语训练。本教材知识点与训练点紧密结合，技能训练与情感目标一致，所有案例均来源于教学实际。本教材部分内容还配置了教学微课和示范录音。

本教材可作为技工院校、技师学院幼儿教育专业，职业技术学校学前教育专业的教学用书，也可供幼儿教师自学参考。

图书在版编目（CIP）数据

幼儿教师口语：微课视频版/贾瑛主编. —北京：机械工业出版社，2019.7

幼儿教育专业互联网＋创新教材

ISBN 978－7－111－63104－0

Ⅰ.①幼… Ⅱ.①贾… Ⅲ.①幼教人员-汉语-口语-中等专业学校-教材 Ⅳ.①H193.2

中国版本图书馆CIP数据核字（2019）第132446号

机械工业出版社（北京市百万庄大街22号 邮政编码100037）

策划编辑：王晓洁 陈玉芝 责任编辑：王晓洁 陈玉芝

责任校对：梁 倩 封面设计：马精明

责任印制：郜 敏

涿州市京南印刷厂印刷

2019年8月第1版第1次印刷

187mm×260mm · 11.75印张 · 294千字

0001－3000册

标准书号：ISBN 978－7－111－63104－0

定价：39.80元

电话服务 网络服务

客服电话：010-88361066 机 工 官 网：www.cmpbook.com

010-88379833 机 工 官 博：weibo.com/cmp1952

010-68326294 金 书 网：www.golden-book.com

封底无防伪标均为盗版 机工教育服务网：www.cmpedu.com

前　言

“德高为师，身正为范”是社会大众对所有教育从业者的殷切希望和最高要求，而教师口语则是教师传授知识、表达情感、教育学生的主要手段。幼儿是祖国的花朵，含苞待放，纯真无暇，需要教师用幼儿“特有”的语言去浇灌他们，让他们茁壮成长。“幼儿教师口语”课程的开设，旨在提高幼儿教师的口语表达水平，规范教学用语，注重教学仪态，提升教育水平等，为各位“准教师”顺利地走进职场做好理论准备和技能准备。

本教材是五年制职业教育幼儿教育专业教学用书，适合两个学期学习。第一学期以第一单元、第二单元为主，侧重于普通话水平的训练与提升；第二学期以第三单元至第八单元为主，侧重于幼儿教师走上讲台后的职业能力训练。在遵循科学性、实用性、示范性等编写原则的基础上，本教材努力做到知识点与训练点紧密结合，技能训练与情感目标一致，体现了以下特点。

第一，章节层次清晰，学中有练。本教材的每一节大都由“案例分享”“启示录”“发散讨论”等环节导入新课，再由“学习目标”“知识讲解”“课堂练习”等环节展开教学，中间插入一些活泼有趣的“知识链接”，用以拓展学生的知识面，最后的“课后练习”环节供作业布置、查漏补缺之用。

第二，案例选择力求实用，教学方法与时俱进。在教学案例的选择上，既保留了多年来公认的经典案例，又努力寻找新时代、新形势下出现的崭新案例，它们多以“案例欣赏”或“课堂练习”的形式出现在教材中。教材中对问题的解答不一定是“最好的”答案，希望广大师生在课堂实践中找到“更好的”解决之道。另外，在教学实施过程中，很多章节提倡小组合作教学、小组竞赛教学、情景模拟演练等教学模式，鼓励师生们“说出来”（如第一单元的普通话水平训练）、“动起来”（如第二单元至第六单元的教学试讲类章节）、“比起来”（如第八单元的幼儿教师展示性口语训练），最后再“议一议，评一评”，感受职场中的说话技巧，（如第七单元的幼儿教师其他工作口语训练）。

第三，立足职业特点，教材表现形式多样。本书第二单元至第八单元的很多案例欣赏和课堂练习，都曾是教师们在教学活动中的实景再现，适合情境模拟演练，带着“当我遇到这样的课堂问题或突发状况时，我会怎样做?”的心态去解决问题，带着“无论有什么未知的情况会发生，我都有能力解决”的勇气去模拟体验，会让学生们的应变能力、表达能力得到很大的提升，突出职业院校学生的实战能力。与此同时，本教材亦开发了与内容相配套的电子课件，部分内容还补充了教学微课和示范语音，努力提升教学交流的途径和质量。

本教材由贾瑛老师担任主编，叶齐玲、林爱銮、陈怀倩老师担任副主编，邓翠和、崔素民、何观莲、潘秋凤老师参与编写。另外，衷心感谢毕艺权、易梦思、李泳然、陈昱宽等同志为编写工作所提供的帮助。

虽然本教材的编写人员都做了大量细致而又认真的工作，但由于编写时间仓促，书中难免有疏漏、不足之处。我们热忱地欢迎广大师生提出宝贵的意见和建议，使教材更加完善，在培养幼儿教师的职业口语能力方面发挥更好的作用。

编　者

目 录

第一单元　普通话水平训练

第一节　普通话与教师职业的要求

案例分享

普通话在教学中的重要性

幼儿教师是幼儿的启蒙者，普通话是否标准，对幼儿有着深刻的影响。请欣赏下面的案例：

> 上海的一名幼儿教师，应邀到某地进行示范教学活动。课前，她为每个幼儿准备了观察用的图片放在他们的课桌上，并且用布遮盖好。上课时她对幼儿们说："小朋友们，请把你们的图片拿出来。"小朋友们却纷纷地掀起了自己的衣服，露出了肚皮。老师愕然，可是来不及细想，又按照自己的思路继续问道："小朋友们，图片上面有什么呢？""肚脐眼儿！"小朋友们一起回答。

听课老师笑倒一片，这位老师目瞪口呆，孩子们这是怎么啦？原来，是这位老师的普通话不够标准，把"图片拿出来"，说得近似于"肚皮露出来"的发音，造成了幼儿的误解，一场精心准备的示范课却因为方言口音重而失败了。

启示录

由此可见，语音上的一点点误差，都有可能造成语言理解上的"谬以千里"。不管教师课前做了怎么样的精心设计，也不管教师的教学水平多么高超，只要语言表达出了问题，就不可能有精彩的课堂。所以，幼儿教师必须能用准确、清晰、规范的普通话进行教育与教学，这是一名合格的幼儿教师应具备的基本素质。

发散讨论

广东是一个包容的地方，这里汇聚了来自全国各地的人们。而这里的方言也十分繁多，有粤语、客家话、潮州话等，普通话的使用则方便了人们进行交流。那么，在日常生活中，有没有遇到过因发音产生的误会呢？

学习目标

1）了解普通话的概念及对教师职业的意义。
2）熟知幼儿教师口语发音的基本要求。
3）了解中国七大方言分布情况。

知识讲解

一、普通话的含义

普通话是以北京语音为标准音，以北方话为基础方言，以典范的现代白话文著作为语法规范的现代汉民族共同语。它不仅是汉民族的共同语，也是包括少数民族同胞在内的全体中华儿女的共同语。

二、普通话对教师职业的意义

普通话是教师的职业语言，是教师素质的构成因素之一，它影响着教师的外在形象和内在修养，进行普通话训练是教师自我发展的需要。《中华人民共和国国家通用语言文字法》第十九条规定："凡以普通话作为工作语言的岗位，其工作人员应当具备说普通话的能力。"

教师这一职业要求教师必须具有良好的语言素质，而普通话口语表达是教师开展工作的主要方式和手段，也是教师一刻也离不开的特殊工具。

知识链接

现代汉语有几大方言呢？

1. 北方方言　　2. 吴方言　　3. 湘方言　　4. 赣方言
5. 客家方言　　6. 闽方言　　7. 粤方言

答：一共有7种。

三、幼儿教师口语发音的基本要求

幼儿教师在教学活动中必须使用普通话标准音，做到发音准确、吐字清晰。具体要求如下：

1）准确：发音准确；断连、重音合乎语义；用词准确。

2）清晰：语脉清晰，观点正确；语意完整，句式简洁，用词通俗；音节饱满，语流顺畅，语速恰当。

3）生动：语气、语调生动自然，富于变化；话语富有形象性、感染力。

4）得体：根据对象、场合选择恰当的角度、措辞、语气语调及表达方式，合情合理，分寸适度，态势协调、自然。

课堂练习

1）请区分下列普通话语序或表达形式同方言的区别，并读出普通话语句。

①我来过北京。/北京我有来。/我有来过北京。

②你去，我没有去。/你去，我不去。

③冰嘎凉/冷冰冰/冰冰冷/冷冰哒。

④你跳得来这种舞不？/你会跳这种舞吗？/这种舞你跳得来不？/这种舞你跳得来跳不来？

⑤这朵花儿很红。/这朵花儿红极。/这朵花红得极。

⑥这菜齁（hōu）咸。/这菜伤咸了。/这菜太咸了。/这菜老咸了。

⑦妈妈说红的花多半不香。/妈妈说红的花多半没有香。

2）请分别用家乡的方言和普通话朗诵下列古诗词，体会方言与普通话之间的发音有什么不同。

① 《春晓》
（唐·孟浩然）
春眠不觉晓，处处闻啼鸟。
夜来风雨声，花落知多少。

② 《晓出净慈寺送林子方》
（宋·杨万里）
毕竟西湖六月中，风光不与四时同。
接天莲叶无穷碧，映日荷花别样红。

③ 《天净沙·秋思》
（元·马致远）
枯藤老树昏鸦，小桥流水人家，
古道西风瘦马。夕阳西下，断肠人在天涯。

④ 《江雪》
（唐·柳宗元）
千山鸟飞绝，万径人踪灭。
孤舟蓑笠翁，独钓寒江雪。

课堂练习

两个朋友的相遇寒暄

老王：嗨，小李，今天怎么这么早啊！

小李：哎，家里有急事，先不跟您聊了，我走先了啊。

【提问】在这两句对白中，小李的哪句话是不符合普通话语言规范的？

课后练习

1. 什么是普通话？幼儿教师为什么必须用规范的普通话进行教学活动？

____

____

____

2. 请同学们分别用普通话和自己家乡的方言读一遍下面的文字，体会各地区语言的发音和语法使用的差异。

有一天，北风和太阳争论谁的本事大，它们决定，谁先脱下旅人的衣服，谁就是胜利者。北风先试它的力量，用力猛吹，但是风吹得越大，旅人将自己的大衣裹得越紧。最后，北风放弃了，请太阳出来，看看它的本事。太阳很快地发出它所有的热力，不久，旅人感受到太阳的温暖，便将衣服一件件脱下，最后，热得受不了了，就脱光了衣服，在路旁的河里洗澡。北风不得不承认，到底还是太阳的本事大。

第二节　普通话发音技能训练

案例分享

教师的嗓音病为什么居高不下

李老师5年前就发现，她一讲课就会出现嗓子疲劳、声音嘶哑的情况，休息后再说话就恢复正常。近两年来她声音嘶哑的频率越来越高，除了讲课费劲外，还伴有脖子发胀、声音低沉等症状。学生反映有时听不清她讲课的内容。后来，李老师到医院就诊，经过纤维喉镜和声音测试等检查确诊为慢性喉炎。经过系统治疗，李老师的吐字发音又清晰悦耳了。

这样的案例并不少见，教师嗓音发病率大大高于其他行业从业人员。发病的原因主要有三点：首先是说话多，声带长期疲劳；其次是发声方法不科学，损伤喉部肌肉；最后是嗓音保健不得力，有病得不到及时有效的治疗。

启示录

工欲善其事，必先利其器。教师在工作中一刻都离不开嗓子，一副好嗓子可谓是教师职业生涯中不可或缺的法宝。但有部分教师因为没有接受过系统的发音技巧训练，常常会情不自禁地使用“蛮力”进行呐喊式教学，对喉咙造成很大的损伤，既伤了身体又影响了教学效果。所以，系统科学地提高发音能力，是每位教师都应该掌握的技能。

发散讨论

为了预防慢性喉炎之类的疾病，平时应该怎样保养自己的嗓子？你有什么样独到的发音技巧吗？还有什么样的食疗方法可以分享吗？

学习目标

1）掌握发音的基本原理。

2）掌握练气、练声、三腔共鸣控制、吐字归音的训练方法。

3）学会使用科学的用气发声方式进行朗读和对话。

一、练气训练

声音的发出与呼吸、发声、共鸣、咬字四个环节紧密相连。“夫气者，音之帅也。”声音的响亮度与清晰度，音色的清脆与低沉，嗓音的持久与否等，都与气流的变化息息相关，只有气息得到控制，才能控制声音。俗话说练声先练气，气息的大小与发声有着直接的关系——气不足，声音无力；用力过猛，又会有损声带。所以练声，首先要学会用气。

气息指人体呼出的气，气息控制要做到：吸气一大片，呼气一条线；气断情不断，声断意不断。

吸气：站立或坐直，吸气要深，小腹收缩，整个胸部要撑开，尽量把更多的气吸进去。注意吸气时要气息下沉，不要提肩，鼻吸口呼，双手自由摆动。可以体会一下闻花香时的感受：远处飘来一股花香，是什么花的香味呢？此时，气会吸得深入、自然。

呼气：呼气时要慢慢地进行。要让气慢慢地呼出。呼气时可以把两齿基本合上，留一条小缝让气息慢慢地通过。控制时间越长越好，反复练习 4 ~6 次。

课堂练习

1）数数字练习：吸气同前文所述。在呼气同时轻声快速地数数字“1，2，3，4，5，6，7，8，9，10”，一口气反复数，以此类推，数到这口气气尽为止，看你能反复数多少次。

2）数红旗练习：广场上，红旗飘，一面旗，两面旗，三面旗，四面旗，五面旗……到这口气气尽为止，看你能数多少面红旗。反复数 4 ~6 次。

3）数葫芦练习：吸气同前文所述。在呼气同时轻声念：金葫芦，银葫芦，一口气数不了 24

个葫芦（吸足气），一个葫芦，两个葫芦，三个葫芦……到这口气气尽为止，反复数4~6次。

总 结

练习时，要做到舒适自如，避免紧张僵硬。用数数字、数红旗、数葫芦来控制气息。开始腹部会出现酸痛感，练习一段时间后会大有进步。

二、练声训练

声音是通过气流振动声带而发出来的，在练发声以前要先做准备工作。先放松声带，用一些轻缓的气流振动它，让声带有点准备，发一些轻慢的声音，千万不要张口就大喊大叫，那样只能对声带起破坏作用。

1）深吸慢呼。这一练习仍以练气为主，发声为辅。练习时，男生轻轻地发“啊”音，女生发“咿”音。声音呈波浪式发音，能拉多长就拉多长，反复练习。

2）断音练习。这是声、气各半的练习。双手叉腰或护腹，由丹田托住一口气到额咽处冲出同时发声，声音以中低音为主，富有弹性。

课堂练习

1）吸一口气后，嘴里发出快速的“噼里啪啦，噼里啪啦”（反复），到这口气将尽时发出“噼——啪”的断音。反复4~6次。

2）吸一口气后，先慢后快地发出“哈，哈”（反复，逐渐加快），“哈，哈，哈……”锻炼有爆发力的断音。

3）吸一口气后，先慢后快地发出“嘿——吼、嘿——吼”（反复，逐渐加快），“嘿吼，嘿吼……”加快到气力不支为止，反复练习。

三、共鸣控制练习

人体的共鸣器官主要有喉腔、咽腔、口腔、胸腔、鼻腔和头腔。人声可分为低、中、高三个不同的音区，这三个音区也是共鸣区。大部分发声在中音区，这就决定了用声的共鸣重心应该放在喉、咽、口腔三处。口腔共鸣能使声音结实、明亮；胸腔共鸣能使声音浑厚、洪亮；鼻腔共鸣能使声音明亮、高亢。对教师来说，采取“口腔为主，三腔共鸣”的方式为最佳，用这样的共鸣方式发出的声音，既圆润丰满、洪亮浑厚、又朴实自然、清晰真切。

1. 口腔共鸣训练

口腔是气息冲击声带后形成语音的最主要的共鸣腔，是决定音色的主要共鸣器。练习时，应气息下沉，两肋打开，喉部放松。

课堂练习

1）牙关练习。放松下巴，用手扶住放松而微收的下巴，缓缓抬头以打开口腔，再缓缓低头以闭上口腔。从容地发复韵母 ai、ei、ao、ou。读时注意体会声束沿上腭中线前滑，挂在前腭的感觉。

2）竖起后咽部练习。调节颈部姿态，竖起后咽部，发韵母 a、o、e、i、u，读时注意体会上下贯通的共鸣感觉。

3）声束冲击练习。读较短促的 ba、bu、pa、pu、ma、mu，或学汽笛的长鸣声“di——”，体会声束集中冲击硬腭前部的感觉和声音的力度。

4）练习朗读下面的词语。

冰雹　澎湃　玻璃　碰壁　批判　拍打

翻江倒海　百炼成钢　波澜壮阔　壁垒森严

2. 胸腔共鸣训练

胸腔的空间及共鸣能量大，发出的声音有深度和宽度，声音听起来浑厚宽广，会给听众一种庄严深沉的感觉。它是口腔共鸣不可缺少的基础。

课堂练习

1）音高练习。选一句话，在本人音域范围内，由低到高，再由高到低，体会胸腔共鸣的加强。

2）加强胸部响点的练习。

用较低的声音弹发 hā 音，体会胸部响点，由低到高一声声地弹发，体会胸部响点的上移和下移。

3）练习朗读下列含有 ɑ 音的词。

计划　女娲　亚当　到达　白发　出嫁

芳华　夏娃　拔地而起　千军万马　英明伟大

3. 鼻腔共鸣训练

鼻腔共鸣是通过软腭来实现的。软腭放松，鼻腔与口腔的通路打开，发音时可以感受到鼻梁上部、鼻凹、上牙根等部位有明显的震动感，标准的鼻辅音 m、n、ng 就是这样发音的。

课堂练习

1）鼻辅音 + 元音练习。如：mɑ，mi，mu，nɑ，ni，nu 等。

妈妈　猫咪　母亲　那里　你好　努力

2）减少鼻音色彩练习。有鼻音习惯的发音，常常韵母的元音部分完全鼻化。可用手捏住鼻子，串发六个元音 ɑ—o—e—i—u—ü 来检查是否过分使用鼻腔共鸣。如果鼻腔从元音开始就共振，表明鼻腔共鸣使用过度，应减少元音的鼻化程度。

渊源　黄昏　间断　风华　傲雪

湘江　光芒　荒凉　虎牙　梅花

3）零声母辨音练习。每个汉字的字音结构都由声母、韵母和声调三部分构成。通常被大家称为“零声母”的音节，也就是没有辅音声母的音节，例如“安”（ān），这个字音不是辅音开头，而是用元音 ɑ 开头的，这样的音节就是“零声母”音节。

要特别注意的是：w 和 y 两个字母是作为 i、u 和 ü 的音头，不作为元音或辅音，名称仍与 i、u、ü 相同，表达时 w 相当于 uɑ，y 相当于 iɑ。

爱 ài 心——耐 nài 心　　海岸 àn——海难 nàn

疑 yí 心——齐 qí 心　　大义 yì——大力 lì

语 yǔ 序——女 nǚ 婿　　傲 ào 气——闹 nào 气

4. 三腔共鸣的训练

口腔、胸腔、鼻腔这三腔应连成一个整体，不能单独独立地使用。

课堂练习

1）夸张四声练习。选择韵母音素较多的成语或词语，运用共鸣技能做夸张声调的训练。

山—清—水—秀　　黑—白—分—明

融—会—贯—通　　风—驰—电—掣（chè）

笑—口—常—开　　刻—不—容—缓

跋—山—涉—水　　千—里—迢—迢

2）大声呼喊练习。假设一个目标在 80 ~ 100 米处，进行呼唤。

老——王，等一等！

苗——苗，快回家！

飞——飞，不要急！

呼唤时，注意控制气息，并注意延长音节，体会三腔共鸣。

3）绕口令练习。绕口令中间应略微停顿，快速收气，进行补气练习，放慢语速，声音洪亮，体会共鸣效应。

①桃子、李子、梨子、栗子、橘子、榛子栽满院子、村子和寨子。

蚕丝、生丝、熟丝、缫丝、染丝、晒丝、纺丝、织丝、自制粗丝、细丝、人造丝，丝丝入扣。

②名词、动词、数词、量词、代词、助词、连词，组成诗词、唱词和快板词。

5. 吐字归音训练

“吐字归音”是口腔控制的重要一环，它指从汉语音节的特点出发，把汉字一个音节的发音过程分为字头、字腹、字尾三个阶段。如 kan，k 是字头，ɑ 是字腹，n 是字尾。大体上可以说是，字头就是声母，字腹就是韵母，字尾就是韵尾。吐字发声时一定要咬住字头，有一句话叫“咬字千斤重，听者自动容”说的就是这个意思。只有发音准确无误，清晰、圆润，吐字才能“字正腔圆”。

在发音时，一定要紧紧咬住字头，嘴唇一定要有力，把发音的力量放在字头上，利用字头带响字腹与字尾。字腹的发音一定要饱满、充实，口型要正确。归音是指音节发音的收尾过程，要求字尾弱收，趋向鲜明，既不可拖泥带水留尾巴，也不可发音不到位。也就是不要念半截字，要把音发完整。当然字尾也要能收住，不能把音拖得过长。

小 结

吐字归音的发音要求

1）出字——要求声母的发音部位准确、弹发有力。

2）立字——要求字腹拉开立起，做到“开口音稍闭，闭口音稍开”。

3）归音——干净利落，不可拖泥带水，尤其是 iu、n、ng 等做字尾时，要注意口型的变化。

课堂练习

1）声母、韵母拆合练习。

b－ɑ－ba　　b－an－ban　　p－ɑ－pa　　p－an－pan

b－ai－bai　　b－ang－bang　　p－ai－pai　　p－ang－pang

2）象声词练习。

哗啦啦　叮咚咚　淅沥沥　咕噜噜　乌溜溜

滴答答　扑棱棱　呼啦啦　轰隆隆　扑通通

3）绕口令练习。

眼睛上长眼皮，上有上眼皮，下有下眼皮。上眼皮真调皮，没事欺负下眼皮。左眼上眼皮打左眼下眼皮，右眼上眼皮打右眼下眼皮。左眼上眼皮打不着右眼下眼皮，右眼下眼皮打不着左眼下眼皮，左眼下眼皮打不着右眼上眼皮，右眼上眼皮打不着左眼下眼皮。

4）格律诗练习。

绝句

（唐・杜甫）

两个黄鹂鸣翠柳，一行白鹭上青天。

窗含西岭千秋雪，门泊东吴万里船。

5）按字正腔圆的要求读下列词语。

英雄好汉　兵强马壮　争先恐后　光明磊落　深谋远虑
果实累累　五彩缤纷　心明眼亮　海市蜃楼　优柔寡断

课后练习

1．读准下面的平翘舌音。

Z——zh　在职　杂志　栽种　增长　自重　宗旨
Zh——z　渣滓　张嘴　种族　长子　沼泽　振作
C——ch　财产　草场　猜出　采茶　彩绸　餐车
Ch——c　车次　场次　蠢材　纯粹　差错　陈词
S——sh　三十　丧生　扫射　私塾　四十　四声
Sh——s　哨所　山色　深思　神速　上诉　深邃

2．f、h 对比辨音练习。

发话 fā huà　发慌 fā huāng　反悔 fǎn huǐ
繁华 fán huá　丰厚 fēng hòu　复合 fù hé
混纺 hùn fǎng　后方 hòu fāng　化肥 huà féi
洪峰 hóng fēng　画符 huà fú　花粉 huā fěn

3．n、l 对比辨音练习。

无赖 lài——无奈 nài　水牛 niú——水流 liú
男 nán 裤——蓝 lán 裤　连 lián 夜——年 nián 夜
旅 lǚ 客——女 nǚ 客　脑 nǎo 子——老 lǎo 子
留念 niàn——留恋 liàn　浓 nóng 重——隆 lóng 重
牛 niú 黄——硫 liú 磺　大娘 niáng——大梁 liáng

4．零声母辨音练习。

爱 ài 心——耐 nài 心　海岸 àn——海难 nàn
疑 yí 心——齐 qí 心　大义 yì——大力 lì
语 yǔ 序——女 nǚ 婿　傲 ào 气——闹 nào 气

5．an 和 ang 对比训练。

an：弹丸　肝胆　感染　散漫　橄榄　难堪
ang：帮忙　沧桑　螳螂　方糖　苍茫　厂长
an-ang：反问——访问　烂漫——浪漫　担心——当心
赞礼——葬礼　开饭——开放　天坛——天堂

6．en 和 eng 对比训练。

en：深圳　认真　深沉　振奋　身份　沉闷
eng：丰盛　风筝　更正　生成　征程　逞能
en-eng：身世——声势　诊治——整治
真诚——征程　吩咐——丰富
清真——清蒸　瓜分——刮风
伸手——生手　出身——出生
陈旧——成就　深思——生丝

7．in 和 ing 对比训练。

in：信心　辛勤　引进　贫民　临近

ing：惊醒　情景　宁静　叮咛　蜻蜓

in-ing：金银——经营　亲近——清静　辛勤——心情

不信——不幸　人民——人名　亲临——轻灵

8. ian 和 iang 对比训练。

ian：电线　偏见　艰险　片面　鲜艳　变迁

iang：想象　响亮　洋相　强项　亮相　两样

ian-iang：艰难——江南　羡慕——项目　简历——奖励

联手——两手　前线——强项

9. uan 和 uang 对比训练。

uan：专款　婉转　贯穿　转弯　换算　传唤

uang：装潢　狂妄　状况　双簧　窗框

uan-uang：专门——装门　管饭——广泛

传单——床单　观点——光点

上船——上床　机关——激光

欢迎——荒凉

10. an 和 en 对比训练。

盘子——盆子　战士——阵势

寒冷——很冷　干净——跟进

翻身——分身　山水——深水

搬走——奔走

11. ang 和 eng 对比训练。

长度——程度　商人——生人　土炕——土坑

刚正——更正　航行——横行　升堂——升腾

12. 练读绕口令。

1）哥哥弟弟坡前坐，坡上卧着一只鹅，坡下流着一条河。哥哥说：宽宽的河；弟弟说：白白的鹅。鹅要过河，河要渡鹅。不知是鹅过河，还是河渡鹅。

2）七巷一个漆匠，西巷一个锡匠，七巷漆匠偷了西巷锡匠的锡，西巷锡匠偷了七巷漆匠的漆。

3）三山撑四水，四水绕三山，三山四水春常在，四水三山四时春。

4）夏日无日日亦热，冬日有日日亦寒，春日日出天渐暖，晒衣晒被晒褥单，秋日天高复云淡，遥看红日下西山。

5）鼓上画只虎，破了拿布补。不知布补鼓，还是布补虎。

6）红鲤鱼与绿鲤鱼与驴。（反复说三遍）

7）天上飘着一片霞，水上漂着一群鸭。霞是五彩霞，鸭是麻花鸭。麻花鸭游进五彩霞，五彩霞挽住麻花鸭。乐坏了鸭，拍碎了霞，分不清是鸭还是霞。

第三节　普通话水平应试训练

案例分享

“鸡同鸭讲”的误会

电视剧《雍正王朝》中有这样一个情节：广东一位潮州籍巡抚向皇上进贡了荔枝，太监把剥开外皮的荔枝果递给皇上，皇上手持荔枝肉问巡抚“有核儿（húr）没有？”巡抚回答“wú。”皇上把荔枝肉搁进嘴里，一咬，荔枝核儿硌得牙生疼。皇上大怒道：“朕问你有没有核儿，你怎么说‘无’？”巡抚吓得够呛，说不出话。旁边懂得潮州话的人赶紧解释说：“皇上，这潮州话就是把‘有’叫作wú，咱们的‘无’呢，他们叫作móu。”皇上虽然生气，但由此联想到官员不会说官话太耽误事，于是下旨要求广东、福建的官员要说官话。

启示录

天南海北的人们要想交流顺畅，就需要都会说普通话。如今，国家对一些行业从业人员的普通话水平提出了具体的要求。例如：国家公务员普通话水平不能低于三级甲等，播音员主持人的普通话水平不得低于一级乙等，教师的普通话水平不得低于二级乙等。这些人员都要通过国家普通话水平等级测试，得到相应的证书才能上岗。但对于大众来说，无论行业、地域，普通话已经渗透到生活的方方面面，所以，推广普通话的意义重大，责任深远。

发散讨论

教师资格证的获取，不仅要考核教育学、心理学、教师技能等知识，普通话考证也是不可或缺的一部分。教师的普通话水平不得低于二级乙等，你知道要考多少分才能达到这个等级吗？

学习目标

1）了解普通话水平测试的意义、普通话水平测试等级的标准。
2）熟悉普通话水平测试的内容及普通话水平测试的方法。
3）掌握普通话测试的应试技巧。

知识讲解

一、普通话水平测试的意义

（1）普通话水平测试是规范我国通用语言文字的必然要求
1）普通话是全国通用的法定语言，在全国范围内通用。
2）推广普通话、规范汉字使用是我国法律明文规定的。
3）普通话水平测试是推广普通话的重要措施之一。
（2）普通话水平测试是语言文字发挥自身作用的必然要求
1）语言文字的应用水平对社会发展起着促进作用。
2）推广普通话，促进汉语汉字的规范化和标准化，将扩大中国对世界和平发展的影响力。
3）推广普通话，规范汉字使用，将进一步推进社会主义精神文明建设。

二、普通话水平测试评价体系

（1）测试形式　机测、口试。
（2）测试内容　第一题：读100个单字。
第二题：读50个词组。
第三题：朗读作品（400字）。
第四题：命题说话（3分钟）。
共四项，100分。
（3）评价体系：三级六等。

一级甲等　　97～100分
一级乙等　　92～96.99分
二级甲等　　87～91.99分
二级乙等　　80～86.99分
三级甲等　　70～79.99分
三级乙等　　60～69.99分

三、普通话水平测试要点

1.“读单字”题型测查要点

（1）测查方式　读单音节字词100个。

（2）测查内容　普通话音节的声、韵、调。

（3）分值计算　总分10分。一个错误扣0.1分；一个缺陷扣0.05分。限时3.5分钟，超时扣分。

2.“读词组”题型测查要点

（1）测查方式　读多音节词语共100音节。

（2）测查内容　普通话的声、韵、调及上声变调、轻声和儿化等三种音变。

（3）分值计算　总分20分，一次错误扣0.2分，缺陷扣0.1分。限时2.5分钟，超时扣分。

3.“朗读作品”题型测查要点

（1）测查方式　朗读短文，400字内计分。

（2）测查内容　普通话语音声韵调的准确发音、音变、语调、流畅度、语速等。

（3）分值计算　总分30分。每次语音错误扣0.1分，漏读一个字扣0.1分，不同程度地存在方言语调一次性扣分（问题突出，扣3分；比较明显，扣2分；略有反映，扣1.5分）。此项不允许回读，如果有回读，回读一字按一个错字计算。限时4分钟，超时扣分。

4.“命题说话”题型测查要点

（1）测查方式　无文字凭借单向说话3分钟。

（2）测查内容　考查应试人在没有文字凭借的情况下，说普通话的能力和所能达到的规范程度。

（3）分值计算　总分40分。

四、普通话机测流程简介

1.考试前的应试程序

考前，由考务人员引导进入计算机测试室。按编号就座后戴上耳机（麦克风戴在左耳），并将话筒置于口腔前方。单击“下一步”按钮，进入机测程序。

（1）第一步　准备登录。

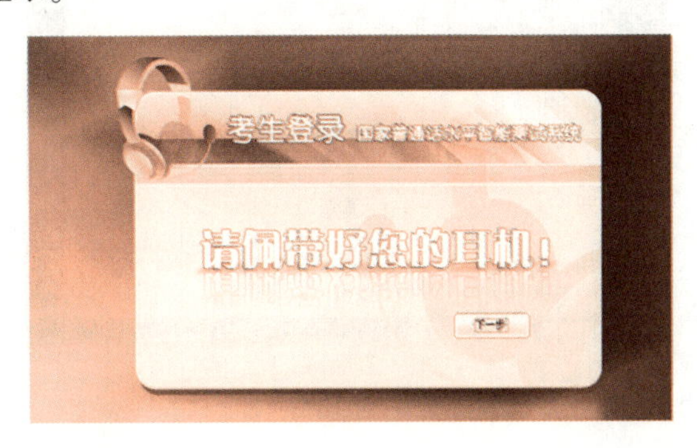

（2）第二步　考生登录。

1）输入您的准考证号。

2）单击“进入”按钮继续。

3）如果输入有误，单击“修改”按钮重新输入。

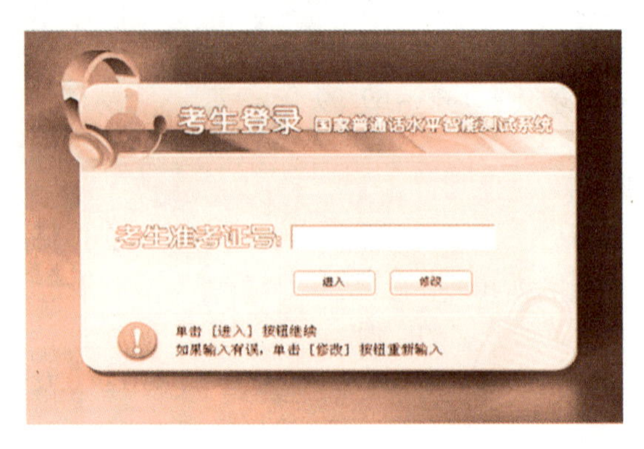

（3）第三步　核对信息。

1）请仔细核对您的个人信息。

2）如信息无误，单击“确认”按钮继续。

3）如准考证号有误，请单击“返回”按钮重新登录。

4）如其他信息有误，请索要并填写“信息更正单”，交主考老师，然后单击“确认”按钮继续。

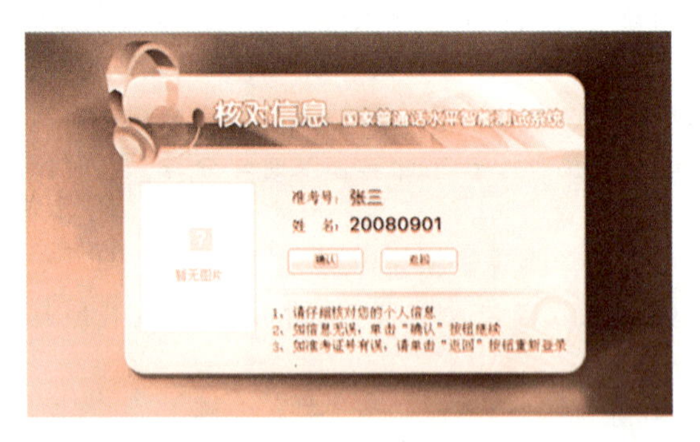

（4）第四步　确认试卷。

该步骤考生不需操作，直接单击“确认”按钮继续（计算机会自动设定为考生准备的试卷）。

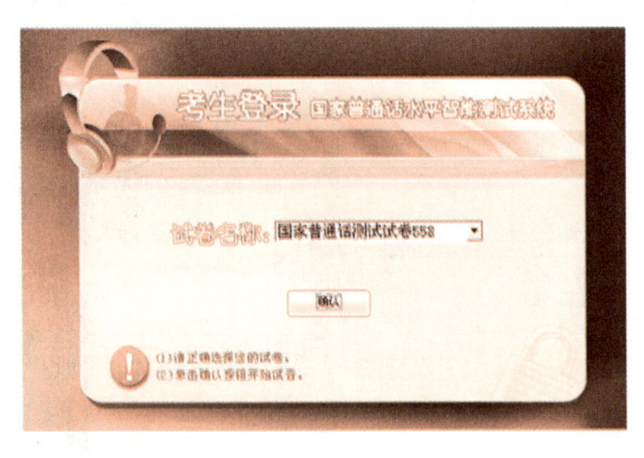

（5）第五步　试音。

1）在提示语结束并听到“嘟”的一声后，用正常说话的音量朗读主屏中的个人测试信息。

2）系统会自动调节，以适应考生的音量，您不用做任何操作。

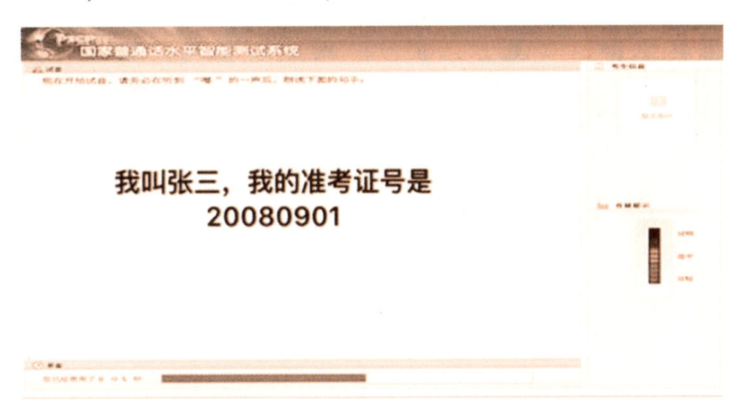

（6）第六步　录音。

1）普通话水平测试共有4项试题，每项试题前都有一段语音提示，请在提示语结束并听到“嘟”的一声后，再开始录音。

2）录音过程中，应做到吐字清晰，语速适中，音量同试音时保持一致。

3）录音过程中，请注意主屏下方的时间提示，确保在规定的时间内完成每项考试。

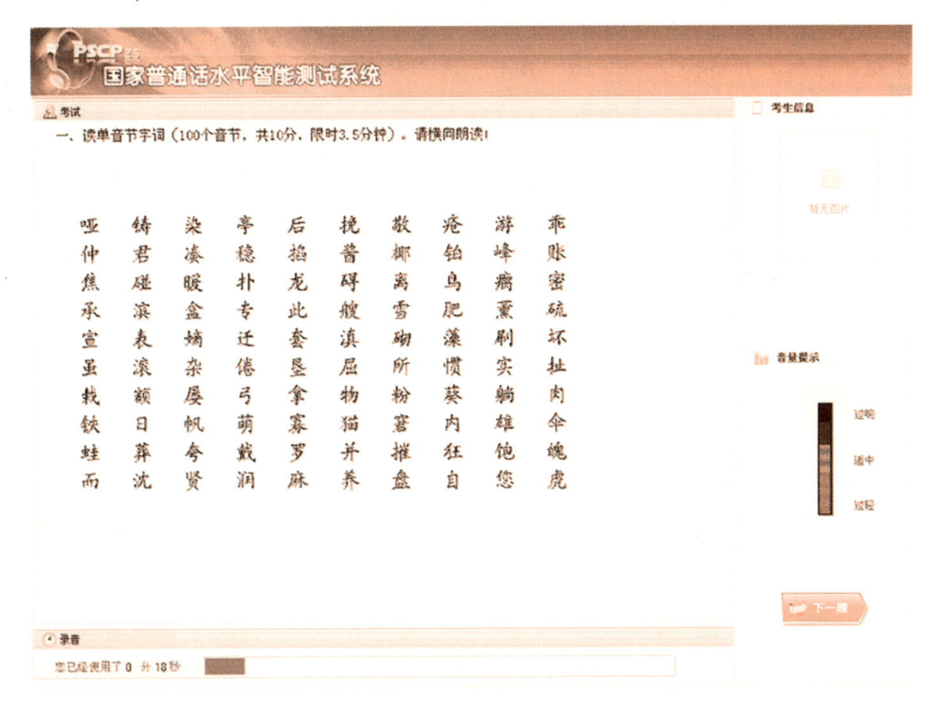

（7）第七步　考试中……

1）规定时间结束，系统会自动进入下一项试题。

2）如某项试题时间有余，单击屏幕右下角的“下一题”按钮，可进入下一项试题。

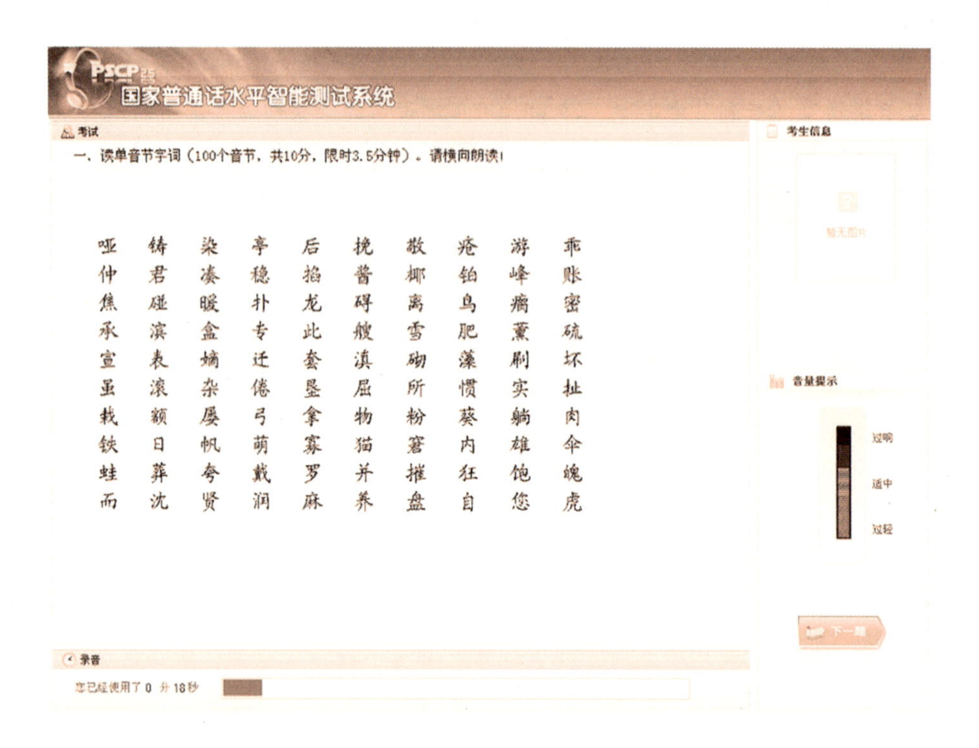

2. 考试过程的应试程序

（1）第一题 读单音节字词（限时3.5分钟）。

1）请在提示语结束并听到“嘟”的一声后，再开始录音。

2）如该项试题时间有余，单击屏幕右下角的“下一题”按钮，可进入下一项试题。

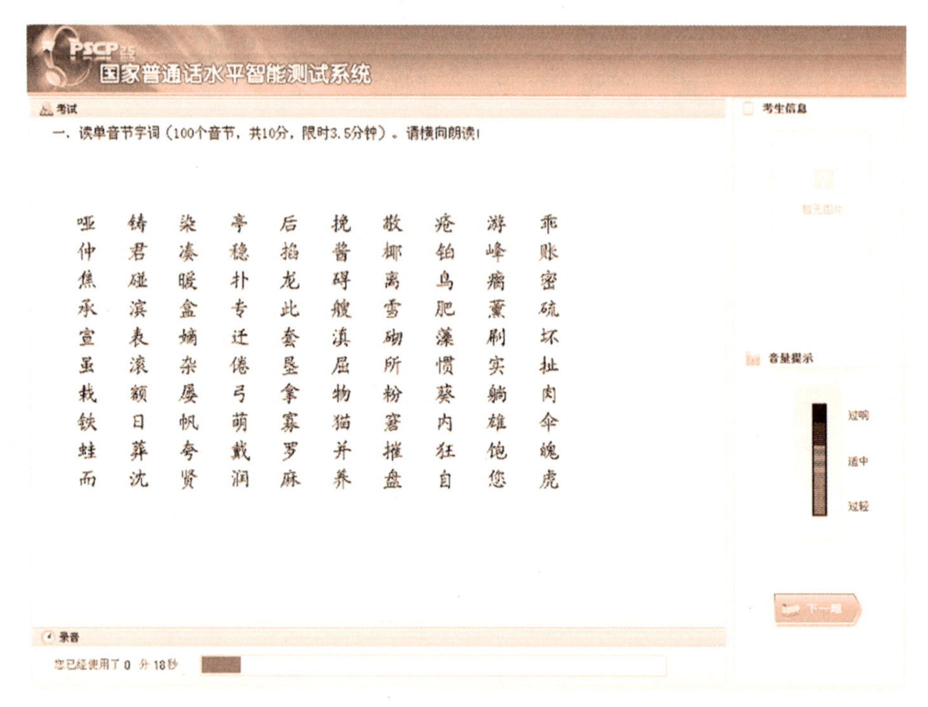

（2）第二题　读多音节词语（限时 2.5 分钟）。

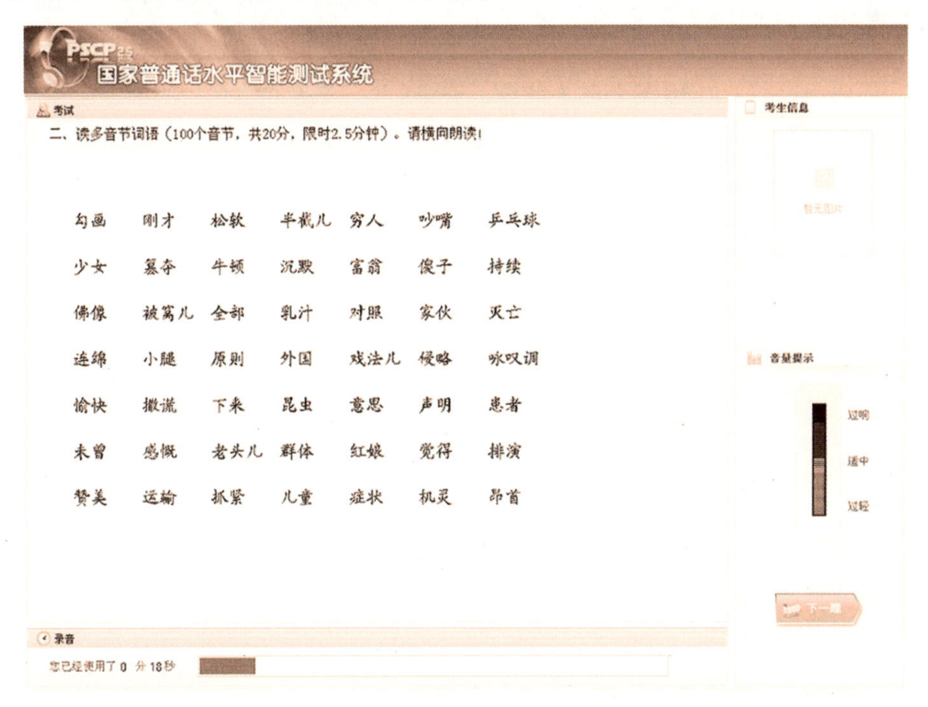

（3）第三题　朗读短文（限时 4 分钟）。

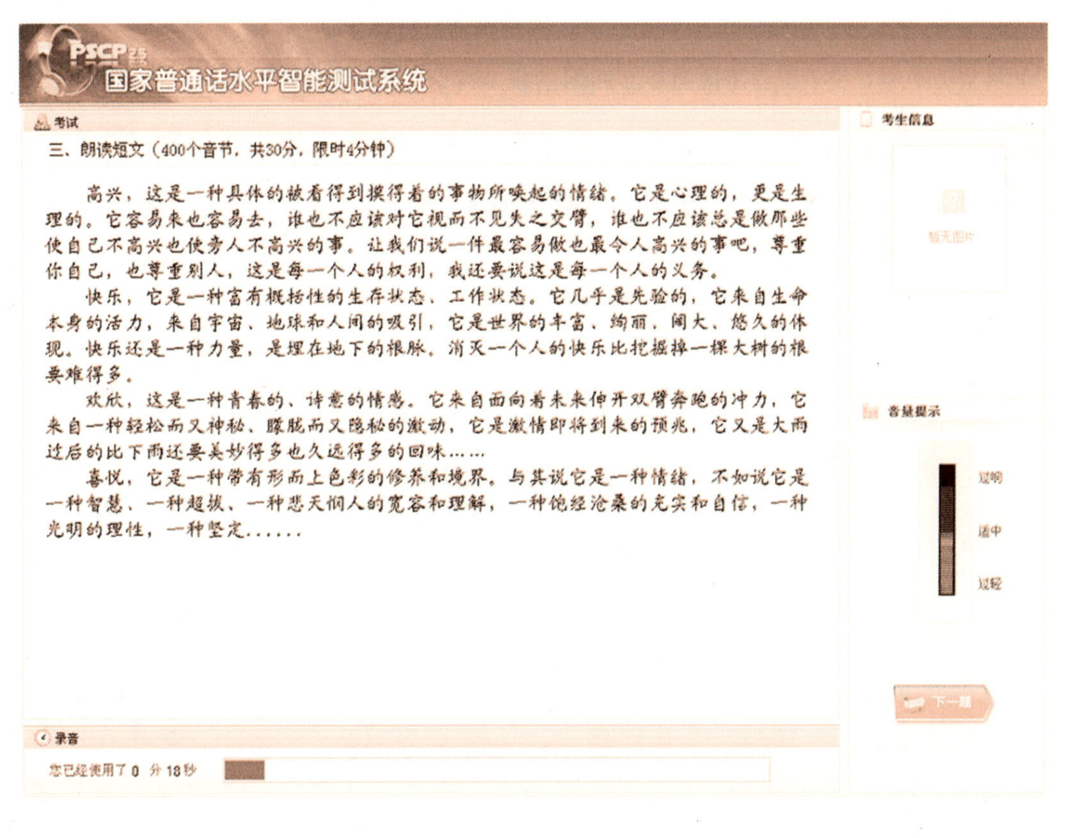

（4）第四题　命题说话（限时 3 分钟）。

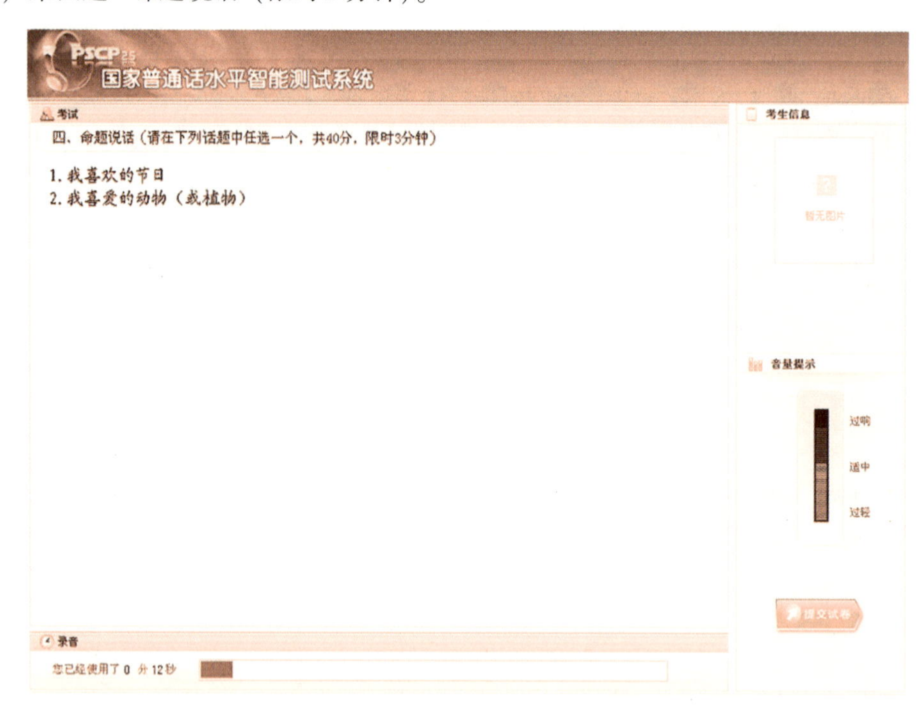

1）在提示语结束并听到“嘟”的一声后，再开始录音。

2）录音开始时，所给题目二选一，并读出你所选的话题名称。如：我说的话题是“我喜欢的节日”。

3）本题必须说满 3 分钟（请按主屏下方的时间提示把握时间）。

4）说话结束后，单击屏幕右下角的“提交试卷”按钮，便可结束考试。

（5）最后一步　考试结束。

提交试卷后，系统会自动弹出如下所示的提示框，表示您已成功结束本次考试。

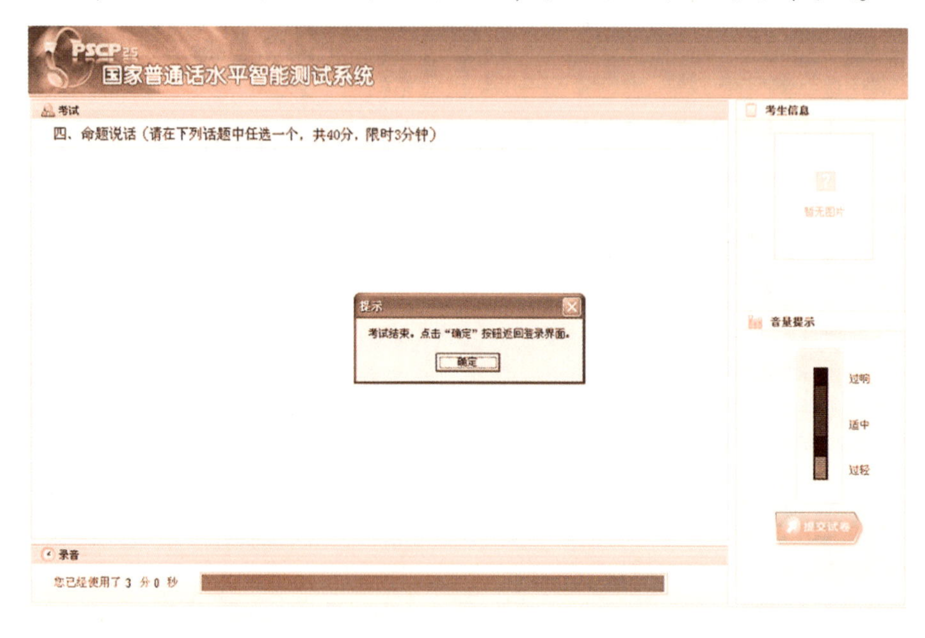

特别提示

1）考试过程中，考生不要说试卷以外的任何内容，以免影响考试成绩。
2）如有疑问，请举手示意，工作人员会及时前来解答。

第四节　普通话水平模拟试卷及考点分析

模拟试卷及分析

一、读单音节字词（100 个音节，共 10 分，限时 3.5 分钟）。请横向朗读！

xǐ[⊖]	è	jiē	gē	rì	pō	xuě	kē	suō	cè
喜	饿	街	歌	日	坡	雪	科	缩	册
má	lǚ	jì	chí	lì	sī	zá	zū	piě	nǎi
麻	旅	季	池	利	思	砸	租	撇	奶
qū	shù	bēi	ǒu	biāo	sháo	yàn	piǎo	wān	sào
蛆	漱	碑	藕	镖	勺	雁	瞟	剜	臊
yuè	tào	wāi	tiào	wèi	shuāi	yào	suì	lán	qiáo
月	套	歪	跳	位	摔	药	岁	篮	桥
diē	huái	cái	ǎo	fǒu	zàn	gōu	chuàn	qún	bàng
爹	怀	财	袄	否	暂	钩	串	群	蚌
xuǎn	shuān	qín	dāng	jiǎn	xíng	nóng	rùn	níng	yùn
癣	闩	秦	裆	碱	邢	脓	润	凝	晕（车）
diàn	xià	kuàng	ruǎn	xiān	zhǔn	xìn	rén	huā	zhuài
电	夏	矿	软	先	准	信	人	花	拽（住）
guàn	nèn	quán	kuáng	wēng	kēng	huāng	róng	zēng	xiàng
罐	嫩	权	狂	翁	坑	荒	绒	增	（小）巷
sāi	yǎ	wā	kào	yòu	tǎng	yōng	tiǎn	jiǒng	fó
鳃	哑	哇	铐	釉	淌	庸	舔	迥	（大）佛
jiǎng	gēn	cùn	dōng	shān	zǒu	èr	shàng	niú	mú
奖	跟	寸	冬	山	走	二	上	牛	模（样）

考点分析 1

1. 评分标准

第一题主要考查应试人普通话声母、韵母和声调的发音，测查应试人对声母、韵母、声调的掌握情况，占总分的 10%，即 10 分。读错一个字的声母、韵母或声调扣 0.1 分，读音有缺陷每个字扣 0.05 分。一个字允许读两遍，即应试人发觉第一次读音有口误时可以改读，按第二次读音评判。

2. 注意事项

1）读的顺序是从左到右，横着读，不能竖着读。

⊖ 测试时无拼音。

2）在规定的时间内，要清晰、准确地读，速度适中，既不能太快，也不能太慢，限时3.5分钟。超时1分钟以内扣0.5分，超时1分钟以上扣1分。

3）出现任何一个字都读原声调，这道题里没有轻声，如“的”（有的放矢）、“地”（大地），都要读出声调。有些多音字，试卷中已经给了一个词，如（美）好、（爱）好，括号里的字不用读。

4）出现儿化字，也要读非儿化音，如“玩”“花”等。

5）漏读、跳读的字算错误。

6）如果遇到不会读的字可以不读，但算错误，如果读了，有可能是对的，所以最好还是读出来。

7）允许重复读一次，但判定对错以第二次为准。如果没有把握，最好不要重读。

8）四声都要读准：第一声要平稳，如“春”“秋”；第二声要扬上去，如“来”“回”；第三声要读全调，如“好”“早”，读半上算缺陷；第四声要降下去，如“去”“地”。

9）试卷上不允许做任何记号。

二、读多音节词语（100个音节，共20分，限时2.5分钟）。请横向朗读！

cún zài㊀ 存在	chuāng hu 窗户	chōu xiàng 抽象	wěi ba 尾巴	lǎo bǎn 老板
tóng méng 同盟	pìn qǐng 聘请	kěn qiè 恳切	rǎo luàn 扰乱	lǜ huà 绿化
ěr duo 耳朵	píng guǒ 苹果	jiū zhèng 纠正	chéng rèn 承认	zhuāng jia 庄稼
shuǎ nòng 耍弄	mó gu 蘑菇	jué sè 角色	bào nüè 暴虐	kuài jì 会计
fēi cháng 非常	měi hǎo 美好	fǒu zé 否则	jiě fàng 解放	dà huǒ er 大伙儿
suì dào 隧道	kuài cān 快餐	mài bó 脉搏	luò xuǎn 落选	mò shuǐ er 墨水儿
zuǒ yòu 左右	tū jī 突击	pī zhǔn 批准	mì fēng 蜜蜂	yǒu diǎn er 有点儿
xuān rǎng 喧嚷	shí guāng 时光	sī fǎ 司法	shàn liáng 善良	xiǎo qǔ er 小曲儿
biān qiǎ 边卡	tāng yuán 汤圆	liáng shuǎng 凉爽	jùn qiào 俊俏	wáng guān 王冠
yōng dài 拥戴	qióng zhī 琼脂	jiǒng rán 迥然	é zhà 讹诈	áng shǒu 昂首

考点分析2

1. 评分标准

第二题除了测查应试人的声母、韵母、声调的掌握情况外，还要测查应试人对轻声、儿化韵、上声变调等的掌握情况，考查应试人声母、韵母、声调的发音和上声变调、儿化韵、轻声的读音，占总分的20%，即20分。读错一个音节的声母、韵母或声调扣0.2分，读音有明显缺陷每次扣0.1分。

2. 注意事项

1）读的顺序是从左到右，横着读，不能竖着读。

㊀ 测试时无拼音。

2）在规定的时间内，要清晰、准确地读，速度适中，既不能太快，也不能太慢，限时2.5分钟。超时1分钟以内扣0.5分，超时1分钟以上扣1分。

3）这道题允许重复一次，但判定对错以第二次为准。

4）关于四声：阴平不要中断，如“春天”“突击”；阳平不要突然扬上去，如“凉爽”“时光”；上声在后面要读全调，如“落选”“司法”；去声要降下去，不能挑高，如“俊俏”“隧道”等。

5）上声和上声相连，前面的上声变成第二声，后面的要读全调，如“洗澡”“美好”“舞蹈”。上声与其他声调相连，读半上，如“老师”“否则”“左右”。一般上声与上声相连不少于两个，上声与其他声调相连不少于四个。

6）儿化韵要读好。三个字在一起，后面有“儿”，才是儿化韵，否则是一个音节，如“女儿”。儿化韵听起来只能是两个音节，如果是三个音节就是读错了，如“金鱼儿”“小曲儿”。

7）轻声要读好。轻声词一般有3～5个，拿到试卷后，应该先找一下，哪些是轻声。南方话里一般没有轻声，对南方人来说比较困难，如“尾巴”“耳朵”“嫂子”“窗户”。

三、朗读短文（400个音节，共30分，限时4分钟）。

作品37号——《态度创造快乐》

一位访美中国女作家，在纽约遇到一位卖花的老太太。老太太穿着破旧，身体虚弱，但脸上的神情却是那样祥和兴奋。女作家挑了一朵花说：“看起来，你很高兴。”老太太面带微笑地说：“是的，一切都这么美好，我为什么不高兴呢？”“对烦恼，你倒真能看得开。”女作家又说了一句。没料到，老太太的回答更令女作家大吃一惊：“耶稣在星期五被钉上十字架时，是全世界最糟糕的一天，可三天后就是复活节。所以，当我遇到不幸时，就会等待三天，这样一切就恢复正常了。”

“等待三天”，多么富于哲理的话语，多么乐观的生活方式。它把烦恼和痛苦抛下，全力去收获快乐。

沈从文在“文革”期间，陷入了非人的境地。可他毫不在意，他在咸宁时给他的表侄——画家黄永玉写信说：“这里的荷花真好，你若来……”身陷苦难却仍为荷花的盛开欣喜赞叹不已，这是一种趋于澄明的境界，一种旷达洒脱的胸襟，一种面临磨难坦荡从容的气度，一种对生活童子般的热爱和对美好事物无限向往的生命情感。

由此可见，影响一个人快乐的，有时并不是困境及磨难，而是一个人的心态。如果把自己浸泡在积极、乐观、向上的心态中，快乐必然会//占据你的每一天。

考点分析3

1. 评分标准

第三题是朗读短文，考查应试人用普通话朗读书面材料的水平。在考查声母、韵母、声调读音标准的同时，重点考查音变（上声、“一”、“不”）、停连、语调（语气）及流畅程度等。朗读的短文从教材1—60号作品中选定。评分以作品前400个音节（不含标点符号和括注的音节）为限，并在每篇短文400个音节后用“//”隔开，考试时应把“//”所在的那一句话读完。此题30分，占总分的30%。时间为4分钟，超过30秒以上扣1分。

1）错误。读错、漏读、增读，每个字扣0.1分。

2）声母或韵母系统性缺陷，视程度扣0.5分、1分，如zh、ch、sh偏前或偏后。

3）语调偏误，视程度扣0.5分、1分、2分，如轻重格式不对，或轻声读得偏长、偏重，方言腔或固定腔调等。

4）停连不当，造成歧义，视程度扣0.5分、1分、2分。

5）朗读不流畅，视程度扣 0.5 分、1 分、2 分。时断时续、停顿过久、回读等，都属于此种情况。

2. 注意事项

1）注意语速，既不能太快，也不能太慢。

2）注意变调，如上声的变调、“一”“不”的变调。

例如：“一”单念时读第一声，在第四声前读第二声，如“一定”，在其他声调前读第四声，如“一天”“一年”“一起”。

“不”单念时读第四声，在第四声前读第二声，如“不去”，在其他声调前读第四声，如“不开”“不来”“不好”。

“一”和“不”夹在词语中间读轻声，如“好不好”“来不来”“想一想”。

3）注意“啊”的变读。

4）儿化韵不能读成三个音节。

5）应避免方言语调，如轻重格不能读错，轻声音节不能重读，避免语调节奏的方言色彩等。

6）不能回读，回读几个字就算几个字的错误，每错一个字，扣 0.1 分。

7）要注意停顿，如果断句不当，肢解词义或语义，视程度扣分。

8）外国人的名字，要按汉字来念。

四、命题说话（请在下列话题中任选一个，共 40 分，限时 3 分钟）

1. 童年的记忆。
2. 学习普通话的体会。

考点分析 4

1. 评分规则

第四题是命题说话，主要测查应试人在没有文字凭借的情况下，说普通话的能力和所能达到的规范程度。说话项从 30 个话题中任选一个。如“我的愿望”“我的学习生活”“我喜爱的动物”“谈谈服饰”“谈谈科技发展与社会生活”等。以单向说话为主，必要时辅以主试人和应试人的双向对话。说 3 分钟。此项成绩占总分的 40%，即 40 分，其中包括以下几项。

1）语音面貌占 30%，即 30 分。其中档次为：

一档　30 分　语音标准。
二档　27 分　语音失误在 10 次以下，有方音但不明显。
三档　21 分　语音失误 10 次以下，但方言比较明显；或方音不明显，但语音失误大致在 10～15 次之间。
四档　18 分　语音失误在 10～15 次之间，方音明显。
五档　15 分　语音失误超过 15 次，方音明显。
六档　12 分　语音失误多，方音重。

2）词汇语法规范程度占 5%，即 5 分。其中档次为：

一档　5 分　词汇、语法合乎规范。
二档　4 分　偶有词汇或语法不符合规范的情况。
三档　3 分　词汇、语法屡有不符合规范的情况。

3）自然流畅程度占 5%，即 5 分，其中档次为：

一档　5 分　自然流畅。
二档　4 分　基本流畅，口语化较差（有类似背稿子的现象）。
三档　3 分　语速不当，说话不连贯；说话时间不足。

2. 注意事项

1）说话时不能拿着写好的东西看，不能有任何的文字依据。

2）不能有背书的嫌疑，如果明显是在背稿子，要扣分（0.5分或1分）。

3）语调正确，应避免方言语调。

4）说话应符合生活语言特点，不能太书面化，如“我家由三口人组成，他们是爸爸、妈妈和我。”

5）词汇、语法要规范。尽量避免使用方言词汇，如将“他头痛”说成“他脑壳痛”等。语法方面也应符合普通话语法规范，如“我喊他名字不出。”（我叫不出他的名字）

6）这道题是单向说话，说话的时间为3分钟。如果时间没有终结，就应该一直说下去。

7）应尽量选自己熟悉的话题，以避免无话可说。另外，应避免选择太伤心或太容易激动的话题，以免说不下去。

知识链接

普通话水平测试命题说话范围

1. 我的愿望（或理想）
2. 我的学习生活
3. 我尊敬的人
4. 我喜爱的动物（或植物）
5. 童年的记忆
6. 我喜爱的职业
7. 难忘的旅行
8. 我的朋友
9. 我喜爱的文学（或其他）艺术形式
10. 谈谈卫生与健康
11. 我的业余生活
12. 我喜欢的季节（或天气）
13. 学习普通话的体会
14. 谈谈服饰
15. 我的假日生活
16. 我的成长之路
17. 谈谈科技发展与社会生活
18. 我知道的风俗
19. 我和体育
20. 我的家乡（或熟悉的地方）
21. 谈谈美食
22. 我喜欢的节日
23. 我所在的集体（学校、机关、公司等）
24. 谈谈社会公德（或职业道德）
25. 谈谈个人修养
26. 我喜欢的明星（或其他知名人士）
27. 我喜爱的书刊
28. 谈谈对环境保护的认识
29. 我向往的地方
30. 购物（消费）的感受

参考例文

学习普通话的体会

一口标准的普通话能给人一种美感，而且也便于五湖四海的人们正常交流。因为立志想做一名教师，所以我更要将普通话讲好。要学好普通话，我总结了一些学习体会。

首先，要坚持。老师常常笑称：广东地区是普通话的“重灾区”，我们听后也是会心一笑，因为方言的关系，大部分广东人学习普通话确实比其他地区的人们辛苦一些。但是老师鼓励我们大胆说、经常说，拿出来一种“不要脸”的学习精神，不要怕被嘲笑，更不要被嘲笑声打败！听了老师的话，我们平时交流再也不用家乡话了，连做梦都是说普通话的。当一种磨炼成为一种习惯时，就不会觉得辛苦了。

其次，要勤奋。普通话的朗读作品要常读常练，千万不要不耐烦。我有时候以为自己读得够熟练了，可老师一让我站起来朗读，我不是加字，就是减字，要么就是情不自禁地回读了，远没有我想象的那样流利。在我朗读作品的时候，老师会拿一个铅笔做笔记，每错一个字音，老师就在这个字上画个圈做标记，最多的时候，我会得 14 个错字圈圈，这使我羞愧难当，为之前的自以为是道歉。俗话说，勤奋使人进步，我意识到自己的不足之后，就更加勤奋地练习。普通话练习就是这样，要不厌其烦地反复练习，才能把自己多年来养成的错误说话习惯改掉，积少成多，不可一蹴而就，更不能轻易放弃。

最后，学习普通话还要谦虚，谦虚地向别人请教。我们有时会成立一个普通话学习小组，每组都有一到两名普通话说得好的同学。在学习小组里，我们有时会一起排演一个短剧小品，锻炼自己的表达能力和心理素质，有时会进行摸底测试，当一个人进行测试时，其他同学模仿老师那样，用手机录下他的语音片段，同时用铅笔记录下每一个错误，然后一起探讨纠正，不确定的地方，就问老师。在大家的共同努力下，普通话水平确定进步了不少。

其实，生活中的很多事情都是和学习普通话一样，学习的收获远远不止成绩的提高，更是一种拼搏精神的养成。我学习普通话，学到的就是这点精神，用许三多的话说，就是一种“不抛弃，不放弃”的精神。

第五节　儿化音、轻声音、“啊”的语流音变专项训练

专项训练 1　儿化音训练

a—刀把儿　号码儿　戏法儿　在哪儿　打杂儿
ai—名牌儿　鞋带儿　壶盖儿　小孩儿　加塞儿
an—快板儿　老伴儿　脸蛋儿　收摊儿　门槛儿
ang—药方儿　赶趟儿　香肠儿　瓜瓤儿
ia—掉价儿　一下儿
ian—小辫儿　照片儿　差点儿　一点儿
iang—鼻梁儿　透亮儿
ua—脑瓜儿　大褂儿　麻花儿　笑话儿
uai—一块儿
uan—茶馆儿
uang—蛋黄儿　打晃儿　天窗儿
ei—刀背儿　摸黑儿
en—走神儿　嗓门儿　哥们儿
eng—门缝儿　脖颈儿　提成儿
üe—旦角儿　主角儿
ui—跑腿儿　一会儿　墨水儿　围嘴儿
un—打盹儿　树墩儿　冰棍儿　没准儿
i—瓜子儿　石子儿　没词儿　记事儿
in—有劲儿　送信儿　脚印儿
ing—花瓶儿　打鸣儿　眼镜儿　人影儿
ü—毛驴儿　小曲儿　痰盂儿

e—模特儿 在这儿 挨个儿 唱歌儿
u—没谱儿 媳妇儿 泪珠儿 有数儿
ong—抽空儿 门洞儿 胡同儿 小葱儿
iong—小熊儿
ɑo—红包儿 手套儿 灯泡儿 半道儿
iɑo—鱼漂儿 火苗儿 面条儿 跑调儿
ou—小偷儿 老头儿 门口儿 年头儿
iu—顶牛儿 抓阄儿 棉球儿
uo—火锅儿 大伙儿

专项训练2 轻声训练

1）结构助词“的、地、得”。

我的 你的 大家的
勇敢地 认真地 快活地
喝得多 写得好 长得美

2）时态助词“着、了、过”。

忙着 听着 哭着
来了 走了 完了
看过 吃过 学过

3）语气助词“吗、呢、吧”。

是吗 好吗 行吗
他呢 怎样呢 为什么呢
是吧 好吧 行吧

4）名词后缀“子、头”。

桌子 鞋子 椅子 木头

5）用在名词、代词后的方位词“上、下、边”。

墙上 地下 南边

6）表示复数的“们”。

他们 你们 我们 人们

7）表趋向的动词。

站起来 走进来 扔出去

8）部分叠音词和动词重叠形式。

爸爸妈妈 爷爷奶奶 哥哥姐姐 弟弟妹妹
摇摇头 叽叽喳喳 骂骂咧咧 疯疯癫癫

9）部分联绵词。

马虎 糊涂 唠叨 哆嗦

10）量词“个”。

这个 那个

11）数词“一”夹在重叠动词之间，否定词“不”夹在动词或形容词之间，或在补语结构中，常常轻读。

练一练 尝一尝 去不去 讲不清楚

12）生活中比较常见的轻声词。

东西——这是什么东西？

地方——你的家乡在什么地方?
意思——这个单词是什么意思?
风筝——我们去广场放风筝吧。
明白——听明白了没有?
漂亮——这件裙子很漂亮。
舒服——冬天在阳光下闭目养神是很舒服的。

专项训练3 “啊”的语流音变

(1) 前面的音素是 a、o、e、i、ü 时，读 ya。
她怎么不回家啊?
给我这么多啊!
他是自己的同学啊!
好大的雪啊!
这是谁的鞋啊?

(2) 前面的音素是 u、ao、ou 时，读 wa。
家乡的桥啊!
这都是千金难买的幸福啊!
多么灵巧的一双手啊!

(3) 前面的音素是 n 时，读 na。
这才这般的鲜润啊!
你是哪里人啊?

(4) 前面的音素是 ng 时，读 nga。
唱啊唱!
人和动物都是一样啊!
火光啊!

第六节　普通话水平测试样卷

试卷 1 号

一、读单音节字词（100 个音节，共 10 分，限时 3.5 分钟）

fēi	mǎi	quē	cù	guā	zhī	xiá	sǎ	kè	chōng
绯	买	缺	促	瓜	织	侠	洒	课	忡
měi	shì	luǎn	bīn	suō	zǎo	shuāng	běn	jiǒng	sì
美	室	卵	宾	梭	早	孀	本	窘	四
dàn	zhé	dú	jiào	hěn	zhuàng	jǐng	shān	kào	jiā
淡	哲	独	叫	很	壮	井	删	犒	加
pēng	mō	hè	cóng	hán	pǐ	fèng	tīng	chōu	zhǎ
抨	摸	褐	从	寒	痞	俸	听	抽	眨
kāng	wǎn	biāo	qiān	cáo	zǒng	yáng	shì	kū	máo
糠	晚	膘	迁	嘈	总	杨	式	枯	矛

jiāng	pǔ	dì	běi	quán	miǎo	yuè	wān	kāi	zhǎng
江	谱	递	北	蜷	秒	粤	弯	开	掌
là	piàn	chóu	shěn	réng	é	yǔn	sì	tián	xiāng
辣	骗	愁	婶	仍	鹅	陨	寺	田	乡
ái	jǐng	biàn	cháng	yáo	nüè	zì	lí	zhǒng	ké
癌	景	遍	嫦	摇	虐	字	犁	肿	咳
liè	chuí	zàng	fén	tì	qīng	zhuō	tā	guǎng	ōu
劣	锤	葬	坟	替	青	拙	它	广	欧
liàng	zhēn	cè	ēn	zá	jiàn	shēn	xià	chá	níng
辆	箴	册	恩	砸	涧	身	下	茬	凝

二、读多音节词语（100 个音节，共 20 分，限时 2.5 分钟）

yuān jia	guǎng chǎng	ǒu ěr	pán suan	bǎo cún
冤家	广场	偶尔	盘算	保存
zhì zhǐ	qún zhòng	lǎo po	cānjiā	tán zi
制止	群众	老婆	参加	坛子
píng fāng	huā fèi	cè huà	nǎohuǒ	niǎo er
平方	花费	策划	恼火	鸟儿
xià tiān	róu ruǎn	qīng chūn	jié qì	yí huì er
夏天	柔软	青春	节气	一会儿
guāngróng	fā biǎo	gé wài	chěng néng	shè bèi
光荣	发表	格外	逞能	设备
zú qiú	zhěng gè	xìng qù	xiǎng yǒu	pǎo tuǐ er
足球	整个	兴趣	享有	跑腿儿
guà gōu	yóu tiáo	chí táng	zhà piàn	měi lì
挂钩	油条	池塘	诈骗	美丽
xiǎo mài	gōng gòng	gān bēi	rén cì	mò mò
小麦	公共	干杯	人次	默默
huì jiàn	wěi yīn	jù diǎn	dàn bái zhì	xiǎo hái er
会见	尾音	据点	蛋白质	小孩儿
fēi wén	dǎ yàng	shàng zuò er	biān jí	zhì néng
绯闻	打烊	上座儿	编辑	智能

三、朗读短文（400 个音节，共 30 分，限时 4 分钟）

zuò pǐn hào
作品 38 号

tài shān jí dǐng kàn rì chū lì lái bèi miáo huì chéng shí fēn zhuàng guān de qí jǐng yǒurén shuō dēng tài shān ér kàn bú dào rì chū jiù xiàng yì chū dà xì méi yǒu xì yǎn wèi er zhōng jiū yǒu diǎn guǎ dàn

泰山极顶看日出，历来被描绘成十分壮观的奇景。有人说：登泰山而看不到日出，就像一出大戏没有戏眼，味儿终究有点寡淡。

wǒ qù pá shān nà tiān zhèng gǎn shàng gè nán dé de hǎo tiān wàn lǐ cháng kōng yún cai sī er dōu bú jiàn sù cháng yān wù téng téng de shān tóu xiǎn de méi mù fēn míng tóng bàn men dōu xīn xǐ de shuō míng tiān zǎo chen zhǔn kě yǐ kàn jiàn rì chū le wǒ yě shì bào zhe zhè zhǒng xiǎng tou pá shàng shān qù

我去爬山那天，正赶上个难得的好天，万里长空，云彩丝儿都不见。素常，烟雾腾腾的山头，显得眉目分明。同伴们都欣喜地说："明天早晨准可以看见日出了。"我也是抱着这种想头，爬上山去。

yí lù cóng shān jiǎo wǎng shàng pá xì kàn shān jǐng wǒ jué de guà zài yǎn qián de bú shì wǔ yuè
一路从山脚往上爬，细看山景，我觉得挂在眼前的不是五岳
dú zūn de tài shān què xiàng yì fú guī mó jīng rén de qīng lǜ shān shuǐ huà cóng xià miàn dào zhǎn kāi
独尊的泰山，却像一幅规模惊人的青绿山水画，从下面倒展开
lái zài huà juàn zhōng zuì xiān lòu chū de shì shān gēn dǐ nà zuò míng cháo jiàn zhù dài zōng fāng màn
来。在画卷中最先露出的是山根底那座明朝建筑岱宗坊，慢
màn de biàn xiàn chū wáng mǔ chí dǒu mǔ gōng jīng shí yù shān shì yì céng bǐ yì céng shēn yì dié
慢地便现出王母池、斗母宫、经石峪。山是一层比一层深，一叠
bǐ yì dié qí céng céng dié dié bù zhī hái huì yǒu duō shēn duō qí wàn shān cóng zhōng shí ér diǎn
比一叠奇，层层叠叠，不知还会有多深多奇，万山丛中，时而点
rǎn zhe jí qí gōng xì de rén wù wáng mǔ chí páng de lǚ zǔ diàn lǐ yǒu bù shǎo zūn míng sù sù zhe
染着极其工细的人物。王母池旁的吕祖殿里有不少尊明塑，塑着
lǚ dòng bīn děng yì xiē rén zī tài shén qíng shì nà yàng yǒu shēng qì nǐ kàn le bù jīn huì tuō kǒu
吕洞宾等一些人，姿态神情是那样有生气，你看了，不禁会脱口
zàn tàn shuō huó la
赞叹说："活啦。"

huà juàn jì xù zhǎn kāi lǜ yīn sēn sēn de bǎi dòng lòu miàn bú tài jiǔ biàn lái dào duì sōng shān
画卷继续展开，绿阴森森的柏洞露面不太久，便来到对松山。
liǎng miàn qí fēng duì zhì zhe mǎn shān fēng dōu shì qí xíng guài zhuàng de lǎo sōng nián jì pà dōu yǒu
两面奇峰对峙着，满山峰都是奇形怪状的老松，年纪怕都有
shàng qiān suì le yán sè jìng nà me nóng nóng de hǎo xiàng yào liú xia lai shì de lái dào zhèr nǐ
上千岁了，颜色竟那么浓，浓得好像要流下来似的。来到这儿，你
bù fáng quán dāng yí cì huà li de xiě yì rén wù zuò zài lù páng de duì sōng tíng lǐ kàn kan shān
不妨权当一次画里的写意人物，坐在路旁的对松亭里，看看山
sè tīng ting liú shuǐ hé sōng tāo
色，听听流\\水和松涛。

yì shí jiān wǒ yòu jué de zì jǐ bù jǐn shì zài kàn huà juàn què yòu xiàng shì zài líng líng luàn luàn
一时间，我又觉得自己不仅是在看画卷，却又像是在零零乱乱
fān zhe yí juàn lì shǐ gǎo běn
翻着一卷历史稿本。

jié xuǎn zì yáng shuò tài shān jí dǐng
节选自杨朔《泰山极顶》

知识点

1）注意"一"的变调 yí 和 yì。例如：一次（yí） 一时间（yì）

2）注意多音字。例如：斗 { dòu 斗争；dǒu 星斗 斗母宫 }

3）容易读错的字词。例如：岱宗坊（dài zōng fāng）

4）注意儿化音。例如：味儿（wèi er） 云彩丝儿（yún cai sī er）

四、命题说话（下列话题任选一个，共 40 分，限时 3 分钟）

1. 难忘的旅行
2. 我喜欢的动物（或植物）

参考例文

难忘的旅行

我住在广州，离香港不近不远，所以我一直有一个小小的心愿，希望爸爸妈妈能带我去香港的迪斯尼乐园玩一次。今年“五一”放假，爸爸妈妈终于肯满足我的心愿了，打算带我去香港的迪斯尼乐园玩，我高兴得快跳起来了。

香港的迪斯尼乐园位于香港新界大屿山，离市区有一定的距离，我们是坐地铁到达的。刚到门口，就看见米老鼠的塑像，在热情地向我们招手呢！

迪斯尼乐园分为 7 个主题园区：有美国小镇大街、探险世界、幻想世界、明日世界、玩具总动员大本营、灰熊山谷及迷离庄园。因为“五一”假期来的人比较多，我们没有一一逛完，但能逛到的地方，已经让人惊叹不已了。

走进明日世界，仿佛走到了动画片的世界，我和爸爸妈妈坐在一只小船上，河两岸是各种各样的动画人物，配着梦幻的氛围和可爱的音乐，在这个小小的世界里旋转活动，让人流连忘返。再走进一家立体电影院，戴上眼镜后，唐老鸭似乎从屏幕里飞出来了，就在我眼前晃来晃去，每一个表情都看得清清楚楚。米老鼠的宝箱也被打翻了，从屏幕里飞出来了一件件宝物，我不由得伸手去抓，可什么也抓不到。哎，这逼真的效果太神奇了！

路过过山车那里，我执意要玩，爸爸妈妈无奈，只好“舍命陪君子”了。这是我最后悔的一个决定，因为这个游戏太刺激了，十几分钟后，我脸色苍白地从过山车上下来时，被爸爸妈妈嘲笑了半天。

到了晚上，睡美人城堡上方还会有一天一次的烟花表演。夜幕降临，深蓝色的天幕上绽放出灿烂的烟花，不同于过年时的热闹，这里的烟花是静谧的、梦幻的，让人在惊叹的同时，感觉自己来到了童话世界。

迪斯尼乐园，真是不虚此行啊，让我回到了童年。

试卷 2 号

一、读单音节字词（100 个音节，共 10 分，限时 3.5 分钟）

bì 毕	cún 存	měi 镁	qiáo 瞧	píng 评	diū 丢	ài 暧	tiān 添	kěn 肯	gé 隔
mèng 梦	dà 大	guā 刮	féi 肥	zuì 醉	chū 出	xióng 雄	cóng 丛	zhuāng 装	duó 夺
nǚ 女	kǒng 孔	huá 滑	shǎng 晌	zhèn 振	zǒu 走	qín 勤	guō 锅	yā 押	ruǎn 软
sī 丝	yìng 映	chá 茶	qióng 穷	wāi 歪	shuǎi 甩	réng 仍	chǐ 尺	yín 银	shèng 剩
ái 癌	pā 趴	fǔ 俯	lǚ 旅	kuī 亏	jué 掘	tóu 投	yùn 恽	líng 灵	yuān 冤
nài 耐	bǐ 彼	lín 磷	jùn 俊	hù 护	xiè 卸	èr 贰	shī 施	yè 液	sān 叁
pō 泼	fǎn 返	nù 怒	zhuó 茁	zūn 尊	wēng 翁	sǔn 笋	lián 帘	tè 特	xuán 悬
bō 播	máng 盲	tuì 褪	sháo 勺	guàn 贯	kuāng 匡	qiú 泅	zhì 痣	zèng 赠	huǎng 幌
cuò 锉	yù 豫	rén 仁	chōu 瘳	tī 梯	fén 焚	huī 徽	jiá 戛(然)	xiāo 箫	qiáo 瞧
cí 糍	zhòng 仲	wèi 慰	sà 萨	cháo 巢	é 讹	jiàng 酱	wēn 瘟	chán 婵	xué 学

二、读多音节词语（100 个音节，共 20 分，限时 2.5 分钟）

fàng sì	lún chuán	qiáng diào	fēi jī	běn lǐng
放肆	轮船	强调	飞机	本领
zōng hé	kè ren	cái liào	xià tiān	niú zǎi
综合	客人	材料	夏天	牛仔
néng gòu	bó mǔ	wài guó	zhù zuò	kuài lè
能够	伯母	外国	著作	快乐
yuē huì	qún zhòng	yóu yǒng	quán bù	xùn sù
约会	群众	游泳	全部	迅速
fēng wèi	tuǒ xié	biǎn dī	zàn měi	qǐ shēn
风味	妥协	贬低	赞美	起身
gāo liang	cè miàn	chāngkuáng	mǐn gǎn	niǔ kòu er
高粱	侧面	猖狂	敏感	纽扣儿
bēng dài	sàn fā	qià dàng	píng rì	chǎn zi
绷带	散发	恰当	平日	铲子
suàn guà	ruì jiǎo	níng zhì	shān dǐng	ǒu jié er
算卦	锐角	凝滞	山顶	藕节儿
xuè yuán	ruì xuě	jiā yuán	gǎi jìn	shōu tān er
血缘	瑞雪	家园	改进	收摊儿
zhēn duì	háng mó	cáo chuáng	ér sūn	xiǎo qǔ er
针对	航模	槽床	儿孙	小曲儿

三、朗读短文（400 个音节，共 30 分，限时 4 分钟）

zuò pǐn hào
作品10号

bà bù dǒng de zěn yàng biǎo dá ài shǐ wǒ men yī jiā rén róng qià xiāng chǔ de shì wǒ mā tā zhǐ shì měi tiān shàng bān xià bān ér mā zé bǎ wǒ men zuò guo de cuò shì kāi liè qīng dān rán hòu yóu tā lái zé mà wǒ men

爸不懂得怎样表达爱，使我们一家人融洽相处的是我妈。他只是每天上班下班，而妈则把我们做过的错事开列清单，然后由他来责骂我们。

yǒu yí cì wǒ tōu le yí kuài táng guǒ tā yào wǒ bǎ tā sòng huí qù gào su mài táng de shuōshì wǒ tōu lái de shuō wǒ yuàn yì tì tā chāi xiāng xiè huò zuò wéi péi cháng dàn mā ma què míng bai wǒ zhǐ shì gè hái zi

有一次我偷了一块糖果，他要我把它送回去，告诉卖糖的说是我偷来的，说我愿意替他拆箱卸货作为赔偿。但妈妈却明白我只是个孩子。

wǒ zài yùndòng chǎng dǎ qiū qiān diē duàn le tuǐ zài qián wǎng yī yuàn tú zhōng yì zhíbào zhe wǒ de shì wǒ mā bà bǎ qì chē tíng zài jí zhěn shì mén kǒu tā men jiào tā shǐ kāi shuō nà kòng wèi shì liú gěi jǐn jí chē liàng tíng fàng de bà tīng le biàn jiào rǎng dào nǐ yǐ wéi zhè shì shén me chē lǚ yóu chē

我在运动场打秋千跌断了腿，在前往医院途中一直抱着我的，是我妈。爸把汽车停在急诊室门口，他们叫他驶开，说那空位是留给紧急车辆停放的。爸听了便叫嚷道：“你以为这是什么车？旅游车？”

zài wǒ shēng rì huì shàng bà zǒng shì xiǎn de yǒu xiē bù dà xiāng chèn tā zhǐ shì máng yú chuī qì qiú bù zhì cān zhuō zuò zá wù bǎ chā zhe là zhú de dàn gāo tuī guo lai ràng wǒ chuī de shì wǒ mā

在我生日会上，爸总是显得有些不大相称。他只是忙于吹气球，布置餐桌，做杂务。把插着蜡烛的蛋糕推过来让我吹的，是我妈。

wǒ fān yuè zhào xiàng cè shí　rén men zǒng shì wèn　nǐ bà ba shì shén me yàng zǐ de　tiān xiǎo
我翻阅照相册时，人们总是问：“你爸爸是什么样子的？”天晓
de　tā lǎo shì máng zhe tì bié rén pāi zhào　mā hé wǒ xiào róng kě jū de yì qǐ pāi de zhào piàn　duō
得！他老是忙着替别人拍照。妈和我笑容可掬地一起拍的照片，多
de bù kě shèng shǔ
得不可胜数。

wǒ jì de mā yǒu yí cì jiào tā jiāo wǒ qí zì xíng chē　wǒ jiào tā bié fàng shǒu　dàn tā quèshuō shì
我记得妈有一次叫他教我骑自行车。我叫他别放手，但他却说是
yīng gāi fàng shǒu de shí hou le　wǒ shuāi dǎo zhī hòu　mā pǎo guo lai fú wǒ　bà què huī shǒu yào tā
应该放手的时候了。我摔倒之后，妈跑过来扶我，爸却挥手要她
zǒu kāi　wǒ dāng shí shēng qì jí le　jué xīn yào gěi tā diǎn ér yán sè kàn　yú shì wǒ mǎ shàng pá
走开。我当时生气极了，决心要给他点儿颜色看。于是我马上爬
shàng zì xíng chē　ér qiě zì jǐ qí gěi tā kàn　tā zhǐ shì wēi xiào
上自行车，而且自己骑给他看。他只是微笑。

wǒ niàn dà xué shí　suǒ yǒu de jiā xìn dōu shì mā xiě de　tā　chú le jì zhī piào wài　hái jì guo
我念大学时，所有的家信都是妈写的。他//除了寄支票外，还寄过
yì fēng duǎn jiǎn gěi wǒ　shuō yīn wèi wǒ bú zài cǎo píng shàng tī zú qiú le　suǒ yǐ tā de cǎo píng
一封短柬给我，说因为我不在草坪上踢足球了，所以他的草坪
zhǎng de hěn měi
长得很美。

měi cì wǒ dǎ diàn huà huí jiā　tā sì hū dōu xiǎng gēn wǒ shuō huà　dàn jié guǒ zǒng shìshuō　wǒ
每次我打电话回家，他似乎都想跟我说话，但结果总是说：“我
jiào nǐ mā lái jiē
叫你妈来接。”

wǒ jié hūn shí　diào yǎn lèi de shì wǒ mā　tā zhǐ shì dà shēng xǐng le yí xià bí zi　biàn zǒu chū
我结婚时，掉眼泪的是我妈。他只是大声擤了一下鼻子，便走出
fáng jiān
房间。

wǒ cóng xiǎo dào dà dōu tīng tā shuō　nǐ dào nǎ lǐ qù　shén me shí hou huí jiā　qì chēyǒu méi
我从小到大都听他说：“你到哪里去？什么时候回家？汽车有没
yǒu qì yóu　bù　bù zhǔn qù　bà wán quán bù zhī dào zěn yàng biǎo dá ài　chú fēi
有汽油？不，不准去。”爸完全不知道怎样表达爱。除非……

huì bú huì shì tā yǐ jīng biǎo dá le　ér wǒ què wèi néng chá jué
会不会是他已经表达了，而我却未能察觉？

jié xuǎn zì měi guó ài ěr mǎ　bāng bèi kè　fù qīn de ài
节选自美国艾尔玛·邦贝克《父亲的爱》

知识点

1）注意多音字：

空 { kōng 空气 / kòng 空地 }　似 { sì 似乎 / shì 似的 }　教 { jiāo 教与学 / jiào 教师 }

2）注意轻声词，例如：

bí zi　shén me shí hou　yàng zi　hái zi　wǒ men
鼻子　什么时候　样子　孩子　我们

四、命题说话（下列话题任选一个，共40分，限时3分钟）

1. 学习普通话的体会
2. 我的愿望（或理想）

参考例文

我的理想

每个人都有自己的理想，我也不例外，我的理想就是将来能成为一名优秀的人民教师，站在讲台上教书育人。

苗苗老师，就是我的理想启蒙者。我在刚上幼儿园的时候，总是哭，妈妈一走开我就忍不住哭出声来。有一次，一位新来的老师看我哭了，就走过来蹲下身子对我说：“小红，不要哭了，老师唱一首歌给你听，好吗？”我的注意力立刻被吸引了，就忘了哭泣了。老师看我不哭了，就清了清嗓子，对我说：“苗苗老师给你唱一首《小草》吧！”

“没有花香，没有树高，我是一棵无人知道的小草……”老师一边唱一边用手打着节拍，我第一次听到这么优美的歌，情不自禁地跟着老师打节拍，刚才的伤心早就忘了，从此以后也不再哭鼻子了，反而很爱去幼儿园，看到苗苗老师就会觉得很开心。

长大后，我对教师职业就有了特殊的好感，立志成为一名像苗苗老师一样带给孩子们快乐的人。而且，做老师不仅能够带给孩子们快乐和知识，还有很多“好处”呢！比如教师有寒暑假，利用假期的时间，可以出去旅游，扩充自己的见闻见识，那些书中提到的地方、故事、风土人情，都可以有机会一睹真容；利用假期还可以给自己“充电”，在知识更新速度极快的今天，只有不断地提升自我，保持“活到老、学到老”的积极心态，才能成为一名优秀的老师。

当然，我最喜欢的一点是：和孩子们在一起，会永葆童心，让自己的心灵永远纯净。我祝自己的梦想早日成真。

试卷 3 号

一、读单音节字词（100 个音节，共 10 分，限时 3.5 分钟）

fāng	jǐn	guǎi	duó	zhé	shǎn	zǎo	qiāng	làng	shòu
坊	仅	拐	夺	折（断）	闪	早	枪	浪	瘦
fán	pén	chuáng	bái	ruǎn	xiōng	chèn	bǔ	xiá	ròu
凡	盆	床	白	软	胸	趁	捕	峡	肉
suì	chuī	yú	zhēn	shī	wāi	àn	cì	zhuā	lí
岁	吹	鱼	针	湿	歪	暗	刺	抓	梨
pá	xiǎng	dǐng	cāi	èr	wèi	liǎ	rì	dēng	qiáo
爬	响	顶	猜	二	胃	俩	日	登	瞧
zǒu	hēi	yōu	cā	kuān	rēng	yǎng	xiē	quàn	shuǎi
走	黑	优	擦	宽	扔	仰	些	劝	甩
tuō	féi	gé	duō	cèng	piē	kuò	nù	nèi	zhēn
托	肥	隔	多	蹭	瞥	阔	怒	内	真
guī	yá	mò	pìn	tǒng	sì	yīn	xún	yǐ	xián
硅	崖	莫	聘	捅	寺	阴	寻	乙	弦
niē	huò	tūn	shēn	chān	pō	liū	zhì	kuà	dī
捏	祸	吞	身	搀	泼	溜	掷	挎	堤
miǎn	yǒng	suàn	zhān	qiā	zǒng	cháng	wān	chà	shuàn
免	涌	蒜	毡	掐	总	偿	湾	岔	涮
bìng	nào	huá	yuē	jiào	gòng	jiē	kuàng	zhǔn	fú
病	闹	滑	约	较	共	接	矿	准	扶

二、读多音节词语（100个音节，共20分，限时2.5分钟）

xiǎo māo 小猫	yuán liàng 原谅	bèi hòu 背后	ér qiě 而且	jiào xun 教训
zhè yàng 这样	cǐ wài 此外	zhuān yè 专业	kě yǐ 可以	hǎo wán er 好玩儿
yā piàn 鸦片	kùn nán 困难	guāngróng 光荣	sàng shī 丧失	méi shì er 没事儿
cǎi fǎng 采访	dǎn qiè 胆怯	xiá zhǎi 狭窄	jūn zhuāng 军装	xuē ruò 削弱
shēng diào 声调	biǎo zhāng 表彰	tài du 态度	cōng ming 聪明	bàn gōng 办公
yù sài 预赛	zī xún 咨询	héng xīng 恒星	bō sòng 播送	mò shuǐ er 墨水儿
pái huái 徘徊	xuán guà 悬挂	yóu rú 犹如	pín fá 贫乏	zhuǎn huà 转化
zuì chū 最初	qióng rén 穷人	lì zhēng 力争	chǐ cùn 尺寸	jiǎn chá 检查
fǒu jué 否决	néng gòu 能够	fù nǚ 妇女	lín jū 邻居	pí bǎn er 皮板儿
gōng jǐ 供给	shēn biān 身边	zūn jìng 尊敬	shāo wēi 稍微	jǐn guǎn 尽管

三、朗读短文（400个音节，共30分，限时4分钟）

zuò pǐn hào
作品4号

zài dá ruì bā suì de shí hou yǒu yì tiān tā xiǎng qù kàn diàn yǐng yīn wèi méi yǒu qián tā xiǎng shì xiàng bà mā yào qián hái shi zì jǐ zhèng qián zuì hòu tā xuǎn zé le hòu zhě tā zì jǐ tiáo zhì le yì zhǒng qì shuǐ xiàng guò lù de xíng rén chū shòu kě nà shí zhèng shì hán lěng de dōng tiān méi yǒu rén mǎi zhǐ yǒu liǎng gè rén lì wài tā de bà ba hé mā ma

在达瑞八岁的时候，有一天他想去看电影。因为没有钱，他想是向爸妈要钱，还是自己挣钱。最后他选择了后者。他自己调制了一种汽水，向过路的行人出售。可那时正是寒冷的冬天，没有人买，只有两个人例外——他的爸爸和妈妈。

tā ǒu rán yǒu yí gè hé fēi cháng chéng gōng de shāng rén tán huà de jī huì dāng tā duì shāng rén jiǎng shù le zì jǐ de pò chǎn shǐ hòu shāng rén gěi le tā liǎng gè zhòng yào de jiàn yì yī shì cháng shì wèi bié rén jiě jué yí gè nán tí èr shì bǎ jīng lì jí zhōng zài nǐ zhī dào de nǐ huì de hé nǐ yōng yǒu de dōng xi shàng

他偶然有一个和非常成功的商人谈话的机会。当他对商人讲述了自己的“破产史”后，商人给了他两个重要的建议：一是尝试为别人解决一个难题；二是把精力集中在你知道的、你会的和你拥有的东西上。

zhè liǎng gè jiàn yì hěn guān jiàn yīn wèi duì yú yí gè bā suì de hái zi ér yán tā bú huì zuò de shì qing hěn duō yú shì tā chuān guò dà jiē xiǎo xiàng bù tíng de sī kǎo rén men huì yǒu shén me nán tí tā yòu rú hé lì yòng zhè ge jī huì

这两个建议很关键。因为对于一个八岁的孩子而言，他不会做的事情很多。于是他穿过大街小巷，不停地思考：人们会有什么难题，他又如何利用这个机会？

yì tiān chī zǎo fàn shí fù qīn ràng dá ruì qù qǔ bào zhǐ měi guó de sòng bào yuán zǒng shì bǎ bào

一天，吃早饭时父亲让达瑞去取报纸。美国的送报员总是把报

zhǐ cóng huā yuán lí ba de yí gè tè zhì de guǎn zi lǐ sài jin lai jiǎ rú nǐ xiǎng chuān zhe shuì yī shū
纸从花园篱笆的一个特制的管子里塞进来。假如你想穿着睡衣舒
shū fú fú de chī zǎo fàn hé kàn bào zhǐ jiù bì xū lí kāi wēnnuǎn de fángjiān mào zhe hán fēng dào huā
舒服服地吃早饭和看报纸，就必须离开温暖的房间，冒着寒风，到花
yuán qù qǔ suī rán lù duǎn dàn shí fēn má fan
园去取。虽然路短，但十分麻烦。

dāng dá ruì wèi fù qīn qǔ bào zhǐ de shí hou yí gè zhǔ yi dàn shēng le dàng tiān tā jiù àn xiǎng
当达瑞为父亲取报纸的时候，一个主意诞生了。当天他就按响
lín jū de mén líng duì tā men shuō měi gè yuè zhǐ xū fù gěi tā yì měi yuán tā jiù měi tiān zǎo shang
邻居的门铃，对他们说，每个月只需付给他一美元，他就每天早上
bǎ bào zhǐ sāi dào tā men de fáng mén dǐ xia dà duō shù rén dōu tóng yì le hěn kuài tā yǒu le
把报纸塞到他们的房门底下。大多数人都同意了，很快他有\\了
qī shí duō gè gù kè yí gè yuè hòu dāng tā ná dào zì jǐ zhuàn de qián shí jué de zì jǐ jiǎn zhí fēi
七十多个顾客。一个月后，当他拿到自己赚的钱时，觉得自己简直飞
shàng le tiān
上了天。

hěn kuài tā yòu yǒu le xīn de jī huì tā ràng tā de gù kè měi tiān bǎ lā jī dài fàng zài mén qián
很快他又有了新的机会，他让他的顾客每天把垃圾袋放在门前，
rán hòu yóu tā zǎo shang yùn dào lā jī tǒng lǐ měi gè yuè jiā yì měi yuán zhī hòu tā hái xiǎng chū
然后由他早上运到垃圾桶里，每个月加一美元。之后，他还想出
le xǔ duō hái zi zhuàn qián de bàn fǎ bìng bǎ tā jí jié chéng shū shū míng wéi ér tóng zhèng qián
了许多孩子赚钱的办法，并把它集结成书，书名为《儿童挣钱
de èr bǎi wǔ shí gè zhǔ yi wèi cǐ dá ruì shí èr suì shí jiù chéng le chàng xiāo shū zuò jiā shí wǔ suì
的二百五十个主意》。为此，达瑞十二岁时就成了畅销书作家，十五岁
yǒu le zì jǐ de tán huà jié mù shí qī suì jiù yōng yǒu le jǐ bǎi wàn měi yuán
有了自己的谈话节目，十七岁就拥有了几百万美元。

jié xuǎn zì dé guó bó duō shè fèi ěr dá ruì de gù shì liú zhì míng yì
节选自［德国］博多·舍费尔《达瑞的故事》，刘志明译

知识点

1）注意多音字。例如：当 dāng 当时；dàng 当天

2）舒舒服服，口语一般读作 shū shu fú fu

3）注意轻读字音。例如：篱笆（lí ba）　东西（dōng xi）　管子（guǎn zi）　爸爸（bà ba）　妈妈（mā ma）

4）注意“一”的变调。例如：一个（yí gè）　一美元（yì měi yuán）

四、命题说话（下列话题任选一个，共 40 分，限时 3 分钟）

1. 我的学习生活
2. 我尊敬的人

参考例文

我尊敬的人

我最尊敬的人是我的妈妈。

我的妈妈身材很瘦小，可是非常能干。小时候，家里最穷的时候，妈妈白天在工厂里上班，晚上回来就做手工贴补家用。大家买来新衣服时，衣服上的吊牌都会随手扔掉，扔掉它只不过是

两秒钟的事，可是妈妈要把一个吊牌穿起来，却要十秒钟。给衣服穿吊牌就是妈妈的兼职，我问妈妈穿一个吊牌多少钱，妈妈说：“5 分钱”。

我不由地叫出声来：“妈妈，怎么这么便宜！”妈妈说，她做的这个工作是没有什么技术含量和知识含量的，所以她的劳动就显得十分廉价。我听完妈妈的解释，心不由得被刺痛了，妈妈太辛苦了，而我却无能为力。

我想帮妈妈一起穿吊牌，可是妈妈却拒绝了我的请求。妈妈笑着对我说：“我已经习惯了，已经不觉得辛苦了。但你要好好学习，学好知识文化，将来有个一技之长，就不会像妈妈这么辛苦了，妈妈也可以跟着你享福了。”听完妈妈的话，我心里酸酸的。

后来，妈妈向朋友借了一些钱，因为喜欢做饭，就自己盘下了一个小小的店面卖早餐，因为妈妈做饭的手艺不错，我们家的顾客渐渐多了起来。妈妈每天凌晨四点就要起床买菜、洗菜、准备早餐，看着妈妈忙碌的身影，我再次请求帮忙。可是妈妈又再次拒绝了我。妈妈说寒暑假的时候会让我帮忙的，但现在是上学期间，过重的家务会影响我的学习成绩的。妈妈就是这样，总是自己挑起家里最重的担子，让我比较舒服地生活。

中考结束后，我要到外地求学了。临走前，妈妈带我逛街，除了给我买了几件新衣服外，还给我买了一台新手机。而她自己用的手机，已经旧得不能再旧了。这就是我的妈妈，这就是我最尊敬的人。在别人眼里，她是一名普通的妇女，可是在我眼里，她是天底下最好的妈妈。

试卷 4 号

一、读单音节字词（100 个音节，共 10 分，限时 3.5 分钟）

xìn 信	chú 锄	rǔ 乳	yīn 因	bó 勃	tāo 涛	kǎi 凯	xí 习	rùn 润	yāng 秧
bèi 倍	fān 翻	ná 拿	gǔ 古	qióng 穷	shuāi 摔	cuī 催	wéi 围	bì 壁	niǎn 撵
qīng 青	chǒu 丑	ráo 饶	sǔn 笋	bāng 帮	dōu 兜	guàn 盥	shàn 骟	nǚ 女	yē 椰
piāo 飘	fáng 防	nín 您	kǒng 孔	xiū 修	ròu 肉	sǐ 死	yù 遇	pīn 拼	líng 灵
píng 平	dēng 灯	liǎ 俩	huáng 黄	zhī 织	zì 字	sài 赛	yuè 月	mò 末	kuā 夸
zhēng 征	shì 视	zuì 罪	shān 山	pēng 嘭	tóng 佟	huà 话	quē 缺	shā 沙	wàng 旺
mì 密	duàn 段	liàng 亮	jǐng 井	chī 吃	zǎo 早	é 鹅	jūn 军	fěn 粉	hěn 狠
zhuó 啄	shēng 生	cí 雌	wán 丸	miǎo 渺	nú 驽	jiā 袈	zhěn 枕	cuó 痤	yuán 辕
miè 灭	tián 甜	gēn 根	chūn 春	cè 册	ér 而	liú 流	nǐ 拟	huǒ 火	quán 全
zhōng 终	shuǎ 耍	chén 尘	wēng 翁	fēi 妃	lián 联	jǐn 谨	chuài 踹	sè 涩	xiōng 匈

二、读多音节词语（100 个音节，共 20 分，限时 2.5 分钟）

xiàn zài 现 在	biāo tí 标 题	suǒ yǒu 所 有	ài mù 爱 慕	pò huài 破 坏
fā míng 发 明	jī xiè 机 械	qiáo zhuāng 乔 装	xiān wéi 纤 维	shān qū 山 区

tè diǎn	gòu mǎi	yǒng yuǎn	wěn dang	gōng fu
特点	购买	永远	稳当	工夫
kē xué	huì kè	suí shǒu	cōng máng	niú nǎi
科学	会客	随手	匆忙	牛奶
tǔ rǎng	gù lǜ	luó kuāng	chāo guò	nián tóu er
土壤	顾虑	箩筐	超过	年头儿
guàn chè	qīn shēn	wā jué	xuān yán	yán suān
贯彻	亲身	挖掘	宣言	盐酸
lèi sì	nèi zhèng	bìng dú	lín chǎng	zhuā jǔ
类似	内政	病毒	林场	抓举
zhuàng shi	guàn fàn	hùn zá	rèn lǐng	bǎi shù
壮实	惯犯	混杂	认领	柏树
dǐng zhēn	nán tīng	yáng máo	cǎo méi	rǎn liào
顶针	难听	羊毛	草莓	染料
dǎ suàn	xīn shǎng	xīn huāng	qióng zhī	xiǎo yàng er
打算	欣赏	心慌	琼脂	小样儿

三、朗读短文（400个音节，共30分，限时4分钟）

zuò pǐn hào
作品26号

wǒ men jiā de hòu yuán yǒu bàn mǔ kòng dì mǔ qīn shuō ràng tā huāng zhe guài kě xī de nǐ men nà me ài chī huā shēng jiù kāi pì chū lái zhòng huā shēng ba wǒ men jiě dì jǐ gè dōu hěn gāo xìng mǎi zhǒng fān dì bō zhǒng jiāo shuǐ méi guò jǐ gè yuè jū rán shōu huò le

我们家的后园有半亩空地，母亲说："让它荒着怪可惜的，你们那么爱吃花生，就开辟出来种花生吧。"我们姐弟几个都很高兴，买种，翻地，播种，浇水，没过几个月，居然收获了。

mǔ qīn shuō jīn wǎn wǒ men guò yí gè shōu huò jié qǐng nǐ men fù qīn yě lái cháng chang wǒ men de xīn huā shēng hǎo bu hǎo wǒ men dōu shuō hǎo mǔ qīn bǎ huā shēng zuò chéng le hǎo jǐ yàng shí pǐn hái fēn fu jiù zài hòu yuán de máo tíng li guò zhè ge jié

母亲说："今晚我们过一个收获节，请你们父亲也来尝尝我们的新花生，好不好？"我们都说好。母亲把花生做成了好几样食品，还吩咐就在后园的茅亭里过这个节。

wǎn shang tiān sè bú tài hǎo kě shì fù qīn yě lái le shí zài hěn nán dé

晚上天色不太好，可是父亲也来了，实在很难得。

fù qīn shuō nǐ men ài chī huā shēng ma

父亲说："你们爱吃花生吗？"

wǒ men zhēng zhe dā ying ài

我们争着答应："爱！"

shuí néng bǎ huā shēng de hǎo chù shuō chu lai

"谁能把花生的好处说出来？"

jiě jie shuō huā shēng de wèi měi

姐姐说："花生的味美。"

gē ge shuō huā shēng kě yǐ zhà yóu

哥哥说："花生可以榨油。"

wǒ shuō huā shēng de jià qian pián yi shuí dōu kě yǐ mǎi lái chī dōu xǐ huan chī zhè jiù shì tā de hǎo chù

我说："花生的价钱便宜，谁都可以买来吃，都喜欢吃。这就是它的好处。"

fù qīn shuō huā shēng de hǎo chù hěn duō yǒu yí yàng zuì kě guì tā de guǒ shí mái zài dì lǐ

父亲说："花生的好处很多，有一样最可贵：它的果实埋在地里，

bú xiàng táo zi shí liu píng guǒ nà yàng bǎ xiān hóng nèn lǜ de guǒ shí gāo gāo de guà zài zhī tóu
不像桃子、石榴、苹果那样，把鲜红嫩绿的果实高高地挂在枝头

shàng shǐ rén yí jiàn jiù shēng ài mù zhī xīn nǐ men kàn tā ǎi ǎi de zhǎng zài dì shàng děng dào
上，使人一见就生爱慕之心。你们看它矮矮地长在地上，等到

chéng shú le yě bù néng lì kè fēn biàn chu lai tā yǒu méi yǒu guǒ shí bì xū wā chu lai cái zhī dào
成熟了，也不能立刻分辨出来它有没有果实，必须挖出来才知道。”

wǒ men dōu shuō shì mǔ qīn yě diǎn dian tóu
我们都说是，母亲也点点头。

fù qīn jiē xia qu shuō suǒ yǐ nǐ men yào xiàng huā shēng tā suī rán bù hǎo kàn kě shì hěn yǒu
父亲接下去说：“所以你们要像花生，它虽然不好看，可是很有

yòng bú shì wài biǎo hǎo kàn ér méi yǒu shí yòng de dōng xi
用，不是外表好看而没有实用的东西。”

wǒ shuō nà me rén yào zuò yǒu yòng de rén bú yào zuò zhǐ jiǎng tǐ miàn ér duì bié rén méi yǒu
我说：“那么，人要做有用的人，不要做只讲体面，而对别人没有

hǎo chù de rén le
好处的人了。” \ \

fù qīn shuō duì zhè shì wǒ duì nǐ men de xī wàng
父亲说：“对。这是我对你们的希望。”

wǒ men tán dào yè shēn cái sàn huā shēng zuò de shí pǐn dōu chī wán le fù qīn de huà què shēn
我们谈到夜深才散。花生做的食品都吃完了，父亲的话却深

shēn de yìn zài wǒ de xīn shàng
深地印在我的心上。

jié xuǎn zì xǔ dì shān luò huā shēng
节选自许地山《落花生》

知识点

1）注意多音字。例如：

空 { kōng 天空 / kòng 空地 }　　种 { zhǒng 种子 / zhòng 播种 }

2）注意轻读字音。例如：pián yi 便宜　dōng xi 东西

3）注意“不”的变调“bú”。例如：bú xiàng 不像

四、命题说话（下列话题任选一个，共40分，限时3分钟）

1. 我的家乡
2. 我喜欢的明星（或其他社会知名人士）

参考例文

我喜欢的明星

现在的娱乐圈流行“小鲜肉”式的明星，他们青春靓丽，能歌善舞，俘虏了不少年轻人的心。而我喜欢的明星，年纪都比较大，比如周润发和刘德华。在我心目中，他们不是单纯靠演技或歌声打动我的，而是他们身上独有的执着精神打动了我。

比如周润发，他打动我的是他的学习精神。因为小时候家里穷，他没有受过特别好的教育。成年后因为演技好，被请到美国的好莱坞去拍戏，这在当时，对于一个演员来讲，是莫大的殊荣。

但是他不会讲英语，于是，在 40 岁的时候，他克服重重困难，开始学习英语。我在报纸上看到这个报道后，不禁惭愧，人家 40 岁都能学习英语，我们十几岁的人学习英语还直呼难得要命，真是不应该！难道等将来我们要用到英语时，才后悔现在没有好好学习吗？

我喜欢刘德华，是因为他的“劳模”精神。和刘德华同时期的明星们，有的早已退居二线，让自己的生活过得轻轻松松，但刘德华一直活跃在第一线，保持着一定的曝光量，拍戏、唱歌，做着自己喜欢的事情。他的这种精神，与那些整天吵着“35 岁就退休”的人形成了鲜明的对比。能力有多大，责任就有多大。既然自己有能力给别人带来快乐，给社会带来贡献，为什么不能像刘德华一样，用自己的一点光和热，照出千分光呢？

这就是我喜欢的明星，我希望自己能像周润发一样，在学习的道路上勇往直前，不被困难打败；我也希望自己能像刘德华一样，哪怕光阴如流水般逝去，也永葆青春之心，奋斗之心。

试卷 5 号

一、读单音节字词（100 个音节，共 10 分，限时 3.5 分钟）

nì èr shuài ǎo biē tūn cuō yīng míng fèi
腻 贰 帅 袄 憋 吞 搓 鹰 鸣 废

qióng hòu huā mó ruǎn shōu qún mù kuài bá
穷 厚 花 膜 软 收 群 木 块 拔

zhì chuāng shì suǒ zǐ liàng cǐ qiā méi lào
质 疮 视 锁 子 晾 此 掐 霉 涝

wēng jù xū yún jué lóng quǎn pō xiōng guā
翁 拒 须 匀 绝 聋 犬 颇 兄 瓜

kǎn píng xià cù guàng chóu diū jiǎng liú nín
砍 瓶 夏 醋 逛 愁 丢 讲 留 您

dēng wáng tǒng tuō zǒu nuǎn sǎn yīn zuò yóu
灯 王 捅 脱 走 暖 伞 阴 坐 由

miǎo fēng mǔ rěn gé wàng gǔn ná shū dài
秒 疯 亩 忍 隔 望 滚 拿 输 袋

bài gěng biān lìn piāo nóng jiàn niè dú tāo
稗 耿 蝙 吝 飘 脓 饯 聂 犊 涛

guī zhèng kuì zhēn hè xùn jiào xuǎn jùn qì
瑰 郑 愧 甄 赫 驯 酵 癣 俊 迄

chá yuè cháng àn shè suì shuàn chái rù zī
茬 粤 嫦 按 赦 穗 涮 豺 褥 孳

二、读多音节词语（100 个音节，共 20 分，限时 2.5 分钟）

huā zhǒng 花种　gǎi biàn 改变　pú tao 葡萄　guā fēn 瓜分　zhàng peng 帐篷

méng shòu 蒙受　qí guài 奇怪　kuáng fēng 狂风　yǔ yǐ 予以　dàn jué er 旦角儿

pǒ cè 叵测　yōu měi 优美　bǐ zhí 笔直　luán shēng 孪生　qià tán 洽谈

sāo luàn 骚乱　kuài zi 筷子　róu ruǎn 柔软　xún zhǎo 寻找　bá jiān er 拔尖儿

hēi zǎo 黑枣　zhí de 值得　lǚ xíng 履行　bāng gōng 帮工　liáng shi 粮食

fèi jìn　　cǎi qǔ　　xiōng yǒng　　chǎo zuǐ　　bié chù
费劲　　采取　　汹涌　　吵嘴　　别处

zhuó xiǎng　　shuō míng　　duàn liàn　　hùn fǎng　　fēng jǐng
着想　　说明　　锻炼　　混纺　　风景

gǔn dòng　　huā sè　　niǔ kòu er　　sī jī　　biāo zhǔn
滚动　　花色　　纽扣儿　　司机　　标准

jiǎ dìng　　xiǎo mài　　nà me　　gé yán　　ér qiě
假定　　小麦　　那么　　格言　　而且

quàn gào　　cí sù　　yǒng gǎn　　jué dòu　　huáng jiǔ
劝告　　词素　　勇敢　　决斗　　黄酒

三、朗读短文（400个音节，共30分，限时4分钟）

zuò pǐn hào
作品43号

shēng huó duì yú rèn hé rén dōu fēi yì shì wǒ men bì xū yǒu jiān rèn bù bá de jīng shén zuì yào jǐn
生活对于任何人都非易事，我们必须有坚韧不拔的精神。最要紧

de hái shì wǒ men zì jǐ yào yǒu xìn xīn wǒ men bì xū xiāng xìn wǒ men duì měi yí jiàn shì qing dōu jù
的，还是我们自己要有信心。我们必须相信，我们对每一件事情都具

yǒu tiān fù de cái néng bìng qiě wú lùn fù chū rèn hé dài jià dōu yào bǎ zhè jiàn shì wán chéng dāng
有天赋的才能，并且，无论付出任何代价，都要把这件事完成。当

shì qing jié shù de shí hou nǐ yào néng wèn xīn wú kuì de shuō wǒ yǐ jīng jìn wǒ suǒ néng le
事情结束的时候，你要能问心无愧地说："我已经尽我所能了。"

yǒu yì nián de chūn tiān wǒ yīn bìng bèi pò zài jiā li xiū xi shù zhōu wǒ zhù shì zhe wǒ de nǚ ér
有一年的春天，我因病被迫在家里休息数周。我注视着我的女儿

men suǒ yǎng de cán zhèng zài jié jiǎn zhè shǐ wǒ hěn gǎn xìng qù wàng zhe zhè xiē cán zhí zhuó de qín
们所养的蚕正在结茧，这使我很感兴趣。望着这些蚕执着地、勤

fèn de gōng zuò wǒ gǎn dào wǒ hé tā men fēi cháng xiāng sì xiàng tā men yí yàng wǒ zǒng shì nài
奋地工作，我感到我和它们非常相似。像它们一样，我总是耐

xīn de bǎ zì jǐ de nǔ lì jí zhōng zài yí gè mù biāo shàng wǒ zhī suǒ yǐ rú cǐ huò xǔ shì yīn wèi yǒu
心地把自己的努力集中在一个目标上。我之所以如此，或许是因为有

mǒu zhǒng lì liàng zài biān cè zhe wǒ zhèng rú cán bèi biān cè zhe qù jié jiǎn yì bān
某种力量在鞭策着我——正如蚕被鞭策着去结茧一般。

jìn wǔ shí nián lái wǒ zhì lì yú kē xué yán jiū ér yán jiū jiù shì duì zhēn lǐ de tàn tǎo wǒ yǒu
近五十年来，我致力于科学研究，而研究，就是对真理的探讨。我有

xǔ duō měi hǎo kuài lè de jì yì shào nǚ shí qī wǒ zài bā lí dà xué gū dú de guò zhe qiú xué de suì
许多美好快乐的记忆。少女时期我在巴黎大学，孤独地过着求学的岁

yuè zài hòu lái xiàn shēn kē xué de zhěng gè shí qī wǒ zhàng fu hé wǒ zhuān xīn zhì zhì xiàng zài
月；在后来献身科学的整个时期，我丈夫和我专心致志，像在

mèng huàn zhōng yì bān zuò zài jiǎn lòu de shū fáng lǐ jiān xīn de yán jiū hòu lái wǒ men jiù zài nà li
梦幻中一般，坐在简陋的书房里艰辛地研究，后来我们就在那里

fā xiàn le léi
发现了镭。

wǒ yǒng yuǎn zhuī qiú ān jìng de gōng zuò hé jiǎn dān de jiā tíng shēng huó wèi le shíxiàn zhè ge lǐ
我永远追求安静的工作和简单的家庭生活。为了实现这个理

xiǎng wǒ jié lì bǎo chí níng jìng de huán jìng yǐ miǎn shòu rén shì de gān rǎo hé shèng míng de tuō lěi
想，我竭力保持宁静的环境，以免受人事的干扰和盛名的拖累。

wǒ shēn xìn zài kē xué fāng miàn wǒ men yǒu duì shì yè ér bú shì duì cái fù de xìng qù wǒ de
我深信，在科学方面我们有对事业而不是//对财富的兴趣。我的

wéi yī shē wàng shì zài yí gè zì yóu guó jiā zhōng yǐ yí gè zì yóu xué zhě de shēn fèn cóng shì yán jiū
唯一奢望是在一个自由国家中，以一个自由学者的身份从事研究

gōng zuò
工 作。

wǒ yì zhí chén zuì yú shì jiè de yōu měi zhī zhōng wǒ suǒ rè ài de kē xué yě bú duàn zēng jiā tā
我一直沉醉于世界的优美之中，我所热爱的科学也不断增加它

zhǎn xīn de yuǎn jǐng wǒ rèn dìng kē xué běn shēn jiù jù yǒu wěi dà de měi
崭新的远景。我认定科学本身就具有伟大的美。

jié xuǎn zì bō lán mǎ lì jū lǐ wǒ de xìn niàn jiàn jié yì
节选自[波兰]玛丽·居里《我的信念》，剑捷译

知识点

1）注意需要轻读的音。例如：休息（xiū xi） 丈夫（zhàng fu） 这个（zhè ge）

2）注意“一”和“不”的变音。例如：

一：yī 第一名；yí 一样 一个；yì 一直 一般

不：bú 不是 不会；bù 不想 不知道

四、命题说话（下列话题任选一个，共40分，限时3分钟）

1. 我喜爱的文学（或其他艺术形式）
2. 谈谈美食

参考例文

谈谈美食

中国幅员辽阔，南北美食差异巨大，广东人喜欢在豆腐脑里撒白糖，北方人喜欢在豆腐脑里放辣椒，谁也说服不了谁——这就是美食的特点。它的口味千变万化，但爱它的人，会对它矢志不渝！

我出生在陕西，家乡最负盛名的美食，大概就是羊肉泡馍、肉夹馍、裤带面和凉皮了吧。羊肉泡馍吃得那叫一个香，但是穷学生总不能天天吃吧，消费不起，只有哪天心情特别好的时候，跑到“老杨家羊肉泡馍”去潇洒一回。

而肉夹馍，被我们陕西人热情地称为关中版的“汉堡包”，但比汉堡包的性价比高多了。如果你是面食的爱好者，也不要错过我们的裤带面，为什么叫“裤带面”呢？大概是因为它比较宽的原因吧！我的减肥计划屡屡失败，大概也是因为裤带面太好吃了吧。

据我观察，好吃的美食不一定在五星级饭店里，说不定哪个不起眼的胡同小巷里，也藏着美食达人呢，毕竟高手在民间嘛！有一次，我无意间走到了荔红路上的一间凉皮店，店面挺普通，不是吃饭时间还有食客在吃，于是决定试一试。老板把凉皮一端上来，你就会觉得值了！那红彤彤的辣椒油里，放了不少白芝麻，淡淡的香味扑鼻，却让你怎么都闻不够。配菜有淡绿色的黄瓜丝、淡黄色的嫩豆芽，夏日炎炎，光看着就很解暑。夹一筷子面筋吃，筋道！再吃一口凉皮，不咸不辣刚刚好，且弹性十足！

吃完以后，再一看价目表：人民币5元！我还能说什么呢，只能对老板大喊一声：再来一盘！

试卷6号

一、读单音节字词（100个音节，共10分，限时3.5分钟）

rén	lèi	ér	yào	bēi	ài	lěng	fèn	kǎo	qióng
人	类	而	药	碑	爱	冷	份	烤	穷

zuì	qiāng	yān	péng	shī	yǒng	yuē	shǎng	zhuó	kuò
罪	腔	烟	棚	师	涌	曰	赏	啄	阔
mō	xià	jiāo	pà	qún	cì	guā	sǎ	nín	bō
摸	夏	郊	怕	群	次	刮	洒	您	波
liú	sī	huáng	pǔ	dūn	lüè	yuán	guài	tóng	nǚ
流	私	皇	普	吨	略	圆	怪	铜	女
suì	yíng	rěn	bàng	xióng	rì	chóu	nài	téng	gù
岁	赢	忍	棒	雄	日	愁	耐	疼	顾
wá	kěn	pī	hòu	yá	chà	huái	zhì	é	juān
娃	啃	坯	厚	芽	岔	怀	置	讹	捐
zhá	hè	jiā	qǔ	zhé	xiē	chǐ	náo	fěi	zhú
铡	鹤	枷	龋	辙	蝎	侈	挠	斐	竹
fán	tì	chán	mǎng	zōu	shù	míng	dǐng	zhuì	kuāng
樊	屉	潺	莽	邹	漱	冥	鼎	赘	匡
jiàng	tuān	róng	diǎn	sāi	quán	méng	xuē	shuò	lìn
匠	湍	戎	碘	鳃	颧	盟	薛	硕	吝
kē	fēng	kuài	biāo	fàng	jiā	fēi	jì	fǎ	shōu
磕	丰	快	标	放	加	飞	计	法	收

二、读多音节词语（100个音节，共20分，限时2.5分钟）

huǐ hèn	bǎi tuō	gé xīn	fàn chóu	dǎo tǐ
悔恨	摆脱	革新	范畴	导体
nà shuì	pǐn zhì	duàn jué	jǐn pò	nián tóu er
纳税	品质	断绝	紧迫	年头儿
mǎ hu	kǒu yǔ	yùn yòng	jià tiáo	suǒ yǒu
马虎	口语	运用	假条	所有
wén zhāng	cún zài	yuán yīn	kuài lè	liáo tiān er
文章	存在	原因	快乐	聊天儿
zàng sòng	cēn cī	niè chǐ	chuī zòu	shèn ér
葬送	参差	啮齿	吹奏	甚而
shuā xīn	sī móu	yuān jia	cāng ying	huì cuì
刷新	思谋	冤家	苍蝇	荟萃
zuì niè	qún zhòng	yè yú	míng què	bào dǔ er
罪孽	群众	业余	明确	爆肚儿
cè yàn	kě néng	piào liang	zú qiú	róng yì
测验	可能	漂亮	足球	容易
yú shì	gǎn rǎn	huāng liáng	fèi chú	chuàng zào
于是	感染	荒凉	废除	创造
biǎo zhāng	dǎo méi	yě liàn	chuǎi mó	wài sheng
表彰	倒霉	冶炼	揣摩	外甥

三、朗读短文（400个音节，共30分，限时4分钟）

zuò pǐn hào
作品42号

jì de wǒ shí sān suì shí hé mǔ qīn zhù zài fǎ guó dōng nán bù de nài sī chéng mǔ qīn méiyǒu
记得我十三岁时，和母亲住在法国东南部的耐斯城。母亲没有

zhàng fu yě méi yǒu qīn qi gòu qīng kǔ de dàn tā jīng cháng néng ná chū lìng rén chī jīng de dōng
丈夫，也没有亲戚，够清苦的，但她经常能拿出令人吃惊的东

xi bǎi zài wǒ miàn qián tā cóng lái bù chī ròu yí zài shuō zì jǐ shì sù shí zhě rán ér yǒu yì tiān
西，摆在我面前。她从来不吃肉，一再说自己是素食者。然而有一天，

wǒ fā xiàn mǔ qīn zhèng zǐ xì de yòng yì xiǎo kuài suì miàn bāo cā nà gěi wǒ jiān niú pái yòng de yóu guō
我发现母亲正仔细地用一小块碎面包擦那给我煎牛排用的油锅。
wǒ míng bai le tā chēng zì jǐ wéi sù shí zhě de zhēn zhèng yuán yīn
我明白了她称自己为素食者的真正原因。

wǒ shí liù suì shí mǔ qīn chéng le nài sī shì měi méng lǚ guǎn de nǚ jīng lǐ zhè shí tā gèng
我十六岁时，母亲成了耐斯市美蒙旅馆的女经理。这时，她更
máng lù le yì tiān tā tān zài yǐ zi shàng liǎn sè cāng bái zuǐ chún fā huī mǎ shàng zhǎo lái yī
忙碌了。一天，她瘫在椅子上，脸色苍白，嘴唇发灰。马上找来医
shēng zuò chū zhěn duàn tā shè qǔ le guò duō de yí dǎo sù zhí dào zhè shí wǒ cái zhī dào mǔ qīn duō
生，做出诊断：她摄取了过多的胰岛素。直到这时我才知道母亲多
nián yì zhí duì wǒ yǐn mán de jí tòng táng niào bìng
年一直对我隐瞒的疾痛——糖尿病。

tā de tóu wāi xiàng zhěn tou yì biān tòng kǔ de yòng shǒu zhuā náo xiōng kǒu chuáng jià shàng
她的头歪向枕头一边，痛苦地用手抓挠胸口。床架上
fāng zé guà zhe yì méi wǒ yī jiǔ sān èr nián yíng dé nài sī shì shào nián pīng pāng qiú guàn jūn de yín
方，则挂着一枚我一九三二年赢得耐斯市少年乒乓球冠军的银
zhì jiǎng zhāng
质奖章。

à shì duì wǒ de měi hǎo qián tú de chōng jǐng zhī chēng zhe tā huó xia qu wèi le gěi tā nà huāng
啊，是对我的美好前途的憧憬支撑着她活下去。为了给她那荒
táng de mèng zhì shǎo jiā yì diǎn zhēn shí de sè cǎi wǒ zhǐ néng jì xù nǔ lì yǔ shí jiān jìng zhēng
唐的梦至少加一点真实的色彩，我只能继续努力，与时间竞争，
zhí zhì yī jiǔ sān bā nián wǒ bèi zhēng rù kōng jūn bā lí hěn kuài shī xiàn wǒ zhǎn zhuǎn diào dào yīng
直至一九三八年我被征入空军。巴黎很快失陷，我辗转调到英
guó huáng jiā kōng jūn gāng dào yīng guó jiù jiē dào le mǔ qīn de lái xìn zhè xiē xìn shì yóu zài ruì shì de
国皇家空军。刚到英国就接到了母亲的来信。这些信是由在瑞士的
yí gè péng you mì mì de zhuǎi dào lún dūn sòng dào wǒ shǒu zhōng de
一个朋友秘密地转到伦敦，送到我手中的。

xiàn zài wǒ yào huí jiā le xiōng qián pèi dài zhe xǐng mù dì lǜ hēi liǎng sè de jiě fàngshí zì shòu
现在我要回家了，胸前佩戴着醒目的绿黑两色的解放十字绶//
dài shàng miàn guà zhe wǔ liù méi wǒ zhōng shēn nán wàng de xūn zhāng jiān shàng hái pèi dài zhe jūn
带，上面挂着五六枚我终身难忘的勋章，肩上还佩戴着军
guān jiān zhāng dào dá lǚ guǎn shí méi yǒu yí gè rén gēn wǒ dǎ zhāo hu yuán lái wǒ mǔ qīn zài sān
官肩章。到达旅馆时，没有一个人跟我打招呼。原来，我母亲在三
nián bàn yǐ qián jiù yǐ jīng lí kāi rén jiān le
年半以前就已经离开人间了。

zài tā sǐ qián de jǐ tiān zhōng tā xiě le jìn èr bǎi wǔ shí fēng xìn bǎ zhè xiē xìn jiāo gěi tā zài ruì
在她死前的几天中，她写了近二百五十封信，把这些信交给她在瑞
shì de péng you qǐng zhè ge péng you dìng shí jì gěi wǒ jiù zhè yàng zài mǔ qīn sǐ hòu de sān nián
士的朋友，请这个朋友定时寄给我。就这样，在母亲死后的三年
bàn de shí jiān lǐ wǒ yì zhí cóng tā shēn shang xī qǔ zhe lì liang hé yǒng qì zhè shǐ wǒ néng gòu
半的时间里，我一直从她身上吸取着力量和勇气——这使我能够
jì xù zhàn dòu dào shèng lì nà yì tiān
继续战斗到胜利那一天。

jié xuǎn zì fǎ guó luó màn jiā lǐ wǒ de mǔ qīn dú yī wú èr
节选自[法国]罗曼·加里《我的母亲独一无二》

知识点

zhàng fu qīn qi dōng xi míng bai péng you
注意需要轻读的词语。例如：丈夫 亲戚 东西 明白 朋友

四、命题说话（下列话题任选一个，共 40 分，限时 3 分钟）

1. 谈谈卫生与健康
2. 我的成长之路

参考例文

我的成长之路

中考结束后，我选择到广州的一所技校读书，两年时光飞逝，但是在外求学的生活让我成长了很多。

首先，在生活上我学会了自立。广州离我的家乡很远，我的一切衣食住行都要自己管理。一个宿舍有八位同学，大家从刚开始的互不认识，到现在的形影不离，都是在一次次的磨合、一次次的感动中建立的感情。两年的住宿生活，使我不仅学会了很多生活技能，也学会了很多做人的道理，知道了关心他人，知道了荣辱与共。

其次，我还参加了很多校园活动和比赛。刚进学校不久，就有一次大型的演讲比赛，老师鼓励我去参加。我的性格很外向，但一到正式场合就不知道该说些什么，经常词不达意。老师说：越是这样，就越应该去锻炼一下自己！经过多次改稿和演练后，我成功地进入了决赛，这样的结果让我很惊喜，于是我更加努力地对待这场比赛，废寝忘食地背稿子，揣摩上台后的每一个肢体动作。终于，演讲比赛我得了二等奖，虽然不是一等奖，但我真的收获了很多。

从此以后，我更加愿意参加班级活动了、社团活动了，而且学习时，也能做到集中精神，不怕困难了。这些，都是参加演讲比赛的过程中磨炼出的技能吧。

所以，现在的我，已经不再是那个词不达意的“假大胆”了，也不是那个什么事情都要向爸爸妈妈求助的小孩子了。我喜欢挑战自己，不管是否成功，自己努力的过程都是一笔可贵的人生财富，而且我相信：年轻是不怕失败的。

这就是我最近两年的成长之路。

试卷 7 号

一、读单音节字词（100 个音节，共 10 分，限时 3.5 分钟）

qǐng	chén	kāi	rǎng	qióng	jūn	nǚ	ǎi	shuì	wàng
请	陈	开	嚷	穷	军	女	矮	睡	望
shuǎ	cuì	bāi	cuō	fǒu	bèng	dàn	fù	bǎng	wén
耍	脆	掰	搓	否	蹦	氮	赴	绑	文
zhuā	diū	chuī	duǒ	cì	féi	chǔn	guǎi	chuǎng	hào
抓	丢	吹	躲	刺	肥	蠢	拐	闯	号
gē	jiān	hēi	kěn	miè	kè	sǎo	nín	piāo	niú
割	肩	黑	肯	灭	克	扫	您	飘	牛
pō	qí	rēng	quē	sǎ	kuāng	tàn	xióng	téng	xuě
坡	齐	扔	缺	洒	筐	探	雄	疼	雪
huàn	jié	liào	lǐ	lǘ	mìng	niáng	quán	tǐng	bēi
患	节	料	里	驴	命	娘	泉	挺	碑
xún	rú	tài	è	zūn	shuān	yōng	shū	hān	zhòng
寻	蠕	态	愕	尊	拴	庸	梳	憨	众
pīn	wēng	sǒng	ǒu	xuán	gù	cā	yù	wā	shàng
拼	翁	耸	偶	玄	雇	擦	愈	蛙	尚

ér	chī	gǎi	kào	pōu	mì	biǎo	xià	niè	qià
而	痴	改	靠	剖	密	表	夏	聂	恰
jiǔ	qián	lián	mǐn	liàng	kuài	níng	xiǎng	zhì	huáng
久	乾	莲	泯	亮	快	凝	享	痣	皇

二、读多音节词语（100 个音节，共 20 分，限时 2.5 分钟）

dōng běi	nǎo dai	fǒu zé	tǐ miàn	bīng gùn ér
东北	脑袋	否则	体面	冰棍儿
liáo cǎo	tuì huán	xiá gǔ	qià tán	měng rán
潦草	退还	峡谷	洽谈	猛然
pǐn dé	huà zhuāng	jūn yòng	cí tiě	shuāi ruò
品德	化妆	军用	磁铁	衰弱
cuàn fàn	náng kuò	gē da	shàn ràng	nà yàng
窜犯	囊括	疙瘩	禅让	那样
zǔ dǎng	kǒng què	kuā jiǎng	lǎo ye	fēn zǐ
阻挡	孔雀	夸奖	老爷	分子
xióng wěi	lǚ guǎn	běn zhì	nǚ ér	xiǎo hái er
雄伟	旅馆	本质	女儿	小孩儿
píng děng	pián yi	xùn sù	chóng dié	fàng shè
平等	便宜	迅速	重叠	放射
qiú chǎng	bō li	pò huài	chā zi	jiǒng kuàng
球场	玻璃	破坏	叉子	窘况
rèn wu	quán suō	zhà xiáng	chuāi cè	rào yuǎn er
任务	蜷缩	诈降	揣测	绕远儿
suì xīn	jiù xué	juàn zōng	duō shù	méi shì er
遂心	就学	卷宗	多数	没事儿

三、朗读短文（400 个音节，共 30 分，限时 4 分钟）

zuò pǐn hào

作品39号

yù cái xiǎo xué xiào zhǎng táo xíng zhī zài xiào yuán kàn dào xué shēng wáng yǒu yòng ní kuài zá zì jǐ
育才小学校长陶行知在校园看到学生王友用泥块砸自己
bān shàng de tóng xué táo xíng zhī dāng jí hè zhǐ le tā bìng lìng tā fàng xué hòu dào xiào zhǎng shì
班上的同学，陶行知当即喝止了他，并令他放学后到校长室
qù wú yí táo xíng zhī shì yào hǎo hǎo jiào yù zhè ge wán pí de xué shēng nà me tā shì rú hé jiào
去。无疑，陶行知是要好好教育这个“顽皮”的学生。那么他是如何教
yù de ne
育的呢？

fàng xué hòu táo xíng zhī lái dào xiào zhǎng shì wáng yǒu yǐ jīng děng zài mén kǒu zhǔn bèi ái xùn
放学后，陶行知来到校长室，王友已经等在门口准备挨训
le kě yí jiàn miàn táo xíng zhī què tāo chū yí kuài táng guǒ sòng gěi wáng yǒu bìng shuō zhè shì
了。可一见面，陶行知却掏出一块糖果送给王友，并说：“这是
jiǎng gěi nǐ de yīn wèi nǐ àn shí lái dào zhè lǐ ér wǒ què chí dào le wáng yǒu jīng yí de jiē guò
奖给你的，因为你按时来到这里，而我却迟到了。”王友惊疑地接过
táng guǒ
糖果。

suí hòu táo xíng zhī yòu tāo chū yí kuài táng guǒ fàng dào tā shǒu lǐ shuō zhè dì èr kuài táng
随后，陶行知又掏出一块糖果放到他手里，说：“这第二块糖
guǒ yě shì jiǎng gěi nǐ de yīn wèi dāng wǒ bú ràng nǐ zài dǎ rén shí nǐ lì jí jiù zhù shǒu le zhè
果也是奖给你的，因为当我不让你再打人时，你立即就住手了，这

shuō míng nǐ hěn zūn zhòng wǒ wǒ yīng gāi jiǎng nǐ wáng yǒu gèng jīng yí le tā yǎn jing zhēng de
说明你很尊重我，我应该奖你。”王友更惊疑了，他眼睛睁得
dà dà de
大大的。

táo xíng zhī yòu tāo chū dì sān kuài táng guǒ sāi dào wáng yǒu shǒu lǐ shuō wǒ diào chá guo le
陶行知又掏出第三块糖果塞到王友手里，说：“我调查过了，
nǐ yòng ní kuài zá nà xiē nán shēng shì yīn wèi tā men bù shǒu yóu xì guī zé qī fu nǚ shēng nǐ zá
你用泥块砸那些男生，是因为他们不守游戏规则，欺负女生；你砸
tā men shuō míng nǐ hěn zhèng zhí shàn liáng qiě yǒu pī píng bù liáng xíng wéi de yǒng qì yīng gāi
他们，说明你很正直善良，且有批评不良行为的勇气，应该
jiǎng lì nǐ ya wáng yǒu gǎn dòng jí le tā liú zhe yǎn lèi hòu huǐ de hǎn dào táo táo xiào
奖励你呀！”王友感动极了，他流着眼泪后悔地喊道：“陶……陶校
zhǎng nǐ dǎ wǒ liǎng xià ba wǒ zá de bú shì huài rén ér shì zì jǐ de tóng xué ya
长你打我两下吧！我砸的不是坏人，而是自己的同学啊……”

táo xíng zhī mǎn yì de xiào le tā suí jí tāo chū dì sì kuài táng guǒ dì gěi wáng yǒu shuō wèi
陶行知满意地笑了，他随即掏出第四块糖果递给王友，说：“为
nǐ zhèng què de rèn shi cuò wù wǒ zài jiǎng gěi nǐ yí kuài táng guǒ zhǐ kě xī wǒ zhǐ yǒu zhè yí kuài
你正确地认识错误，我再奖给你一块糖果，只可惜我只有这一块
táng guǒ le wǒ de táng guǒ méi yǒu le wǒ kàn wǒ men de tán huà yě gāi jié shù le ba shuō
糖果了。我的糖果\\没有了，我看我们的谈话也该结束了吧！”说
wán jiù zǒu chū le xiào zhǎng shì
完，就走出了校长室。

jié xuǎn zì jiào shī bó lǎn bǎi qī jīng huá zhōng táo xíng zhī de sì kuài táng guǒ
节选自《教师博览·百期精华》中《陶行知的“四块糖果”》

知识点

1）注意容易读错的字。例如：táo xíng zhī 陶行知

2）注意“一”的变调“yí”。例如：yí kuài táng guǒ 一块糖果

3）注意“啊”的变调“ya”。例如：ér shì zì jǐ de tóng xué ya 而是自己的同学啊……

四、命题说话（下列话题任选一个，共 40 分，限时 3 分钟）

1. 我喜爱的文学（或其他）艺术形式
2. 我喜欢的季节

参考例文

我最喜欢的季节

我最喜欢的季节是秋季。春天是万物复苏、萌生希望的季节；夏天是百花争艳、白裙飘飘的季节；冬天是银装素裹、北风萧萧的季节。而秋天，是成熟的季节，是丰收的季节，也是喜悦的季节。

小时候家住农村，春天随着爸爸妈妈去田地里播种，总希望这些种子长快一点，但是它们毫不理睬我的愿望，慢悠悠地悄悄长，让我为它们的成长操碎了心。直到秋天，地里的麦子变成了金黄色，高粱长得比我还高，辣椒也红彤彤地向我招手时，我开心极了，心里觉得好踏实。妈妈说：这叫丰收的喜悦。

秋天，忙着收割。妈妈一边割着麦子，一边跟我讲她小时候在路边捡麦穗的故事。妈妈和小伙伴们提着篮子，在路边捡大人们遗落下来的麦穗，一个上午的时间，就能把篮子塞得满满的，然后很有成就感地结伴回家了。听妈妈讲她童年的故事，觉得很有趣。我想，在收获的季节里，这么欢乐的故事应该有很多吧。

初秋的时候，告别了夏天的炎热，太阳照在人们的身上时，那种感觉真的很舒适，再来一阵秋风，你就能深刻地体会到什么叫作秋高气爽。远离了空调风扇、远离了蚊虫叮咬，人们的活力也被大大地释放出来了，不少小朋友也拿出了自己的风筝，一边奔跑，一边欢笑，看谁放得又高又远。

这就是我最喜欢的季节，秋天。

试卷 8 号

一、读单音节字词（100 个音节，共 10 分，限时 3.5 分钟）

shí 时	liū 溜	chǎn 产	shì 视	niē 捏	shǎng 赏	liào 料	xiā 瞎	dàng 荡	bǐng 秉
wēng 翁	cuì 脆	qíng 情	niàng 酿	cōng 葱	kuò 阔	xíng 型	lūn 抡	jùn 俊	lǚ 履
huǐ 毁	qǔ 娶	xún 寻	shuāng 霜	quàn 券	sǔn 笋	xuán 悬	shuì 税	dū 督	pìn 聘
gē 割	tǎ 塔	chī 吃	ěr 耳	zǐ 紫	bó 脖	yǒng 勇	què 确	nóng 浓	dūn 蹲
xióng 雄	kuān 宽	tuán 团	kǒng 孔	guàng 逛	cún 存	chuǎng 闯	fù 富	duǒ 躲	jué 决
guài 怪	hǎn 喊	zhuī 追	huàn 换	guō 锅	zǔ 组	mài 卖	péi 赔	sǎo 扫	shuā 刷
zuò 座	shuāi 摔	chóu 愁	zhǎo 找	sī 私	zhāi 摘	fèi 费	wā 挖	rěn 忍	mào 冒
tàn 探	jiān 肩	bié 别	kěn 肯	yào 药	miè 灭	piāo 飘	ròu 肉	téng 疼	jiǎng 奖
lìng 另	qiāo 敲	tián 填	jiā 家	pǐ 匹	féng 逢	liǎn 脸	rú 如	mèng 梦	ruǎn 软
sōu 搜	hé 何	zhǎ 眨	xīn 锌	mò 陌	bēng 崩	fān 帆	zòu 奏	yōu 优	cǎn 惨

二、读多音节词语（100 个音节，共 20 分，限时 2.5 分钟）

zì jué 自 觉	tū rán 突 然	jiào xun 教 训	gòu zào 构 造	péng you 朋 友
xiá zhǎi 狭 窄	huà xué 化 学	pái qiú 排 球	zhǔn shí 准 时	xué shēng 学 生
kuài lè 快 乐	bīn guǎn 宾 馆	lǎng dú 朗 读	jī lěi 积 累	cāo chǎng 操 场
qīn lüè 侵 略	fǔ dǎo 辅 导	miáo xiě 描 写	sù shè 宿 舍	nán hái er 男 孩儿
zhǐ huī 指 挥	pèi hé 配 合	ér qiě 而 且	jià gé 价 格	lǎo tóu er 老 头儿
fēng cǎi 风 采	nèi róng 内 容	bǎi shù 柏 树	sī xiǎng 思 想	guǎng kuò 广 阔

nài yòng 耐用	bèn zhuō 笨拙	qún tǐ 群体	cǎi fǎng 采访	gàn huó er 干活儿
mǒ shā 抹杀	píng fán 平凡	juān kuǎn 捐款	chún cuì 纯粹	qǐng jiǎn 请柬
chǔ xù 储蓄	miǎn qiǎng 勉强	qióng rén 穷人	duǎn zàn 短暂	xuè xíng 血型
xuán lǜ 旋律	dēng long 灯笼	guà niàn 挂念	chēng hu 称呼	nà mèn er 纳闷儿

三、朗读短文（400个音节，共30分，限时4分钟）

zuò pǐn hào
作品28号

nà nián wǒ liù suì　lí wǒ jiā jǐn yí jiàn zhī yáo de xiǎo shān pō páng　yǒu yí gè zǎo yǐ bèi fèi qì de cǎi shí chǎng　shuāng qīn cóng lái bù zhǔn wǒ qù nà er　qí shí nà er fēng jǐng shí fēn mí rén

那年我六岁。离我家仅一箭之遥的小山坡旁，有一个早已被废弃的采石场，双亲从来不准我去那儿，其实那儿风景十分迷人。

yí gè xià jì de xià wǔ　wǒ suí zhe yì qún xiǎo huǒ bàn tōu tōu shàng nà er qù le　jiù zài wǒ men chuān yuè le yì tiáo gū jì de xiǎo lù hòu　tā men què bǎ wǒ yí gè rén liú zài yuán dì　rán hòu bēn xiàng　gèng wēi xiǎn de dì dài　le

一个夏季的下午，我随着一群小伙伴偷偷上那儿去了。就在我们穿越了一条孤寂的小路后，他们却把我一个人留在原地，然后奔向“更危险的地带”了。

děng tā men zǒu hòu　wǒ jīng huāng shī cuò de fā xiàn　zài yě zhǎo bú dào yào huí jiā de nà tiáo gū jì de xiǎo dào le　xiàng zhī wú tóu de cāng ying　wǒ dào chù luàn zuān　yī kù shàng guà mǎn le máng cì　tài yáng yǐ jīng luò shān　ér cǐ shí cǐ kè　jiā lǐ yí dìng kāi shǐ chī wǎn cān le　shuāng qīn zhèng pàn zhe wǒ huí jiā　xiǎng zhe xiǎng zhe　wǒ bù yóu de bèi kào zhe yì kē shù　shāng xīn de wū wū dà kū qi lai

等他们走后，我惊慌失措地发现，再也找不到要回家的那条孤寂的小道了。像只无头的苍蝇，我到处乱钻，衣裤上挂满了芒刺。太阳已经落山，而此时此刻，家里一定开始吃晚餐了，双亲正盼着我回家……想着想着，我不由得背靠着一棵树，伤心地呜呜大哭起来……

tū rán　bù yuǎn chù chuán lái le shēng shēng liǔ dí　wǒ xiàng zhǎo dào le jiù xīng　jí máng xún shēng zǒu qù　yì tiáo xiǎo dào biān de shù zhuāng shàng zuò zhe yí wèi chuī dí rén　shǒu lǐ hái zhèng xiāo zhe shén me　zǒu jìn xì kàn　tā bú jiù shì bèi dà jiā chēng wéi　xiāng ba lǎo er　de kǎ tíng ma

突然，不远处传来了声声柳笛。我像找到了救星，急忙循声走去。一条小道边的树桩上坐着一位吹笛人，手里还正削着什么。走近细看，他不就是被大家称为“乡巴佬儿”的卡廷吗？

nǐ hǎo　xiǎo jiā huo er　kǎ tíng shuō　kàn tiān qì duō měi　nǐ shì chū lái sàn bù de ba

“你好，小家伙儿。”卡廷说，“看天气多美，你是出来散步的吧？”

wǒ qiè shēng shēng de diǎn dian tóu　dá dào　wǒ yào huí jiā le

我怯生生地点点头，答道：“我要回家了。”

qǐng nài xīn děng shàng jǐ fēn zhōng　kǎ tíng shuō　qiáo　wǒ zhèng zài xiāo yì zhī liǔ dí　chà bu duō jiù yào zuò hǎo le　wán gōng hòu jiù sòng gěi nǐ ba

“请耐心等上几分钟。”卡廷说，“瞧，我正在削一支柳笛，差不多就要做好了，完工后就送给你吧！”

kǎ tíng biān xiāo biān bù shí bǎ shàng wèi chéng xíng de liǔ dí fàng zài zuǐ lǐ shì chuī yí xià　méi guò duō jiǔ　yì zhī liǔ dí biàn dì dào wǒ shǒu zhōng　wǒ liǎng zài yí zhèn zhèn qīng cuì yuè ěr de dí yīn

卡廷边削边不时把尚未成形的柳笛放在嘴里试吹一下。没过多久，一支柳笛便递到我手中。我俩在一阵阵清脆悦耳的笛音//

zhōng tà shàng le guī tú
中，踏上了归途……

dāng shí wǒ xīn zhōng zhǐ chōng mǎn gǎn jī ér jīn tiān dāng wǒ zì jǐ yě chéng le zǔ fù shí
当时，我心中只充满感激，而今天，当我自己也成了祖父时，

què tū rán lǐng wù dào tā yòng xīn zhī liáng kǔ nà tiān dāng tā tīng dào wǒ de kū shēng shí biàn pàn
却突然领悟到他用心之良苦！那天当他听到我的哭声时，便判

dìng wǒ yí dìng mí le lù dàn tā bìng bù xiǎng zài hái zi miàn qián bàn yǎn jiù xīng de jué sè yú
定我一定迷了路，但他并不想在孩子面前扮演“救星”的角色，于

shì chuī xiǎng liǔ dí yǐ biàn ràng wǒ néng fā xiàn tā bìng gēn zhe tā zǒu chū kùn jìng jiù zhè yàng kǎ
是吹响柳笛以便让我能发现他，并跟着他走出困境！就这样，卡

tíng xiān sheng yǐ xiāng xia rén de chún pǔ bǎo hù le yí gè xiǎo nán hái er qiáng liè de zì zūn
廷先生以乡下人的纯朴，保护了一个小男孩儿强烈的自尊。

jié xuǎn zì táng ruò shuǐ yì mí tú dí yīn
节选自唐若水译《迷途笛音》

知识点

注意儿化音的发音。例如：

xiǎo nán hái er　xiāng ba lǎo er　xiǎo jiā huo er　nà er
小男孩儿　乡巴佬儿　小家伙儿　那儿

四、命题说话（下列话题任选一个，共40分，限时3分钟）

1. 我所在的集体（学校、机关、公司等）
2. 谈谈科技发展与社会生活

参考例文

谈谈科技发展与社会生活

不容置疑的是，科技的发展给我们普通人的生活带来了很大的便利。

首先说说手机的发展带给我们的便利。智能手机除了可以打电话、玩游戏，人们还设计出各种各样的软件来满足日常所需。如果我因为工作忙没有时间吃饭，没有关系，上网下载一个软件，打一个电话，过不了多久，想吃的饭菜就会送到我们的面前；如果我想念远在他乡的兄弟姐妹了，没有关系，打开手机软件，就可以随时视频和语音聊天了，就好像他们就在身边一样。还有，我想购物了，打开手机软件，就可以足不出户地浏览各种物品，下单购买，三天到货，有的甚至当天就可以送货上门了。买车票、交电费、看视频、听广播、查看天气预报等日常所需，都可以用一台手机搞定，当然，前提是你的手机能够上网。

衣食住行是我们生活的主体，接下来就来说说“行”。随着科技的发展，交通也越来越便利了。轻轨、地铁、高铁的线路越来越多，大大节省了人们的出行时间。比如高铁的建成，以前从北京坐火车到广州，大概需要21个小时，还经常会晚点到达，现在坐高铁，只需要10个小时左右了，给出门坐车的人们大大节省了时间。

当然，科技的发展是一把双刃剑，人们在享受科技成果的同时，也要提高自身的素质。比如手机给我们生活带来了种种便利，人们越来越离不开手机，但这也意味着越来越多的人可能会沉迷于手机，甚至会“玩物丧志”。而各种交通方式便利了我们的出行，我们也更应该遵守社会公德，遵守交通规则，爱护车厢环境，让我们的素质与科技的发展一同进步。

试卷9号

一、读单音节字词（100个音节，共10分，限时3.5分钟）

zòu	yǎo	cuì	ài	nuó	fēi	cōng	chàng	huāng	féng
奏	咬	脆	爱	挪	飞	葱	唱	荒	逢
tūn	ruǎn	kè	yá	xiè	kuǎn	cí	shú	pìn	nǐ
吞	软	客	牙	卸	款	瓷	熟	聘	拟
wén	shāo	qiāng	zhèng	xióng	miàn	dǒu	pá	tuǒ	wǎn
闻	稍	腔	正	熊	面	抖	爬	妥	碗
gěng	lěi	wā	pǐ	diāo	kāng	zhǔ	sǎn	èr	zhōng
梗	垒	挖	匹	刁	糠	煮	伞	贰	钟
wēng	jiā	zǐ	zhēn	yòng	fù	duò	qǔ	miào	bāng
翁	佳	籽	真	用	富	舵	娶	庙	帮
mài	pō	sè	quān	hēi	zhǎo	yùn	shǒu	bìng	yān
卖	坡	色	圈	黑	找	运	首	病	咽
rě	nóng	bǎo	liàng	tián	chā	guǎi	rēng	guā	zuì
惹	浓	饱	辆	填	插	拐	扔	刮	罪
guǎng	wàng	mī	shuǎi	bō	yǔ	tū	chuī	nèn	yuán
广	望	眯	甩	拨	雨	秃	吹	嫩	园
kuā	zhàn	dòng	rǎn	yuē	jīng	liū	shì	hěn	wāi
夸	占	动	染	约	茎	溜	室	狠	歪
lài	qún	jiù	chāi	xuán	lèi	yìn	chǐ	àn	xué
赖	裙	就	拆	悬	肋	印	尺	按	穴

二、读多音节词语（100个音节，共20分，限时2.5分钟）

zhàn lüè	qún zhòng	duàn liàn	zhěng lǐ	suǒ wèi
战略	群众	锻炼	整理	所谓
péng bó	liáo cǎo	zūn jìng	dǎ suàn	chà diǎn er
蓬勃	潦草	尊敬	打算	差点儿
rěn nài	nèi kē	qià tán	miáo xiě	liáng shi
忍耐	内科	洽谈	描写	粮食
chōng zú	ān pái	kuáng fēng	qiū tiān	mò shuǐ er
充足	安排	狂风	秋天	墨水儿
xiōng dì	mù qián	huí tóu	cì shù	bèi sòng
兄弟	目前	回头	次数	背诵
tài du	yǒng gǎn	xún zhǎo	guā fēn	dài lǐ
态度	勇敢	寻找	瓜分	代理
huā sè	juān kuǎn	chuāng hu	shuō míng	quán tǐ
花色	捐款	窗户	说明	全体
yā piàn	shuāi ruò	fǎng zhī	ràng bù	wán yì er
鸦片	衰弱	纺织	让步	玩意儿
kuài zi	ér qiě	jǔ xíng	cuò zhé	xuè yè
筷子	而且	举行	挫折	血液
fǎ lǜ	jué xīn	gāng cái	yàng pǐn	chūn jié
法律	决心	刚才	样品	春节

三、朗读短文（400 个音节，共 30 分，限时 4 分钟）

zuò pǐn hào
作品20号

zì cóng chuán yán yǒu rén zài sà wén hé pàn sàn bù shí wú yì fā xiàn le jīn zi hòu zhè lǐ biàn
自从传言有人在萨文河畔散步时无意发现了金子后，这里便
cháng yǒu lái zì sì miàn bā fāng de táo jīn zhě tā men dōu xiǎng chéng wéi fù wēng yú shì xún biàn le
常有来自四面八方的淘金者。他们都想成为富翁，于是寻遍了
zhěng gè hé chuáng hái zài hé chuáng shàng wā chū hěn duō dà kēng xī wàng jiè zhù tā men zhǎo dào
整个河床，还在河床上挖出很多大坑，希望借助它们找到
gèng duō de jīn zi dí què yǒu yì xiē rén zhǎo dào le dàn lìng wài yì xiē rén yīn wèi yì wú suǒ dé ér
更多的金子。的确，有一些人找到了，但另外一些人因为一无所得而
zhǐ hǎo sǎo xìng guī qù
只好扫兴归去。

yě yǒu bù gān xīn luò kōng de biàn zhù zhā zài zhè lǐ jì xù xún zhǎo bǐ dé fú léi tè jiù shì
也有不甘心落空的，便驻扎在这里，继续寻找。彼得·弗雷特就是
qí zhōng yì yuán tā zài hé chuáng fù jìn mǎi le yí kuài méi rén yào de tǔ dì yí gè rén mò mò de
其中一员。他在河床附近买了一块没人要的土地，一个人默默地
gōng zuò tā wèi le zhǎo jīn zi yǐ bǎ suǒ yǒu de qián dōu yā zài zhè kuài tǔ dì shàng tā mái tóu kǔ
工作。他为了找金子，已把所有的钱都押在这块土地上。他埋头苦
gàn le jǐ gè yuè zhí dào tǔ dì quán biàn chéng le kēng kēng wā wā tā shī wàng le tā fān biàn
干了几个月，直到土地全变成了坑坑洼洼，他失望了——他翻遍
le zhěng kuài tǔ dì dàn lián yì dīng diǎn er jīn zi dōu méi kàn jiàn
了整块土地，但连一丁点儿金子都没看见。

liù gè yuè hòu tā lián mǎi miàn bāo de qián dōu méi yǒu le yú shì tā zhǔn bèi lí kāi zhè er dào
六个月后，他连买面包的钱都没有了。于是他准备离开这儿到
bié chù qù móu shēng
别处去谋生。

jiù zài tā jí jiāng lí qù de qián yí gè wǎn shang tiān xià qǐ le qīng pén dà yǔ bìng qiě yí xià
就在他即将离去的前一个晚上，天下起了倾盆大雨，并且一下
jiù shì sān tiān sān yè yǔ zhōng yú tíng le bǐ dé zǒu chū xiǎo mù wū fā xiàn yǎn qián de tǔ dì kàn
就是三天三夜。雨终于停了，彼得走出小木屋，发现眼前的土地看
shang qu hǎo xiàng hé yǐ qián bù yí yàng kēng kēng wā wā yǐ bèi dà shuǐ chōng shuā píng zhěng sōng
上去好像和以前不一样：坑坑洼洼已被大水冲刷平整，松
ruǎn de tǔ dì shàng zhǎng chū yì céng lǜ róng róng de xiǎo cǎo
软的土地上长出一层绿茸茸的小草。

zhè lǐ méi zhǎo dào jīn zi bǐ dé hū yǒu suǒ wù de shuō dàn zhè tǔ dì hěn féi wò wǒ kě
“这里没找到金子，”彼得忽有所悟地说，“但这土地很肥沃，我可
yǐ yòng lái zhòng huā bìng qiě ná dào zhèn shàng qù mài gěi nà xiē fù rén tā men yí dìng huì mǎi xiē
以用来种花，并且拿到镇上去卖给那些富人，他们一定会买些
huā zhuāng bàn tā men huá lì de kè tīng rú guǒ zhēn shì zhè yàng de huà nà me wǒ yí dìng huì
花装扮他们华丽的客//厅。如果真是这样的话，那么我一定会
zhuàn xǔ duō qián yǒu zhāo yí rì wǒ yě huì chéng wéi fù rén
赚许多钱，有朝一日我也会成为富人……”

yú shì tā liú le xia lai bǐ dé huā le bù shǎo jīng lì péi yù huā miáo bù jiǔ tián dì lǐ zhǎng mǎn
于是他留了下来。彼得花了不少精力培育花苗，不久田地里长满
le měi lì jiāo yàn de gè sè xiān huā
了美丽娇艳的各色鲜花。

wǔ nián yǐ hòu bǐ dé zhōng yú shí xiàn le tā de mèng xiǎng chéng le yí gè fù wēng wǒ
五年以后，彼得终于实现了他的梦想——成了一个富翁。“我

shì wéi yī de yí gè zhǎo dào zhēn jīn de rén tā shí cháng bù wú jiāo ào de gào su bié ren bié ren
是唯一的一个找到真金的人！”他时常不无骄傲地告诉别人：“别人
zài zhè er zhǎo bú dào jīn zi hòu biàn yuǎn yuǎn de lí kāi ér wǒ de jīn zi shì zài zhè kuài tǔ dì
在这儿找不到金子后便远远地离开，而我的‘金子’是在这块土地
lǐ zhǐ yǒu chéng shi de rén yòng qín láo cái néng cǎi jí dào
里，只有诚实的人用勤劳才能采集到。”

jié xuǎn zì táo měng yì jīn zi
节选自陶猛译《金子》

知识点

1）注意多音字，例如：扎 { zhā 驻扎；zhá 挣扎 }

2）注意需要轻读的词语，例如：gào su 告诉　jīn zi 金子

四、命题说话（下列话题任选一个，共 40 分，限时 3 分钟）

1. 我喜爱的文学（或其他）艺术形式
2. 我喜欢的节日

参考例文

我最喜欢的节日

中国有许多传统佳节，如春节、端午节、中秋节、重阳节等，而我最喜欢的节日，就是中秋节。

每一个传统佳节都有一个动人的故事，比如中秋节，嫦娥奔月的故事人人皆知，嫦娥偷吃了王母娘娘的仙丹后就飞上了天空，因舍不得自己的亲人，选择在离地球最近的月亮上停下来了。

所以，中秋节是一个思念的节日。我想嫦娥应该会后悔吃了王母娘娘的仙丹吧，在遥远的月亮上，只有吴刚和玉兔跟她在一起生活。玉兔虽有灵性，但它终究不会说话；吴刚虽然会说话，但他要砍那些永远都砍不完的桂树。寂寞的嫦娥啊，连住的宫殿都叫广寒宫，冷冷清清的，没有一点烟火气。

对于我来说，中秋节是一个团圆的节日，一个开心的日子！每到这一天，远在外地的亲人们都会尽力地赶回家中，一起赏月，吃一顿团圆饭。在地球上生活的我们很幸福，当月亮初升的时候，奶奶就会把家里的圆桌摆在自家门口，然后将提前买好的水果、零食、小菜通通拿出来，鼓励我们小孩尽情地吃！于是，“拜月光”的环节正式开始啦！月光下，合家欢乐、美食撩人，水果里有我最喜欢吃的火龙果，有妈妈最喜欢吃的哈密瓜，还有叔叔最喜欢吃的大苹果！除了水果，还有水煮的板栗、辣椒炒的田螺等小菜。最不能缺少的，当然是中秋节的象征——月饼啦！五仁馅、豆沙馅、莲蓉馅……应有尽有！

象征团圆、象征幸福的中秋节，是我最喜欢的节日！

试卷 10 号

一、读单音节字词（100 个音节，共 10 分，限时 3.5 分钟）

huǒ 伙	sǎn 伞	tuō 托	xùn 训	qué 瘸	jiǒng 窘	jù 聚	cóng 从	mù 目	yǒng 涌
jǐn 紧	zéi 贼	cè 侧	ér 而	sǎ 洒	zhī 织	zhuài 拽	chī 吃	wēng 翁	qiǎo 巧

xiù	qín	kòu	xīn	quàn	xiāng	dài	shì	là	cháng
嗅	勤	扣	锌	券	箱	带	视	辣	尝
sī	qiā	diē	xián	hēng	nán	guāi	téng	zhōu	tì
丝	掐	跌	衔	哼	难	乖	疼	粥	替
shēn	jiā	mián	hūn	lǎn	gěi	liú	méi	gǎn	pò
身	家	棉	昏	懒	给	流	煤	赶	破
niàng	mó	fā	bǎo	péi	bǎi	míng	miáo	xué	è
酿	膜	发	宝	赔	摆	鸣	描	穴	恶
bō	liáng	zǐ	cǎo	juān	rèn	jiào	yóu	fù	kuò
拨	梁	籽	草	捐	认	教	游	富	扩
xióng	zhuī	jūn	guī	chūn	shuāng	qián	xiān	hóng	rì
熊	追	均	归	春	霜	前	鲜	虹	日
qíng	shuǎ	rú	zuǐ	bǐng	pēn	fáng	qǔ	jué	nóng
情	耍	如	嘴	柄	喷	防	娶	绝	浓
xuán	kēng	guǎng	nuǎn	tún	duàn	huāng	guà	shāo	kuà
旋	坑	广	暖	屯	断	荒	挂	稍	挎

二、读多音节词语（100个音节，共20分，限时2.5分钟）

xiōng huái	qià tán	gǎi biàn	qióng rén	pén dì
胸怀	洽谈	改变	穷人	盆地
rù shǒu	kùn nán	xuǎn jǔ	jī hū	huá xuě
入手	困难	选举	几乎	滑雪
dòng yòng	huáng guā	chuàng zuò	xīn qíng	mò shēng
动用	黄瓜	创作	心情	陌生
xún qiú	fēn gē	nóng cūn	yǒu guān	yān juǎn er
寻求	分割	农村	有关	烟卷儿
ěr duo	cí zhí	yú kuài	kuò chōng	hǎo wán er
耳朵	辞职	愉快	扩充	好玩儿
chā zuǐ	jiǎng pǐn	nèi zhàn	shāng liang	bīng gùn ér
插嘴	奖品	内战	商量	冰棍儿
mǎ tóu	qǐ fēi	zì bēi	bǎo xiǎn	piāo hàn
码头	起飞	自卑	保险	剽悍
dǎo méi	kǎo lǜ	fǎn zhèng	jiào huan	xīn yǎn er
倒霉	考虑	反正	叫唤	心眼儿
què shí	rè ài	yuān wang	sàng shī	jūn duì
确实	热爱	冤枉	丧失	军队
sī xiǎng	tiě lù	pò suì	cái liào	nián líng
思想	铁路	破碎	材料	年龄

三、朗读短文（400个音节，共30分，限时4分钟）

zuò pǐn hào

作品17号

duì yú yí gè zài běi píng zhù guàn de rén, xiàng wǒ, dōng tiān yào shi bù guā fēng, biàn jué de shì

对于一个在北平住惯的人，像我，冬天要是不刮风，便觉得是

qí jì; jǐ nán de dōng tiān shì méi yǒu fēng shēng de。 duì yú yí gè gāng yóu lún dūn huí lái de rén,

奇迹；济南的冬天是没有风声的。对于一个刚由伦敦回来的人，

xiàng wǒ, dōng tiān yào néng kàn de jiàn rì guāng, biàn jué de shì guài shì; jǐ nán de dōng tiān shì xiǎng

像我，冬天要能看得见日光，便觉得是怪事；济南的冬天是响

qíng de。 zì rán, zài rè dài de dì fang, rì guāng yǒng yuǎn shì nà me dú, xiǎng liàng de tiān qì, fǎn

晴的。自然，在热带的地方，日光永远是那么毒，响亮的天气，反

yǒu diǎn er jiào rén hài pà　kě shì　zài běi fāng de dōng tiān　ér néng yǒu wēn qíng de tiān qì　jǐ nán
有点儿叫人害怕。可是，在北方的冬天，而能有温晴的天气，济南

zhēn děi suàn gè bǎo dì
真得算个宝地。

shè ruò dān dān shì yǒu yáng guāng　nà yě suàn bu liǎo chū qí　qǐng bì shàng yǎn jingxiǎng　yí gè
设若单单是有阳光，那也算不了出奇。请闭上眼睛想：一个

lǎo chéng　yǒu shān yǒu shuǐ　quán zài tiān dǐ xia shài zhe yáng guāng　nuǎn huo ān shì de shuì zhe　zhǐ
老城，有山有水，全在天底下晒着阳光，暖和安适地睡着，只

děng chūn fēng lái bǎ tā men huàn xǐng　zhè shì bu shì lǐ xiǎng de jìng jiè　xiǎo shān zhěng bǎ jǐ nán
等春风来把它们唤醒，这是不是理想的境界？小山整把济南

wéi le gè quān er　zhǐ yǒu běi biān quē zhe diǎn kǒu er　zhè yì quān xiǎo shān zài dōng tiān tè bié kě
围了个圈儿，只有北边缺着点口儿。这一圈小山在冬天特别可

ài　hǎo xiàng shì bǎ jǐ nán fàng zài yí gè xiǎo yáo lán lǐ　tā men ān jìng bú dòng de dī shēng de
爱，好像是把济南放在一个小摇篮里，它们安静不动地低声地

shuō　nǐ men fàng xīn ba　zhè er zhǔn bǎo nuǎn huo　zhēn de　jǐ nán de rén men zài dōng tiān shì
说：“你们放心吧，这儿准保暖和。”真的，济南的人们在冬天是

miàn shàng hán xiào de　tā men yí kàn nà xiē xiǎo shān　xīn zhōng biàn jué de yǒu le zhuó luò　yǒu le
面上含笑的。他们一看那些小山，心中便觉得有了着落，有了

yī kào　tā men yóu tiān shàng kàn dào shān shàng　biàn bù zhī bù jué de xiǎng qǐ　míng tiān yě xǔ jiù
依靠。他们由天上看到山上，便不知不觉地想起：明天也许就

shì chūn tiān le ba　zhè yàng de wēn nuǎn　jīn tiān yè lǐ shān cǎo yě xǔ jiù lǜ qi lai le ba　jiù shì
是春天了吧？这样的温暖，今天夜里山草也许就绿起来了吧？就是

zhè diǎn er huàn xiǎng bù néng yì shí shí xiàn　tā men yě bìng bù zháo jí　yīn wèi zhè yàng cí shàn de
这点儿幻想不能一时实现，他们也并不着急，因为这样慈善的

dōng tiān　gàn shén me hái xī wàng bié de ne
冬天，干什么还希望别的呢！

zuì miào de shì xià diǎn er xiǎo xuě ya　kàn ba　shān shàng de ǎi sōng yuè fā de qīng hēi　shù jiān
最妙的是下点儿小雪呀。看吧，山上的矮松越发的青黑，树尖

er shàng dǐng　zhe yí jì　ér bái huā　hǎo xiàng rì běn kān hù fù　shān jiān er quán bái le　gěi lán
儿上顶//着一髻儿白花，好像日本看护妇。山尖儿全白了，给蓝

tiān xiāng shàng yí dào yín biān　shān pō shàng　yǒu de dì fang xuě hòu diǎn er　yǒu de dì fang cǎo sè
天镶上一道银边。山坡上，有的地方雪厚点儿，有的地方草色

hái lòu zhe　zhè yàng　yí dào er bái　yí dào er àn huáng　gěi shān men chuān shàng yí jiàn dài shuǐ
还露着；这样，一道儿白，一道儿暗黄，给山们穿上一件带水

wén er de huā yī　kàn zhe kàn zhe　zhè jiàn huā yī hǎo xiàng bèi fēng er chuī dòng　jiào nǐ xī wàng kàn
纹儿的花衣；看着看着，这件花衣好像被风儿吹动，叫你希望看

jiàn yì diǎn er gèng měi de shān de jī fū　děng dào kuài rì luò de shí hou　wēi huáng de yáng guāng xié
见一点儿更美的山的肌肤。等到快日落的时候，微黄的阳光斜

shè zài shān yāo shàng　nà diǎn er báo xuě hǎo xiàng hū rán hài xiū　wēi wēi lòu chū diǎn er fěn sè　jiù
射在山腰上，那点儿薄雪好像忽然害羞，微微露出点儿粉色。就

shì xià xiǎo xuě ba　jǐ nán shì shòu bú zhù dà xuě de　nà xiē xiǎo shān tài xiù qi
是下小雪吧，济南是受不住大雪的，那些小山太秀气。

jié xuǎn zì lǎo shě　jǐ nán de dōng tiān
节选自老舍《济南的冬天》

知识点

1）注意多音字　zhuó 着落；zháo 着急

2）注意需要轻读的词语　dì fang 地方

3）注意容易念错的字　yì jì er 一髻儿

四、命题说话（下列话题任选一个，共 40 分，限时 3 分钟）

1. 谈谈购物消费的感受
2. 谈谈对环境保护的认识

参考例文

谈谈对环境保护的认识

随着社会的不断向前发展，环境问题越来越突出，引起了人们的广泛关注。记得有一个广告画面是这样的：一个被过度采伐、污染严重的地球，痛苦地流下了两滴泪。看到这则广告使我感触很深，是人类使地球流泪了吗？

是的。现代社会，工业发展，科技发达，人类成了地球上的强者，但是这些繁荣昌盛很多都是建立在破坏环境的基础上的。触目惊心的环境污染随处可见：天空灰暗、空气污浊、污水横流……蓝天碧水已经成为许多人儿时的记忆和遥不可及的梦想，水污染使水环境质量恶化，饮用水的质量普遍下降，威胁人们的身体健康。

所以保护环境，我们必须行动起来，做一些力所能及的事。首先，我们要做到不乱丢垃圾，尽量减少塑料袋的使用。限塑令的政策已经实施了好多年，我们所要做的，就是坚持地执行，能用环保袋购物的，尽可能用环保袋，让地球少一些白色垃圾的存在。

其次，尽可能地选择绿色出行。现在人们的生活条件越来越好，很多家庭都有了私家车，于是，道路越来越拥堵，汽车尾气的污染也越来越严重。其实如果不是太远的路程，倒是应该提倡步行或骑车等绿色出行方式，对身体也是非常有好处的。

我们可以做的还有很多，一些小小的节能习惯，改善的却是美丽的大自然。保护环境，人人有责，这需要我们每一个人的努力和坚持，我们应该怀着一颗感恩的心对待大自然。

试卷 11 号

一、读单音节字词（100 个音节，共 10 分，限时 3.5 分钟）

qún	chuāng	suǒ	què	zì	ér	shǐ	xū	zhè	guǎi
群	窗	所	确	字	而	使	虚	这	拐
pī	miǎo	fāng	diū	kuà	dā	wú	táo	liú	kuài
披	秒	方	丢	跨	搭	吴	逃	留	块
lǐng	mō	gǎo	huī	lín	gòu	hóng	qiáo	tā	nín
领	摸	搞	灰	临	够	红	桥	他	您
jǔ	xióng	jiā	qióng	jūn	cì	kē	zhuàng	zhuā	zuǐ
举	雄	嘉	穷	军	次	棵	撞	抓	嘴
juān	yǒng	hūn	wǎng	jué	wēng	niáng	yún	shuǎ	yuē
捐	涌	昏	网	掘	翁	娘	匀	耍	曰
bǐ	péng	yuán	chōu	ráo	yù	yáo	sì	bō	mí
彼	棚	原	抽	饶	欲	窑	寺	播	迷
cháng	zá	nǎi	cán	xiè	tǒng	xiá	nù	ruì	fěn
偿	砸	奶	蚕	泄	捅	霞	怒	瑞	粉
bài	mǎng	diàn	lún	zhuàn	cuò	qiāng	xuàn	sòng	zhǐ
稗	莽	玷	沦	撰	锉	羌	绚	颂	旨
xiāng	pì	pēi	gěng	huò	zhěn	chǎn	shùn	niè	fú
湘	僻	胚	哽	霍	疹	铲	舜	聂	茯
kēng	fèi	rú	niān	shē	huáng	jīng	shān	qiǎn	chén
铿	痱	儒	蔫	赊	惶	晶	煽	遣	臣

二、读多音节词语（100个音节，共20分，限时2.5分钟）

suī rán	ěr duo	chāo xiě	xià kè	liáo tiān er
虽然	耳朵	抄写	下课	聊天儿
rén mín	suǒ yǒu	jié shù	shēng yīn	chéng kěn
人民	所有	结束	声音	诚恳
yǐng zi	yā pò	chuāng hu	nèi róng	wài miàn
影子	压迫	窗户	内容	外面
pǐn zhǒng	cún zài	tóu fa	yǒng gǎn	piān zhōu
品种	存在	头发	勇敢	扁舟
xiōng táng	dì tǎn	cuō shāng	guǎ fu	zhǎo zé
胸膛	地毯	磋商	寡妇	沼泽
chǎng kāi	pí juàn	bǎo mǎn	sì yǎng	xiě zì er
敞开	疲倦	饱满	饲养	写字儿
qǔ dài	yuè guāng	cái kuài	ē nuó	jiā yóu er
取代	月光	财会	婀娜	加油儿
chì zhà	qiáng wēi	zhì gù	shí tou	bēi qiè
叱咤	蔷薇	桎梏	石头	卑怯
yán sè	bèng liè	jiāng yù	shān shuǐ	xuàn yūn
颜色	迸裂	疆域	山水	眩晕
jìng luán	xūn jué	dū nang	chóu duàn	huà fēn
痉挛	勋爵	嘟囔	绸缎	划分

三、朗读短文（400个音节，共30分，限时4分钟）

zuò pǐn hào
作品34号

dì qiú shàng shì fǒu zhēn de cún zài wú dǐ dòng àn shuō dì qiú shì yuán de yóu dì qiào dì
地球上是否真的存在“无底洞”？按说地球是圆的，由地壳、地
màn hé dì hé sān céng zǔ chéng zhēn zhèng de wú dǐ dòng shì bù yīng cún zài de wǒ men suǒ kàn
慢和地核三层组成，真正的“无底洞”是不应存在的，我们所看
dào de gè zhǒng shān dòng liè kǒu liè fèng shèn zhì huǒ shān kǒu yě dōu zhǐ shì dì qiào qiǎn bù de yì
到的各种山洞、裂口、裂缝，甚至火山口也都只是地壳浅部的一
zhǒng xiàn xiàng rán ér zhōng guó yì xiē gǔ jí què duō cì tí dào hǎi wài yǒu gè shēn ào mò cè de wú
种现象。然而中国一些古籍却多次提到海外有个深奥莫测的无
dǐ dòng shì shí shàng dì qiú shàng què shí yǒu zhè yàng yí gè wú dǐ dòng
底洞。事实上地球上确实有这样一个“无底洞”。

tā wèi yú xī là yà gè sī gǔ chéng de hǎi bīn yóu yú bīn lín dà hǎi dà zhǎng cháo shí xiōng
它位于希腊亚各斯古城的海滨。由于濒临大海，大涨潮时，汹
yǒng de hǎi shuǐ biàn huì pái shān dǎo hǎi bān de yǒng rù dòng zhōng xíng chéng yì gǔ tuān tuān de jí
涌的海水便会排山倒海般地涌入洞中，形成一股湍湍的急
liú jù cè měi tiān liú rù dòng nèi de hǎi shuǐ liàng dá sān wàn duō dūn qí guài de shì rú cǐ dà
流。据测，每天流入洞内的海水量达三万多吨。奇怪的是，如此大
liàng de hǎi shuǐ guàn rù dòng zhōng què cóng lái méi yǒu bǎ dòng guàn mǎn céng yǒu rén huái yí zhè
量的海水灌入洞中，却从来没有把洞灌满。曾有人怀疑，这
ge wú dǐ dòng huì bu huì jiù xiàng shí huī yán dì qū de lòu dǒu shù jǐng luò shuǐ dòng yí lèi de dì
个“无底洞”，会不会就像石灰岩地区的漏斗、竖井、落水洞一类的地
xíng rán ér cóng èr shí shì jì sān shí nián dài yǐ lái rén men jiù zuò le duō zhǒng nǔ lì qǐ tú xún
形。然而从二十世纪三十年代以来，人们就做了多种努力企图寻
zhǎo tā de chū kǒu què dōu shì wǎng fèi xīn jī
找它的出口，却都是枉费心机。

wèi le jiē kāi zhè ge mì mì yī jiǔ wǔ bā nián měi guó dì lǐ xué huì pài chū yì zhī kǎo chá duì tā
为了揭开这个秘密，一九五八年美国地理学会派出一支考察队，他
men bǎ yì zhǒng jīng jiǔ bù biàn de dài sè rǎn liào róng jiě zài hǎi shuǐ zhōng guān chá rǎn liào shì rú hé
们把一种经久不变的带色染料溶解在海水中，观察染料是如何
suí zhe hǎi shuǐ yì qǐ chén xia qu jiē zhe yòu chá kàn le fù jìn hǎi miàn yǐ jí dǎo shàng de gè tiáo hé
随着海水一起沉下去。接着又察看了附近海面以及岛上的各条河、
hú mǎn huái xī wàng de xún zhǎo zhè zhǒng dài yán sè de shuǐ jié guǒ lìng rén shī wàng nán dào shì
湖，满怀希望地寻找这种带颜色的水，结果令人失望。难道是
hǎi shuǐ liàng tài dà bǎ yǒu sè shuǐ xī shì de tài dàn yǐ zhì wú fǎ fā xiàn
海水量太大把有色水稀释得太淡，以致无法发现？\\

zhì jīn shuí yě bù zhī dào wèi shén me zhè lǐ de hǎi shuǐ huì méi wán méi liǎo de lòu xia qu zhè
至今谁也不知道为什么这里的海水会没完没了地“漏”下去，这
ge wú dǐ dòng de chū kǒu yòu zài nǎ lǐ měi tiān dà liàng de hǎi shuǐ jiū jìng dōu liú dào nǎ lǐ
个“无底洞”的出口又在哪里，每天大量的海水究竟都流到哪里
qù le
去了？

jié xuǎn zì luó bó tè luó wēi ěr shén mì de wú dǐ dòng
节选自罗伯特·罗威尔《神秘的“无底洞”》

知识点

1）注意容易读错的字。例如：地壳（dì qiào） 濒临（bīn lín） 湍湍（tuān tuān）

2）注意“一”的变调“yí”和“yì”。例如：一起（yì qǐ） 一类（yí lèi）

四、命题说话（下列话题任选一个，共40分，限时3分钟）

1. 向往的地方
2. 我的朋友

参考例文

我的朋友

我有一个好朋友，她叫小红，小学的时候我们形影不离，但是初中的时候我搬家到另外一所学校读书了，从此我们很少见面，但我一直都记得她，记得我们在一起的日子。

记得有一次周末，我趁爸爸妈妈不在家，偷偷溜到外面去玩，可是一不小心摔在了石板上，石板比较粗糙，我的左手和左胳膊都划烂了，流了好多血。我一下子惊呆了，我不知道该怎么办，但双腿不由使唤地往小红家走。小红看到我狼狈的样子后很吃惊，但她立刻知道该怎么办了。她拿出她家里的酒精帮我消毒，酒精的清凉刺得我好痛，她就像我妈妈一样对我说：“没事儿，忍一忍就好了。”之后她又拿急救包里的绷带帮我包扎。那一刻，我很感动，觉得很温暖，甚至觉得小红真伟大，我们都是五年级，可她比我能干多了。

回到家后，被妈妈发现我的手受伤了，看着小红给我扎的绷带，妈妈开玩笑地对我说：“你打算以后怎么报答人家呢？”

我想了想，对妈妈说：“我要做医生，将来小红生病了，我给她看病，照顾她！”

妈妈笑了，让我加油。虽然我现在很少见到小红，但她让我明白一个道理：一个好朋友，不光能带给你温暖，还能影响你的一生。

小红就是这样的好朋友。

第二单元　幼儿教师基础口语技巧训练

第一节　听话能力训练

案例分享

三个小金人

曾经有个小国的人到中国来，进贡了三个一模一样的小金人。这下可把皇帝高兴坏了。可是这个小国的人不厚道，出了一道题目：这三个小金人哪个最有价值？皇帝想了许多的办法，请来珠宝匠检查，称重量，看做工，可是不管怎么看，这三个小金人都是一模一样的。这可怎么办？皇帝有些着急，使者还等着回去汇报呢。泱泱大国，该不会连这个小事都不懂吧？

最后，有一位退位的老臣提出了想法。皇帝将使者请到大殿，老臣胸有成竹地拿着三根稻草，分别插入三个小金人的耳朵里。插入第一个小金人耳朵里的稻草从另一边的耳朵里出来了，插入第二个小金人耳朵里的稻草从嘴巴里直接掉了出来，而插入第三个小金人耳朵里的稻草掉进了肚子里，什么响动也没有。

老臣说：第三个小金人最有价值！使者默默无语，答案正确。

这个故事告诉我们，最有价值的人，不一定是最能说的人。老天给我们两只耳朵和一个嘴巴，本来就是让我们多听少说的。善于倾听，才是成熟的人最基本的素质。

启示录

口语交际是一种双向、互动的交流活动。在交流中，一方面要运用已有的知识与经验表达自己的见解；另一方面，又必须倾听对方的话语，了解对方表达的信息。只有这样，双方才能顺畅有效地交流与沟通。可见，“听”在口语交际中具有非常重要的地位和影响。有研究者给出了这样的资料：在人们日常的言语活动中，从时间的分配上看，“听”占45%，“说”占30%，“读”占16%，“写”占9%。在言语活动中，有将近一半的时间在进行“听”的工作，我们怎么能不重视“听”，不努力提高“听”的效率与效果呢？

美国著名的成人教育家卡耐基不仅是位卓越的演讲家，而且是一位善于倾听的人。他曾不止一次告诉他的学员，做一个听众往往比做一个演讲者更重要。专心听别人讲话，是给予别人的最大赞美。有一种十分重要的教育理念，叫倾听者的教育。该教育理念认为：教育过程是教育者与受教育者相互倾听与应答的过程，是师生之间、生生之间相互交流的过程。在相互倾听中，学生明白了别人对问题也可以有其他不同的解释，从而引发学生的认知冲突和自我反思，进而深化各自的认识，激发彼此的灵感，并借此学会了相互接纳、相互赞赏、相互分享与相互帮助。

古希腊先哲苏格拉底说：“人有两耳双目，只有一舌，因此应多听多看少说。”一位著名的演说家也教导人们：“要做一个善于辞令的人，只有一种办法就是学会听人家说话。但是，在生活中，经常见到一些朋友滔滔不绝、旁若无人，有时还不断地打断别人的讲话，把对方置于十分尴尬的境地，甚至双方为此在大庭广众之下怒目而视、拳脚相加，不仅信息没有得到有效交流，情感没有得到有效沟通，还为此反目成仇，大伤和气。由此可见，进行“听”的学习与训练是十分重要和必要的。

发散讨论

传奇人物约翰·洛克菲勒以谨慎著称，拒绝仓促做出的决定。他的座右铭是“让别人说吧”“我们的政策一直都是：内心的倾听和开诚布公地讨论，直到最后一点证据都摊在桌上，才尝试达成结论”。

洛克菲勒认为，一点点的倾听练习就可以创造惊人的结果。如果你注意倾听上司要求你做的事，就增加了做对的机会，而且不会再重复劳动。

问题：你怎么理解以上的内容？倾听与说话，哪个更重要？

学习目标

1）了解听话能力在社会生活中的作用和要求。

2）掌握听话能力的一般技巧。

3）理解掌握听话能力训练的主要方法。

知识讲解

一、听话能力的作用和要求

（一）听话能力的作用

1. 社会生活中听话能力所起的作用

随着人类交际活动的日益频繁及现代科学技术的迅速发展，听话已成为社会生活中交流信息的主要途径，听话能力已成为人们进行日常交际的重要能力。听话能力的提高还可以促进思维、智力和语言能力的全面发展。

2. 在以教师单向信息输出为主的课堂教学中的作用

课堂教学是双向互动的活动，教师不仅要说也要听，只有听学生的信息反馈，才能因材施教对症下药，才会教学相长、共同提高。

（二）听话能力的基本要求

1. 现代社会对听话能力的基本要求

1）听清音节和句子，并通过语音外在的快慢、高低、强弱、虚实，理解内在的感情色彩和分量。

2）要能快速而准确地理解语义。

3）对话语的品评能力要强。

4）听话时要能迅速抓住中心和重点，要能对别人的话做出是非、效果和价值评价。

5）听话的态度要认真、有礼貌，要尊重他人。

2. 幼儿教师交际交流时听话能力的特殊要求

（1）要专心　这里的专心是指在与他人交谈时，要听清对方说的每一句话，注意力要集中。一个会倾听的人，在倾听对方谈话时，能够调动自己全部的知觉、情感、态度，投入地去听，并善于从对方的神态、表情、声调、语气等非语言因素的变化中，全面、准确地了解对方的思想，把握对方谈话的要点。

专心倾听一方面能帮助倾听者获取准确的信息，同时也能表现出一种积极沟通的态度，鼓励对方把想要表达的思想和情感表达出来。换句话说，专心听对方谈话是交谈的基本礼仪，是对对方的尊重。交谈时目视对方，不东张西望，不做小动作，尤其不要出现打哈欠、伸懒腰、看表或玩手机等不礼貌的行为。

（2）要耐心　这里的耐心是指在与他人交谈时，不随便插嘴，要听完别人的话再发表自己的意见。特别是当别人的发言有错时，一定要等他把话说完了再用适当的方式指出。

幼儿教师在与幼儿交流的时候，有的孩子说话慢，可能会出现一个词想半天或者表述断断续续的情形。如果出现这种情况，教师要做到：一不要打断孩子说话，代替孩子把话讲完；二不要边听边做其他的事情。教师要蹲下身与孩子同高，微笑地看着孩子，鼓励孩子把自己的想法表达出来。

课堂练习

林克莱特的访问

美国知名主持人林克莱特有一天访问一名小朋友，问他说："你长大后想要做什么呀？"小朋友天真地回答："嗯……我要当飞机的驾驶员！"林克莱特接着问："如果有一天，你的飞机飞到太平洋上空所有引擎都熄火了，你会怎么办？"小朋友想了想说："我会先告诉坐在飞机上的人绑好安全带，然后我挂上我的降落伞跳出去。"当在场的观众笑得东倒西歪时，林克莱特继续注视着这孩子，想看他是不是自作聪明的家伙。

没想到，接着孩子的两行热泪夺眶而出，这才使得林克莱特发觉孩子的悲悯之心远非笔墨所能形容。于是，林克莱特问他说："你为什么要这么做呢？"小孩的答案透露了这个孩子真挚的想法："我要去拿燃料，我还要回来的！"

分析：林克莱特的出色之处在于当观众都笑得东倒西歪的时候，他能够耐心地等孩子说完。如果在众人都笑的时候，他也笑起来，那么可能就听不到孩子后面的那句话，就不能了解到孩子的真实想法了。

（3）要细心　这里的细心是指在听取他人意见时不能盲从，要辩证地听取他人的发言，并有选择地接受。

在倾听对方谈话的时候，不是机械地听，而是边听边思考。不仅要正确理解对方的真实意图和观点，还要学会评价话语的价值。在没有听完或者没有听明白对方谈话的意思时，不要轻易对对方的谈话做归纳、下结论。

（4）要虚心　这里的虚心是指当别人提出与自己不同的意见时，要能虚心接受，如果对方观点正确，要能边听边修正自己的观点。

（5）要积极反应　这里的积极反应是指在倾听对话时要做出相应的反应：可以根据情景微笑、点头、皱眉，可以发"啊""哦""是吗"等应答声，也可以适时插入一些提问等。积极反应可以通过简短的句子、词语或肢体语言来表现，以此告诉对方：我在听，请继续说。这样可以鼓励或帮助对方把话讲下去。如果对方表达能力稍差，可以边听边提一些简单的问题，帮助对方厘清思路，调整情绪，使其把话说完。

但是，积极反应不是意味着可以随意打断对方谈话。在倾听对方谈话时，应认真听完并领会其真实意图。如果因为特殊原因确实要打断对方谈话时，应先向对方表示歉意，申明要打断对方的原因，请求对方的谅解。

在同幼儿交流时，积极反应除了可以鼓励、帮助小朋友把话说完整，还可以起到帮助小朋友调整情绪的作用。幼儿在高兴、悲伤、委屈的时候，如果教师能够通过倾听他们的诉说，认同他们的情绪，这样便能使幼儿逐渐稳定下来。比如，在幼儿受到委屈时，教师通过倾听幼儿的诉说给予"真的让人难过"等语句反馈，就可以抚平他们的情绪。

课外链接

读一读下面的小故事。

“听”来的钢盔

第一次世界大战期间，一位名叫亚德里安的法国将军，利用战斗间隙到战地医院探望伤员。他走进病房，静静地坐在病床边，倾听每一位伤病员讲述自己“死里逃生”的经历。其中一位炊事员说，他听到炮弹呼啸而来，就不假思索地把一口锅扣在头上，虽然弹片横飞，战友倒下一大片，他却幸免一死。听到这里，亚德里安将军略有所悟地点了点头，走到这位炊事员床头前同他握手，脸上露出赞赏的微笑。

后来，他发布了一道命令：让每个战士都戴上一口“铁锅”。于是，在人类战争史上，“钢盔”这个重要发明，就因为一位将军耐心地倾听一位炊事兵的故事而诞生了。在第二次世界大战中，钢盔大显身手。据说，这个别出心裁的“发明”使7万余名美军在第二次世界大战中免于战死。

将军的诚意倾听，表达的是对战士生命的关注。同时，他满足了对方倾诉并获得尊重的愿望，而自己也获得了灵感。由此可见，一切诚意的倾听，在人际交往中其实是互惠的。这就印证了一句格言：“说话是人生的需要，听话是人生的艺术。”

二、听话能力的一般技巧

请一位同学读下面的文章，其他同学对文章的要点进行记忆，必要时可以运用笔记的方式，然后进行概括性复述。

让孩子学会倾听

佚名

倾听就是仔细地听别人说话。善于倾听是一个人不可缺少的修养，学会倾听不但能正确完整地听取自己所要的信息，而且会给人留下认真、踏实、尊重他人的印象。大班下学期是幼儿从学前期向学龄期发展的过渡期，而学前教育与小学教育在许多方面都存在差异。前者以游戏为学习的主导形式，主要强调幼儿的动手操作；后者则以课堂教学为主要形式，学生通过听课和作业来获得知识。

因此，让孩子学会倾听，对于即将进入小学的幼儿来说，具有积极的意义。在实践中，经常可以发现很多孩子都乐于表述，而不善于倾听，如果没有得到教师的及时关注，他们专心听讲的积极性也就荡然无存。为了尽快改变这些现象，让孩子养成倾听的习惯，可以做以下尝试。

1. 要求幼儿学会倾听

教师要多与孩子交谈，让每个孩子都感受到教师对自己的关注，让他们知道教师没有叫自己回答问题并不是教师不关心自己，而是要给其他小朋友一些机会。教师要帮助孩子认识到不认真倾听会产生的后果，增强其倾听的自觉性。尤其在活动前，教师要明确活动的要求，不忘记提醒孩子要专心听讲、认真做事。而在活动过程中，当孩子注意力分散的时候，教师要有意识地利用语言、表情、动作等给予暗示，及时提醒他们集中注意力，逐步培养孩子专心做事、遵守纪律的好习惯。

2. 采用生动有趣的教育形式

幼儿往往对其感兴趣的活动充满好奇，注意力就容易集中，因此可以利用其兴趣来培养他们的注意力和倾听习惯。如幼儿爱听故事、看图书、下棋和画画，这些生动形象的活动能使他们集中注意力，保持安静，专心活动，幼儿也很喜欢与小动物交朋友。因此，在教学中教师可以经常采用小动物贴绒教具，边讲故事边演示，使抽象的道理形象化、具体化。在使用过程中教师还可以经常安排一些游戏活动，如听声做动作、听词拍手、听指示做相反的动作等。有时把训练内容融进自编的故事中，让幼儿在欣赏故事中完成训练。只有运用多种有趣的教学形式，幼儿的注意力才能集中，思维才能始终处于积极的状态中，才能在不知不觉中学会专心听课，并久而久之养成专心听讲的习惯。

3. 发挥榜样的力量

教师是幼儿模仿的重要对象，教师的日常行为、言谈举止和情感态度随时都对幼儿的发展产生潜移默化的影响。因此，教师要做有心人，平时要善于抓住一切有利时机为幼儿做好行为示范，用自己良好的倾听行为去影响孩子，让孩子学会如何去听懂对方说的话，怎样在倾听中了解说话人的意思。同伴也是幼儿观察学习的榜样。教师要在幼儿中树立有良好倾听行为的好典型让其他幼儿学习，当幼儿因认真倾听而取得进步时，教师要及时给予积极的评价和鼓励，以此激发幼儿去模仿和学习。

4. 实施鼓励性评价

让孩子参加各种有益的活动，既要孩子听明白活动的内容、规则要求及其他事宜，又要鼓励他们寻找表现自己的机会，在恰当的时候表现自己的才能。在活动中，教师要给幼儿安排一些任务，当任务圆满完成后，教师要给予鼓励。教师应当平等地对待每一个孩子，给每个孩子提供表现的舞台，对一些注意力差的孩子尤其应给予关心、宽容和理解，多鼓励孩子的进步，而不是一味地批评指责。

5. 开展适当的行为强化

当孩子出现符合规定和要求的良好行为时，教师的表扬、鼓励或奖励就是一种行为强化，使他们产生愉快和满足感，从而帮助其建立良好的倾听习惯。比如，当他们上课认真听讲、大胆回答问题时，应及时给予表扬和掌声鼓励。教师要时时关注这些孩子，善于发现他们的闪光点，只要有进步就及时抓住并给予表扬，使他们产生被信任感，以增强其信心，强化其良好行为。针对一些孩子上课不专心倾听，注意力不集中的具体行为，可以选择正确行为作为目标不断进行强化。如对于上课不专心的幼儿，提出上课要坐端正不离开座位，不做小动作的要求，一旦孩子做到安静倾听、积极思维就予以奖励；对于乱跑乱动、故意捣乱的幼儿提出遵守游戏规则、好好玩游戏的要求，如果能坚持一次好好玩游戏，就予以奖励。教师耐心观察、反复要求、积极鼓励，就能够激励幼儿向着更高的目标迈进。

三、听话能力综合训练

（一）专注力训练

专注力训练旨在让倾听者学会在明确目标的引导下，排除外在和自身的各种干扰，把注意力集中在听的内容上。通过训练，教师要能提高注意的集中度、持久度，同时学会科学合理地分配注意力。

课堂练习

把下面的数字一口气读下来，不能有停顿，并要求把错误的次数记录下来。

635083786900987564	5547267596736726771
476687098776635798	4966877356760986552
968767597898658090	9958768626754890997
867756650980865456	4374867658459678965
275978098797969990	9349796067865446818

（二）记忆力训练

记忆力训练旨在让倾听者学会边听边归纳内容要点，记住关键词语，以及重要的事实和数据等信息。

课堂练习

读一读下面的小故事并回答问题，考考你的记忆力。

有一天，猫妈妈把小猫叫来，说：“你已经长大了，三天之后就不能再喝妈妈的奶，要自己去找东西吃了。”小猫惊恐地问妈妈：“妈妈那我该吃什么东西呢?”猫妈妈说：“你要吃什么食物，妈妈一时也说不出来，就用我们祖先留下的方法吧。这几天你躲在梁柱间、陶罐边、屋顶上，仔细倾听人们的谈话，他们自然会教你的。”

第一天晚上，小猫躲在梁柱间偷听，一个大人对孩子说：“小宝，把鱼和牛奶放进冰箱里，小猫最爱吃鱼和牛奶了。”

第二天晚上，小猫躲在陶罐边，听见一个女人对男人说：“老公，帮帮我的忙，把香肠、腊肉挂在梁上，小心挂好，别让小猫偷吃了。”

第三天晚上，小猫躲在屋顶上，从窗户里看到一个妇人叨念自己的孩子：“奶酪、肉松、鱼吃剩了，也不收好，小猫的鼻子特别灵，明天你就没得吃了。”就这样，小猫每天都非常开心，他回家告诉猫妈妈：“妈妈，果然像你说的一样，只要我留心倾听，人们每天都会告诉我该吃些什么。”

提问：1. 小猫都是躲在哪些地方偷听人们的谈话?

2. 小猫通过偷听，知道了哪些食物是它可以吃的?

（三）理解力训练

理解力训练旨在让倾听者学会根据说话的内容，推测、判断、理解说话者的真实意图，即能够抓住说话者说话的重点和关键细节。影响理解力的因素有很多，如语句中的重音位置、说话者的情绪等。

课堂练习

我知道你会唱歌

1）**我**知道你会唱歌。　　（别人不知道你会唱歌）

2）我**知道**你会唱歌。　　（你不要瞒着我了）

3）我知道**你**会唱歌。　　（别人会不会唱我不知道）

4）我知道你**会**唱歌。　　（你怎么说不会呢?）

5）我知道你会**唱歌**。　　（会不会唱戏我不知道）

分析：同样是“我知道你会唱歌”这句话，发重音的位置不同，说话者所要表达的意图也不同。

课外链接

读一读下面的指令，并按指令画出图形。

“请同学们在一张纸的中心位置画出一个鸡蛋大小的圆。”

【提示】这个指令有三个关键点：纸的中心位置、鸡蛋大小、圆。忽视了任何一个因素都可能画不出符合要求的图形。

（四）辨析力训练

辨析力训练旨在让倾听者学会在倾听他人说话时，通过自己已有的知识，一边听一边对所听到的内容进行准确的辨别和分析。在倾听的过程中不仅要听懂讲话的内容，而且要能品味出讲话人所流露出的思想感情，分辨出字、词、语句和观点的正误等。

课堂练习

在以下不同的语境中，请辨析说话人的真实意图。

严冬时节，你与你的同学小 A 在同一间屋内。小 A 说：“外面的风真大啊!”

语境一：窗户开着。

语境二：门窗关闭，屋内暖和。

语境三：小 A 同学要准备出门。

语境四：你要准备出门。

（五）灵敏力训练

灵敏力训练旨在让倾听者学会迅速地跟随谈话对象转变思维，用对方听得懂的语言与之进行沟通和交谈。

课堂练习

指出下面口语交际中的不当之处，并用合适的语言回答幼儿的问题。

幼儿园小班的小朋友问：“老师，为什么孙悟空会腾云驾雾呀?”老师答道：“孙悟空只是个神话人物，腾云驾雾只不过是古人想飞向天空的愿望而已。”

课后练习

1. 在社会生活中，听话能力有何作用和要求?

____

____

____

2. 听话能力训练的一般技巧有哪些?

____

____

____

3. 听话能力训练都有哪些方法?

____

____

____

4. 综合训练：到幼儿园进行一次与小朋友的交流活动，准备小朋友感兴趣的 3 个话题，引导小朋友参与到讨论中来，然后把小朋友的讨论内容进行记录并归类。

____

____

____

第二节　读说能力训练

案例导入

请将下列文字复述一遍

小明妈妈在菜市场买回 1.5 千克萝卜、1 千克排骨，准备做萝卜排骨汤。妈妈说：“今天买这两样菜共花了 45 元，上月买同样重量的这两样菜只要 36 元”。爸爸说：“报纸上说萝卜的单价上涨 50%，排骨单价上涨 20%”。小明说：“爸爸妈妈我想知道萝卜和排骨的单价各是多少？”

分析：这是对情景人物对话的复述，需要复述人忠实于情景的内容，不能对内容进行加工和曲解，在复述的时候，必须注意食物对应的数量、金额准确，复述人物对话的信息量要高。

学习目标

1. 了解读说能力在社会中的作用。
2. 掌握具备读说能力的一般技巧。
3. 理解、掌握读说能力的技能训练。
4. 理解复述、描述、评述的要求和技巧。

知识讲解

一、读说能力的作用和要求

（一）读说能力的作用

读说是人们语音的表达和情感交流，是沟通理解的手段，是人和人之间关系的润滑剂。人们时时处于和他人的交际中，即使现代社会中的“宅男”“宅女”也不例外，只是交际的方式不同而已。在听、说、读、写表达方式中，每个环节都至关重要。

（二）读说能力的基本要求

现代社会对人们交际交流时读说能力的基本要求就是以适度、适当为原则，做到适时、适情、适势。

读说是幼儿教师在幼儿园教学教育和组织日常规活动中最主要的表现形式，因而对幼儿教师交际交流还有特殊的要求。

1. 标准

幼儿教师的工作性质决定了幼儿教师的口语一定要标准。幼儿教师的口语应当是标准的普通话。语音方面，教师要使用符合普通话的标准发音，做到发音清晰、吐字准确，不使用方言，不念错字。词汇方面，不使用方言词，不生造词，也要慎重使用尚不稳定的“新词”。语法方面，力求避免搭配不当、语句不通等不规范现象。修辞方面，避免用词不当、前后矛盾。

用语准确，还包括语言的纯洁性，要戒除污言秽语，避免口头禅，学会使用礼貌用语。幼儿教师口语的语调要自然，不做作。

幼儿教师语言的标准还表现在语言的逻辑性上。所谓语言的逻辑性，是指幼儿教师在使用语言时必须使其内容符合事物的客观规律，必须根据思维逻辑准确运用概念，恰当做出判断。虽然幼儿的逻辑思维尚处在发展的初级阶段，他们理解和掌握的许多概念基本上是日常概念，对科学概念的理解还有一定的困难，但这并不意味着幼儿教师就可以不注意自己的语言逻辑和事物的科学规律。相反，幼儿教师在使用语言时注意内容的科学性和表述的逻辑性，有利于幼儿掌握正确的信息，促进幼儿逻辑思维的发展。

2. 清晰

幼儿教师口语必须做到字正腔圆，每个音节的读音都应清楚地传给幼儿。幼儿教师的发音清晰、准确与否，将对幼儿语言的准确性产生重大的影响。

3. 流畅

幼儿教师口语必须流畅。幼儿教师说话时思路清晰、语句通顺、语流连贯、对答敏捷、不重复、不断线、不语塞。这种流畅具有音乐的美感，能引起幼儿童心的跳动。这种流畅具有慈母般的爱抚，能唤起幼儿情感上的共鸣。教师在讲说一段相对完整的话时，要做到：不拌嘴，克服语流"拥挤"、使人听不真切的毛病。

4. 儿童化

幼儿教师的口语应贴近幼儿的生活，反映他们的要求，表现他们的情感，符合他们的心理特征。

(1) 甜美 幼儿有一种本能心态，即期望得到教师的"爱抚"。如果教师用寡淡冷漠的语言给幼儿上课，幼儿会很敏感地觉察到，他们同样会以冷淡的态度回应教师，教师的教学自然收不到好的效果。

第一，教师要焕发童心，进入角色，用亲切、自然、纯真的表情和语言让幼儿感受天真烂漫之情。

第二，语调上要注意舒缓有致，语气上要注意柔和，巧妙地处理好轻重、停顿、儿化、变调，做到抑扬顿挫，同时还可采用形容词叠用、拟声等修辞手段，以达到娓娓动听的效果。

第三，为增加"甜美"的效果，可适当用些"呀、啊、呢、啦"等语气助词。

(2) 短小 幼儿的瞬时记忆力不发达，因此对较长或复杂的语句理解较困难。如果一句话超过了8个词，那么幼儿就会听了后面而忘了前面。这就要求教师要用短小、富有节奏感、符合幼儿心理发展水平的语言给幼儿上课，幼儿才会乐于接受。

第一，多用"散句"，即将一个长句拆为几个较短的词语单位来表达，但是要注意语法和语言规范。

第二，多用儿童熟悉的、富有表现力的词语与句式，避免过多生疏的附加成分。

(3) 灵活 课堂中灵活地运用一些自然、亲切、似家常絮语、像亲朋叙旧的"插入语"，可以起到调节幼儿听课情绪，使其注意力集中的作用。

课堂练习

1) 分析幼儿园美术教学"涂色动物时要注意跳开眼睛"，回答下面的问题。

①运用的教学语言不同，为什么产生不同的效果？

②你有何体会？

镜头一

老师：我们来给小动物的脸涂上颜色，涂颜色时要注意，脸上要画满，不能看见白颜色，涂到眼睛时要注意跳开眼睛。

幼儿反应：教师讲解时反应不热烈，作画时不能自觉跳开眼睛，需要教师不断提醒。

镜头二

老师：今天要小朋友给小动物洗洗脸，我们给小动物洗脸的时候，要洗得干干净净，肥皂水要洗满整张脸，能不能把肥皂水洗到眼睛里去呢？

幼儿反应：热烈，作画时基本能自觉注意跳过去。

2) 根据材料，回答问题。

一位幼儿园老师对班里的孩子说："谁 gan kuo（口渴）了，有要去 ha（喝）水的吗？"结果，班里的孩子一个也没有去喝水的，老师提醒多次，但小明还是口渴得难受。

①老师提醒多次，小明为什么还口渴？

②对这个问题，你有什么想法？

二、读说能力的一般技巧和训练

（一）复述技巧

1. 复述的定义及其要求

复述是一种常用的口语表达形式。它是指运用自己的语言，把看到或听到的语言材料重新叙述一遍，但是不能一成不变地照搬原文。

复述时，要在记忆和理解的基础上，对读过的或听过的语言材料进行加工整理，根据不同的要求，或周密详细地叙述，或简要概括地叙述，或变换人称来叙述，或变换顺序来叙述，甚至可略加想象，丰富一些细节内容来叙述。

复述的基本要求有以下几点：

1）忠于原材料的内容或要点。

2）完整准确地体现原材料的中心和重点。

3）条理清楚，能反映各部分内容的内在联系。

4）要口语化，尤其要将书面句式、词语转化为口语。

2. 复述的分类及训练

复述虽是对原材料的重新叙述，但不是一种简单的重复，而是在忠实于原材料基础上的再加工与再创造。因而复述的种类有很多，常见的复述有详细复述、扩展复述、概要复述和变复述。

（1）详细复述　详细复述又称一般性复述，这是最简单、最基本、最接近原材料的复述。具体来讲就是按照原材料的内容、结构、顺序，把事情原原本本地叙述出来。它并非是对原材料的背诵，它的技巧体现在复述者语言的组织和加工上。

在进行详细复述时，要注意以下四点。

1）围绕文章中心，不改变原意。对记叙性材料的复述一定要交代清楚时间、地点、人物，事情的起因、经过、结果等，不发生错漏，避免以讹传讹。对于议论性材料的复述，要讲清其论点、论据以及论证的逻辑过程。对于说明性材料的复述，必须包括事物的特点性质、形状等内容。另外，详细复述要遵循原材料的顺序结构，要有条理性。

2）听清看明，充分理解。无论复述的内容来自书报、广播、电视、电影，还是听人讲述的，都要看（听）仔细，充分熟悉和理解所要复述的内容，不要发生错漏，要在充分理解、记忆的基础上对原材料进行加工和整理。

3）选择记忆，列出要点。对于复述的内容，不可能全部记得一清二楚，要选择重要的内容记忆，在心中列出要点（书面提纲或关键词、启发性词语），最后用自己的语言把信息传递给别人。

4）根据需要，改变句式。详细复述时可以将长句变短句，将复合句变简单句，将书面语、方言俗语改为通俗易懂的口语，人物对话可以采取转述的形式。

课堂练习

阅读下面的小故事，然后采用详细复述的方式将其复述出来。

三只小猪盖房子

有三只可爱的小猪，它们都想建一座漂亮的房子。

老大随便用稻草围成了一座房子。“哈哈，我有自己的房子了！”老大乐得欢蹦乱跳。

老二呢，用木头建成了一座房子。

老三却想用砖瓦砌一座房子，于是它夜以继日地干了起来。哥哥们早就住进新房子了，它还在不辞辛苦地砌墙、粉刷。这样整整过了三个月，老三的新房子也盖好了。它好高兴啊！因为它的房子比两个哥哥的房子漂亮结实多了。

有一天，来了一只大野狼。老大惊慌地躲进了自己的稻草屋。野狼“嘿嘿”地冷笑了两声，狠狠吹了口气，就把稻草屋吹倒了。老大只好逃到老二家里。

大野狼追到老二家门前停了下来，心想：你们以为木头房子就能难住我吗？它用力向大门撞去。“哗啦”一声，木头房子被撞倒了。

兄弟俩只好拼命逃到老三家，气喘吁吁地说：“狼来了！”老三赶紧关紧了门窗，胸有成竹地说：“别怕！没问题了！”

大野狼站在大门前，它知道房子里有三只小猪，可不知怎样才能进去。它对着房子又吹又撞，可是房子坚不可摧。

大野狼气急败坏地绕着房子转了一圈，最后爬上屋顶，它想从烟囱溜进去。老三从窗口发现后，马上把下面的壁炉点起了火。大野狼滑下来时，刚好掉进壁炉里，熏得够呛，整条尾巴都烧焦了。它号叫着夹着尾巴逃走了，再也不敢来找三只小猪的麻烦了。

(2) 扩展复述　扩展复述是在原材料的基础上，对文中没有明确叙述的内容加以丰富、补充的一种复述方式。它类似于作文中的扩写，要求对材料全面把握后，运用自己丰富、合理的想象，增加一些内容，使其更生动、更完整，以此增强复述内容的感染力。

在进行扩展复述时，要注意以下两点。

1）不得改变原意和主题。扩展复述可以增添细节，可以用渲染、描摹、插叙等方法充实内容，但要合理想象，不能偏离中心。

2）要选好扩展点。不是原材料的任何部分都可以扩展，扩展的部分要为中心服务，扩展前要选择和确定好可以重点扩展的内容。

小示例

赠汪伦

〔唐〕李白

李白乘舟将欲行，忽闻岸上踏歌声。

桃花潭水深千尺，不及汪伦送我情。

扩展复述：李白在汪伦家住了数日，突然接到消息，老母病危。李白心急如焚，在早晨匆匆收拾了一阵，不辞而别。

此时正值春季，花开茂盛。李白远远地就闻到了一阵阵花香，远远望去，桃树一棵挨着一棵，密密层层，整个桃花林犹如一片粉红的“海洋”。桃花开得那么灿烂，那么美丽，姹紫嫣红、鲜艳娇美。可李白早已无心观赏美景，直奔桃花潭。突然，岸上响起了边用脚拍打地面边唱歌的声音。李白心头一热，循声望去，只见汪伦边唱边走了过来。“天下茫茫知己难寻啊！”李白高呼：“我这一生有你这么一个知己真是我的福气，可是匆匆一别又不知何时才能相见！”“只要有缘我们就一定可以相见，如果没见面也会在心中想念对方的。”汪伦意味深长地喊到。李白心中升起一股暖意，心想：桃花潭固然很深，但也比不上汪伦对我的情谊深呀。于是，李白诗兴大发，高声吟道：“李白乘舟将欲行，忽闻岸上踏歌声。桃花潭水深千尺，不及汪伦送我情。”

课堂练习

请将下面的唐诗进行扩展复述。

静夜思

〔唐〕李白

床前明月光，疑是地上霜。

举头望明月，低头思故乡。

(3) 概要复述　概要复述相当于作文中的缩写，它是指在保持原材料基本内容结构的基础上，删去一些无关紧要的枝节内容，用凝练概括、简洁明了的语言把复述的内容讲述清楚。在进行概要复述时，要注意以下三点。

1）认真仔细地阅读，留意记忆重点。

2）抓住中心，突出重点。

3）不能以简曲意，不遗漏关键。

小示例

守株待兔

宋国有一个农夫，每天在田地里劳动。

有一天，这个农夫正在地里干活，突然一只野兔从草丛中蹿出来。野兔因见到有人而受了惊吓。它拼命地奔跑，不料一下子撞到农夫地头的一截树桩上，折断脖子死了。农夫便放下手中的农活，走过去捡起死兔子，他非常庆幸自己的好运气。

晚上回到家，农夫把死兔子交给妻子。妻子做了香喷喷的野兔肉，两口子有说有笑美美地吃了一顿。

第二天，农夫照旧到地里干活，可是他再不像以往那么专心了。他干一会儿就朝草丛里看一看、听一听，希望再有一只兔子蹿出来撞在树桩上。就这样，他心不在焉地干了一天活，该锄的地也没锄完。直到天黑也没见到有兔子出来，他很不甘心地回家了。

第三天，农夫来到地边，已完全无心锄地。他把农具放在一边，自己则坐在树桩旁边的田埂上，专门等待野兔子蹿出来。可是又白白地等了一天。

后来，农夫每天就这样守在树桩边，希望再捡到兔子，然而他始终没有再捡到。但农田里的苗因此而枯萎了。农夫因此成了宋国人议论的笑柄。

概要复述：宋国的一个农夫在干农活时，捡到一只撞树桩而死的兔子。从此，他抱着侥幸的心理，每天不努力耕种农作物，而是坐在一旁等着兔子出现。结果兔子再也没出现过，农田里的农作物枯萎，自己也成为别人的笑柄。

课堂练习

用概要复述的方式复述下面的内容。

小马过河

一天，妈妈把小马叫到身边说："小马，你已经长大了，可以帮妈妈做事了。今天你把这袋粮食送到河对岸的村子里去吧。"小马非常高兴地答应了。他驮着粮食飞快地来到了小河边。可是河上没有桥，只能自己蹚过去，但又不知道河水有多深。犹豫中的小马一抬头，看见了正在不远处吃草的牛伯伯。小马赶紧跑过去问道："牛伯伯，您知道那河里的水深不深吗？"牛伯伯挺起他那高大的身体笑着说："不深，不深，才到我的小腿。"小马高兴地跑回河边准备蹚过河去。他刚一迈腿，忽然听见一个声音说："小马，小马，别下去，这河可深啦。"小马低头一看，原来是小松鼠。小松鼠翘着她漂亮的尾巴，睁着圆圆的眼睛，很认真地说："前两天我的一个伙伴不小心掉进了河里，河水就把他卷走了。"小马一听没主意了。

牛伯伯说河水浅，小松鼠说河水深，这可怎么办呀？只好回去问妈妈。马妈妈老远就看见小马低着头驮着粮食又回来了。心想他一定是遇到困难了，就迎过去问小马。小马哭着把牛伯伯和小松鼠的话告诉了妈妈。妈妈安慰小马说："没关系，咱们一起去看看吧。"小马和妈妈又一次来到河边，妈妈这回让小马自己去试探一下河水有多深。小马小心地试探着，一步一步地蹚过了河。噢，他明白了，河水既没有牛伯伯说的那么浅，也没有小松鼠说的那么深，只有自己亲自试过才知道。

（二）描述技巧

描述是用形象、生动的语言，具体、细致地描绘人、物、事、景的形态特征，或者再现某种场景的一种口语表达方式，具有生动性、直观性、审美性等特征。

1. 描述的类型

（1）观察性描述　观察性描述是描述者观察时或观察后立即进行描述的表达方式。观察性描述要求准确、细致、全面地再现观察对象的基本特征。

课堂练习

请认真观察下面的图，边观察边进行描述。

赶鸭子

龟兔赛跑

（2）回忆性描述　回忆性描述是以回忆的方式再现事物或场景的一种描述方式。回忆性描述的特点是描述的事物不在眼前，需要通过回忆和联想组织材料，引导听者理解被描述的事物和场景。回忆性描述的基础是记忆，描述者要在准确记忆被描述对象的基础上，通过语言表达出来。追忆往事、缅怀故人、述说见闻、回忆场景等都可以使用这种方式。

小示例

背影（节选）

朱自清

我看见他戴着黑布小帽，穿着黑布大马褂，深青布棉袍，蹒跚地走到铁道边，慢慢探身下去，尚不大难。可是他穿过铁道，要爬上那边月台，就不容易了。他用两手攀着上面，两脚再向上缩；他肥胖的身子向左微倾，显出努力的样子，这时我看见他的背影，我的泪很快地流下来了。

分析：父亲艰难地爬过铁道买橘子时的背影最让“我”感动，最能体现父亲对“我”的关爱。作者通过细致的描述，将这种浓浓的父爱呈现在读者面前。这种细致入微的描述是基于对父亲形象和动作深刻的记忆，所以才能如此传神。

课堂练习

请将你印象最深刻的一次比赛或活动描述出来，要求点面结合。

（3）创造性描述　创造性描述是以现实为基础，通过合理想象和联想而进行的一种描述方式。它建立在观察性描述和回忆性描述的基础上，需要描述者在平时细心观察生活，合理推想事件的前因后果、来龙去脉，揣摩人物的心理活动，推测事物的发展变化。

课堂练习

1）用生动形象、通俗易懂的语言描述古诗《早春》所描写的景色，加上适当的想象。

早春

〔唐〕韩愈

天街小雨润如酥，草色遥看近却无。

最是一年春好处，绝胜烟柳满皇都。

2）请以“二十年后的我们”为题进行创造性描述。

2. 描述的要求

（1）内容真实，详略得当　在描述事物或场景时，要符合生活的实际，全面真实地反映被描述对象的基本状况，不能以偏概全，不能夸饰虚美。在描述场景时不仅要真实地描述过程，还要注意详略得当，不可面面俱到。

（2）抓住特征，形象传神　描述是为了让对方更加细致直观地感受、把握描述对象，因此，要在观察的基础上，抓住所描述事物最突出的特征，准确反映事物的本质，还要形象描摹事物和场景的细节特点，传神地将其反映出来，表达人物情感，渲染环境气氛，使人产生如见其人、如临其境的感觉。

（3）合理修辞，语言生动　描述时要选取优美生动的语言，合理使用拟人、比喻、对比、夸张等修辞手法，还可以使用语气词，使描述对象生动形象、立体可感。

课堂练习

荷塘月色（节选）

朱自清

曲曲折折的荷塘上面，弥望的是田田的叶子。叶子出水很高，像亭亭的舞女的裙。层层的叶子中间，零星地点缀着些白花，有袅娜地开着的，有羞涩地打着朵儿的；正如一粒粒的明珠，又如碧天里的星星，又如刚出浴的美人。微风过处，送来缕缕清香，仿佛远处高楼上渺茫的歌声似的。这时候叶子与花也有一丝的颤动，像闪电般，霎时传过荷塘的那边去了。叶子本是肩并肩密密地挨着，这便宛然有了一道凝碧的波痕。叶子底下是脉脉的流水，遮住了，不能见一些颜色；而叶子却更见风致了。

分析：这是朱自清《荷塘月色》的一个片段，在这段描述中，作者运用了比喻、通感等修辞手法，生动形象地描绘出荷塘月色中的荷叶、荷花，画面动静、叙事结合，浓淡相宜，将月光下荷塘的美淋漓尽致地表现了出来。

课堂练习

请认真组织一段语言，描述你的父亲或母亲。

（三）评述训练

评述是对客观事物或现象发表自己见解的一种表达方式。“述”是用复述或描述的方法介绍要评论的内容，“评”是表达自己的见解和感受。评述在日常生活、工作、学习中具有广泛的用途。人们常会遇到各种问题，需要表明自己的意见与观点，强调自己的态度与立场。同时评述也是一种最基本的口语表达形式。评述性语言在教育教学中也被广泛使用，是教师从事职业活动不可缺少的口语表达形式。

评述与复述、描述不同，复述、描述是把已经感知的原材料以不同的方式再现出来，而评述不仅要再现材料，还要表达个人的感受或观点。评述是“评”和“述”的结合，“述”是基础，“评”是目的。在评述过程中，往往是述中有议，议中有述，相辅相成，相得益彰。

1. 评述的要求

（1）实事求是，客观公正 “评”要客观公正，“述”要实事求是，这是评述的基本要求。在“述”的时候要尊重事物或事件的原貌，不能以偏概全，歪曲事实，要做到准确、真实；在“评”的时候要客观表达个人观点和态度，公平公正地做出评价，不能依据个人好恶，主观片面地下结论。

（2）观点明确，论证有力 评述的关键在于表达对事物或现象的观点、看法，因此，评述时观点要明确，让听者清楚地知道你赞成什么，反对什么，态度要鲜明，切忌模棱两可，前后矛盾。有了观点，论据要充分，做到言之有据，论证要合理，做到以理服人。

（3）语言准确，逻辑严谨 评述的语言要准确。“述”要浅显易懂，简练明快，让听者能够比较容易地理解和接受；“评”要明确达意，提纲挈领，让听者能够抓住重点和关键。在评述时要注意表达的条理性，注意语言的逻辑性。

2. 评述的分类

评述就是发表意见与看法，大到评述国内外大事，小到评述街谈巷议，都要用到这种方法。从评述的方式来看，评述可以分为以下三类。

（1）先述后评 先述后评是指用复述或描述的方式叙述要评论的内容，然后再进行评论的评述方式。一般评述人物、时间、见闻或者别人的讲话，都适宜采用这种方式。

按照“评”“述”的表达者不同，可以分为自述自评和他述我评两种。自述自评是评论者自己对评述对象进行复述或描述，然后再进行评论；他述我评是评述者听了别人的复述或描述后，再根据自己的感受进行评论。

先述后评是最简单、最基本的评述方式，也是最符合人们由具体到抽象的认识规律的评述方式。评述时要注意平衡结构，避免“述”得过多，“评”得过少，同时做到观点集中，有针对性。

小示例

名人也有无知时

名人有时也会无知，学识渊博的恩格斯就闹过“请鸭嘴兽原谅”的笑话。那是1843年的事情了，恩格斯在曼彻斯特看到一枚不太多见的蛋，有人告诉他，这个蛋是鸭嘴兽下的，恩格斯听了哈哈大笑，说鸭嘴兽是哺乳动物，不可能下蛋，把人家也搞糊涂了。后来恩格斯心里不踏实，查阅了资料，他发现自己竟然在这个常识性问题上十分无知。后来他经常提起这件事，在给朋友的信中，他说他做了一件“事后不得不请鸭嘴兽原谅的事情”。大千世界，无奇不有，人的认识永无止境。对于客观世界“无知”是绝对的，“有知”是相对的。恩格斯的不凡，在于他毫不掩饰自己的某些“无知”，而且，有及时弥补自己某些知识空白的热情。对于现在有了一得之见便沾沾自喜、一窍不通也好为人师的人来说，恩格斯给他们上了一课。

分析：在这个语段中，作者先简述鲜为人知的名人逸事，然后进行议论，指出恩格斯“无知”的原因，赞扬他对“无知”的态度，并针砭时弊，显得简练而深刻。

（2）先评后述 先评后述指先表达个人的观点，然后选取足够支持和证明自己观点的材料以证明自己的观点。这种评述方式，把立场、观点先摆出来，然后再点明评述的对象或内容，这有助于听者直接、迅速地了解自己的观点，引起听者的注意，产生“先声夺人”的效果。但这也容易造成使听者缺乏倾听的心理准备。评述时要注意突出重点，论述符合逻辑条理，切忌“评”“述”分离，简单堆砌。这种评述方式一般适用于观点式的命题。

小示例

失恋是块磨刀石

对于坠入爱河的青年来说，失恋是一件痛苦的事情。但是，一失恋，情人成路人、仇人，有的甚至痛不欲生寻短见，这就很不好了。相爱是两个人的事情，不能一厢情愿。对于清醒理智的人，可以把失恋看作磨刀石，越磨越有生活的勇气，越磨生活的意志越坚定，恩格斯就是这样的人。1841 年，20 岁的恩格斯在不来梅商行当练习生时，同一位姑娘的恋爱失败了。这给恩格斯的打击很大，他翻越阿尔卑斯山去意大利旅行，向美丽的大自然倾诉失恋的痛苦。几年后，恩格斯又与一位姑娘恋爱了，可几个月后又一次失恋。

这一回，恩格斯变得坚强了，他用近于“疯狂”的热情撰写《英国工人阶级状况》一书，给后人留下了一部经典之作。像恩格斯那样从失恋的痛苦中站起来朝前走的人很多。柴可夫斯基失恋后写成《悲怆》，舒伯特失恋后完成了《未完成交响曲》，罗曼·罗兰失恋后创作了《约翰·克利斯朵夫》，歌德失恋后写成传世名著《少年维特之烦恼》……我们要珍惜自己，也尊重别人的选择。一时失去了爱，生命仍有光彩；在失恋这块磨刀石上打磨，人的生命可以迸发出更灿烂的火花。

分析：这篇评述运用的就是先评后述。文章伊始，作者便阐明了自己的观点：可以把失恋看作磨刀石。

（3）边述边评　边述边评是指一边讲述事件，一边表达自己的观点和态度，“述”与“评”交错进行。这种方式一般在比较从容、自由的状态下采用。可以随着事件的发展或评述内容的增加、扩大，依次发表自己的意见，能使评述有针对性，观点更加明确、具体。同时，边述边评，有述有评，两种表达方式交替进行，也更加适宜于保持自己的谈兴。但这种述评方式要时刻注意归纳小结，否则容易在述评过程中浮光掠影、泛泛而谈，难以言简意赅、切中要害。在幼儿教师教学中常常使用这种方式。

小示例

评述名人卓别林

卓别林小的时候，有一年圣诞节学校组织合唱团，卓别林却落选了，他很沮丧。一天在班上，卓别林背诵了一段喜剧歌词，博得了大家的喝彩。老师说：“虽然你唱得不好，但表演很有幽默的天分。”

后来，卓别林的父亲早逝，母亲患上严重的精神病。为了生计，卓别林四处到剧院打听，希望能演上一个角色。一天，伦敦一家剧院要上演一出戏，剧院老板答应让卓别林演一个孩子的角色。演出并不成功，《伦敦热带时报》在批评该剧的同时却说：“幸而有一个角色弥补了该剧的缺点，那就是报童桑米。以前我们不曾听说过这个孩子，但可以预见，在不久的将来定会看到他不凡的成就。”

后来，年轻的卓别林获得了一个去美国演出的机会。不巧的是，这次演出没有引起任何轰动，然而美国的《剧艺报》在谈到卓别林时说：“那个剧团里至少有一个很能逗笑的英国人，他总有一天会让美国人倾倒的。”

分析：文章中边评边述名人卓别林的成长故事。

课后练习

运用下面的材料做评述练习。

有人问美国第 28 任总统伍德罗·威尔逊：准备一份 10 分钟的演讲得花多少时间？他说，至少需要两个星期。那人接着问，准备一个小时的演讲需要花多少时间？他说需要一个星期。那人又问，那么，如果请你讲两个小时呢？威尔逊立即回答："不用准备，马上就可以讲"。

请根据你的理解，选择你擅长的评述方式展开评述，且要注意"把话说得简练些"。

第三节　朗读能力训练

案例分享

请朗读下面的诗歌。

水仙

华兹华斯

我独自漫游！
像山谷上空悠悠飘过的一朵云儿，
蓦然举目，我望见一丛，
金黄色的水仙，缤纷茂密；
在湖水之滨，树荫之下，
在随风摇曳，舞姿潇洒。

连绵密布似繁星万点，
在银河上下闪烁明灭，
这一片水仙，沿着湖湾，
排成延续无尽的行列；
一眼便瞥见万朵千株，
摇颤着花冠，轻盈飘舞。

湖面的涟漪也迎风起舞，
水仙的欢悦却胜似涟漪；
有了这样愉快的伴侣，
诗人怎能不心旷神怡！
我凝望多时，却未曾想到，
这美景给了我怎样的珍奇。

从此，每当我倚榻而卧，
或情怀抑郁，或心境茫然，
水仙呵，便在心目中闪烁——
那是我孤寂时分的乐园；
我的心灵便欢情洋溢，
和水仙一道舞蹈不息。

评析：华兹华斯是英国"湖畔派"浪漫主义诗歌的主要代表。他的诗感情醇厚，诗语平易。这首《水仙》浅显易懂，但诗情洋溢。

学习目标

1）朗读的作用。
2）朗读的基本要求。
3）掌握朗读的基本技巧。
4）不同文体的朗读要求及其技巧。

知识讲解

朗读是一个需要心理和生理良好协作，由思维、情感、气息共同参与的全面驾驭语言的过程。在这个过程中，朗读者要充分调动起自身思想和语感的储备，在极短的时间内做出准确判断和选择，用清晰响亮的声音把文字内容自然顺畅、有情有味地表达出来。

一、朗读的要求

朗读的成功与否首先决定于朗读者对作品的理解是否正确，是否深刻。在朗读之前要认真而细致地对作品加以分析和研究，深切体会作者的思想感情，朗读者的内心被作品中的故事情节和思想感情深深打动，只有对作品有了深刻的体会之后，才有可能使朗读获得成功。对作品的思想内容体会越深，朗读也就越动人，效果也就越好。

朗读者要在朗读过程中准确地传达作者的心声，就必须认真体验作者的思想感情，沉入到作者创作时的精神状态中去。朗读时，不但要读出声，更要读出情，以情动人。朗读者必须做到，用自己感情的“火”去点燃听众感情的火。

深入理解作品可以从以下几个方面着手。

（一）深入理解朗读作品

1. 了解作者当时的思想和作品的时代背景

朗读是一种创造性的艺术，在忠实原作的基础上，朗读者要带着与作品精神相吻合的观点和态度，融入自己从作品中体会到的思想感情，运用各种朗读技巧进行语言艺术的再创造。为了把作品的思想内容正确地传达给听众，朗读者首先要了解作者当时的思想和作品的时代背景。

以鲁迅先生的《为了忘却的纪念》中惦念柔石的片断为例，如“但忽然得到一个可靠的消息，说柔石和其他二十三个人，已于二月七日或八日晨，在龙华警备司令部被枪毙了，他的身上中了十弹。原来如此……”“原来如此”表现了作者无限悲愤和沉痛的心情，若不了解作者当时的思想就难以把握好朗读的基调。

小示例

《为了忘却的纪念》创作背景

1930 年 3 月 2 日，中国左翼作家联盟（简称“左联”）在上海成立，它是一个由文学研究会、创造社、鲁迅发起的进步青年所组成的文学组织，鲁迅在“左联”成立大会上发表了重要讲话并当选为常委。“左联”倡导无产阶级革命文学，并把马克思主义理论作为工作方针，主张“对旧社会和旧势力的斗争必须坚持、持久，而且要注重实力”。白莽、柔石、冯铿、李伟森、胡也频均参加了这一进步组织。

而此时正值第二次国内革命战争时期。国民党反动派为了配合反革命的军事“围剿”，他们一方面利用反动文人对抗革命文艺运动，一方面采取查禁书刊，封书店，逮捕、暗杀左翼作家等法西斯文化专制主义手段“围剿”左翼文学。

1931 年 1 月 11 日，柔石、白莽等“左联”的五位青年作家被捕，同年 2 月 7 日被秘密枪杀于上海龙华，大批“左联”作家被通缉，鲁迅也时刻面临被捕的危险境地，但他丝毫不畏反动派的屠刀和淫威。他在闻知柔石、白莽等“左联”的五位青年遇难的消息后发表《中国无产阶级革命文学和前驱的血》《黑暗中国的文艺界的现状》等强烈抗议和揭露反动派的罪行。1933 年 2 月，在烈士遇难两周年的日子，鲁迅带着无限的悲愤写下此文。

2. 深刻理解作品的主题

朗读者要深入细致地钻研作品，深刻理解作品的主题。优秀的作品往往是语言精练、含蓄，言有尽而意无穷。朗读时必须仔细分析作品，努力通过现象发掘蕴藏在事件背后的深刻思想，从而达到给听众以启示和教育的目的。朗读者一定要深入挖掘作品的精髓，理解得越深刻、越透彻，朗读时所产生的艺术效果就越佳。

课堂练习

再别康桥

徐志摩

轻轻的我走了，
正如我轻轻的来；
我轻轻的招手，
作别西天的云彩。
那河畔的金柳，
是夕阳中的新娘；
波光里的艳影，
在我的心头荡漾。
软泥上的青荇，
油油的在水底招摇；
在康河的柔波里，
我甘心做一条水草！
那榆荫下的一潭，
不是清泉，是天上虹；
揉碎在浮藻间，
沉淀着彩虹似的梦。
寻梦？撑一支长篙，
向青草更青处漫溯；
满载一船星辉，
在星辉斑斓里放歌。
但我不能放歌，
悄悄是别离的笙箫；
夏虫也为我沉默，
沉默是今晚的康桥！
悄悄的我走了，
正如我悄悄的来；
我挥一挥衣袖，
不带走一片云彩。

分析：《再别康桥》是现代诗人徐志摩脍炙人口的诗篇，是新月派诗歌的代表作品。全诗以离别康桥时感情起伏为线索，抒发了对康桥依依惜别的深情。语言轻盈柔和，形式精巧圆熟，诗人用虚实相间的手法，描绘了一幅幅流动的画面，构成了一处处美妙的意境，细致入微地将诗人对康桥的爱恋，对往昔生活的憧憬，对眼前的无可奈何的离愁，表现得真挚、浓郁、隽永。

3. 根据不同题材作品的特点，熟悉作品的内容和结构

对于抒情性作品，应着重熟悉其抒情线索和感情格调。对于叙事作品，应着重熟悉作品的情节与人物性格。对于论述文，需要通过逐段分析理解，抓住中心论点和各分论点，明确文章的论据和论述方法，或者抓住文章的说明次序和说明方法。

4. 依据作品，展开丰富的想象

作家在构思、立意和塑造人物形象时，总要借助想象。一个优秀的作家除了在作品中充分发挥自己的想象力外，还留给读者想象的余地，使读者能运用自己的生活经验来补充作者的想象。读者的想象和作者的想象相一致的时候，读者就更能感受作品的艺术魅力。同样，朗读也需要想象，而且需要依据作品从各个角度展开更为细致的想象。朗读者通过想象能沉浸在作品所设定的意境之中，使作品中人物的音容笑貌呈现在自己的眼前。这样，朗读时才能使听众产生如闻其声、如临其境的感觉。

席慕蓉的《一棵开花的树》把一位少女的心情表现得情真意切。“如何让你遇见我/在这最美丽的时刻。”诗一开篇，一位美丽端庄、大胆坦率的少女形象倾泻而出，鲜明动人。“最美丽”三个字把少女追求纯洁、神圣、伟大、美好的爱情之心描绘得细致入微而又淋漓尽致，却又没有一丝一毫的矫揉造作，是少女心之真之诚的自然流露。朗读时需要据此展开丰富的想象，方可把握好朗读的基调。

课堂练习

稠李树

叶赛宁

馥郁的稠李树，
和春天一起开放，
金灿灿的树枝，
像卷发一样生长。

蜜甜的露珠，
顺着树皮往下淌，
留下辛香的绿痕，
在银色中闪光。

缎子般的花穗，
在露珠下发亮，
就像璀璨的耳环，
戴在美丽姑娘的耳上。

在残雪消融的地方，
在树根近旁的草上，
一条银色的小溪，
一路欢快地流淌。

稠李树伸开了枝丫，
发散着迷人的芬芳
金灿灿的绿痕，
映着太阳的光芒。

小溪扬起碎玉的浪花，
飞溅到稠李树的枝杈上，
并在峭壁下弹着琴弦，
为她深情地歌唱。

评析：叶赛宁的诗主要以农村自然景色为主题，具有强烈感染力。

（二）作品字音要读正确

准确熟练地运用普通话，应做到读准字音，声、韵、调、音变正确。读准字音是对朗读的基本要求，要特别注意普通话和方言在语音上的差异。普通话和方言在语音上的差异，大多数的情况是有规律的。这种规律又有大的规律和小的规律，规律之中往往又包含一些例外，这些都要靠自己去总结。但是总结还不够，要多查字典和词典，加强记忆、反复练习。在练习中，不仅要注意声韵调方面的差异，还要注意轻声词和儿化韵的学习。此外，还应注意以下几个问题。

1. 注意形声字的读音

80%以上的汉字是形声字，形声字是把表音、表意两部分合起来造成的汉字，表音部分叫声旁，表意部分叫形旁。形声字声旁的表音作用是有一定限度的，由于古今的音变，现在已经不能完全靠声旁来确定形声字的读音了，所以朗读时遇到形声字要慎重，不能遇字读半边。形声字有以下八种情况。

1）左形右声：梅、桦、湖、请。这些字左边是形旁，表义，如“木”跟“树”有关，三点水跟“水”有关，言字旁跟“说话”有关。

2）左声右形：期、甥、鹦、鹉、郊。

3）上形下声：雾、霖、符、竿、爸。

4）上声下形：想、案、袋、盒、态。

5）外形内声：固、病、园、阖、圆。

6）外声内形：闷、问、辩、辫、闻。

7）声旁占一角：旗，声旁是“其”。

8）形旁占一角：颖，形旁是“禾”。

2. 注意多音字的读音

字形相同、读音不同的字叫多音字。有些多音字是因意义不同造成的，如“看”字，念 kān 时是守护照料、看押、监视、注视的意思，“看管”“看家”“看守”这些词中的“看”都要读

kān；看字念 kàn 时是使视线接触人或物观察并加以判断的意思，“看望”“看中”“看穿”“看不起”这些词中的“看”都要读 kàn。有些多音字是因词性不同造成的，如“缝”字，做名词用时读为 fèng，如“缝隙”“缝子”“裂缝”；做动词用时读为 féng，如“缝补”“缝纫”“缝合”有些多音字是因用法不同造成的，如“血”字，用于复音词及成语时读 xuè，“心血”“血泪史”“呕心沥血”这些词或成语中的“血”都要读 xuè，“xiě”在口语中多单用，如“流了点儿血”。朗读时要结合具体的语言环境，正确判断多音字的读音。

3. 注意形近字的读音

形体结构相近的字叫形近字，由于形近字的差别很小，所以容易读错，朗读时要仔细辨认清楚，如“茶 chá”和“荼 tú”“崇 chóng”和“祟 suì”。

4. 注意异读词的读音

异读词是指同一个词或词素有两种或几种读音。朗读时要按照国家语言文字工作委员会、原国家教育委员会、原广播电视部公布的《普通话异读词审音表》规范读音来读。例如：

薄①báo（语）常单用，如“纸很薄，厚薄不均”；②bó（文）多用于复音词，如薄弱、稀薄、淡薄、尖嘴薄舌、单薄、厚薄。

泊①bó 停留、平静，如停泊、泊车、淡泊、漂泊；②pō 如湖泊、血泊。

藏①cáng 如矿藏、库藏（丰富）；②zàng 如宝藏、大藏经。

场①chǎng 如场合、场所、冷场、捧场、圩场；②cháng 如场院。

5. 注意音变

朗读是一个一个音节连续进行的。这些音节连续发出来时，音素或声调就可能互相影响，产生语音变化。这种变化就是音变。所以，朗读时光读准每个音节的声、韵、调还不够，还必须注意语音的变化。例如：上声的变调，“一”“不”的变调，轻声、儿化、语气助词“啊”的音变等。

二、掌握和运用朗读技巧

（一）确定朗读基调

基调是指作品总的感情色彩及态度，是朗读者在深入理解作品主题，把握作品结构的前提下，朗读作品时感情色彩的一种综合体现。确定基调，也就是说朗读者要把握作品的总的感情色彩，要有自己的鲜明态度。要从作品中的人物、事件或作者倾向及其风格特点等因素上去揣摩作品感情色彩总的特色，确定诵读的态度，并在理解感受和表达的统一中，使作品基调得到完美的体现。

不同的作品有着不同的感情基调，或庄重或诙谐，或欢快或悲哀，或沉郁或从容，或亲切或严肃，等等。朗读者只有从作品的人物、事件或作品的语言风格等方面去认真揣摩，才能恰当地把握住作品的基调。

课堂练习

匆匆

朱自清

燕子去了，有再来的时候；杨柳枯了，有再青的时候；桃花谢了，有再开的时候。但是，聪明的，你告诉我，我们的日子为什么一去不复返呢？——是有人偷了他们罢：那是谁？又藏在何处呢？是他们自己逃走了罢：现在又到了哪里呢？

我不知道他们给了我多少日子；但我的手确乎是渐渐空虚了。在默默里算着，八千多日子已经从我手中溜去；像针尖上一滴水滴在大海里，我的日子滴在时间的流里，没有声音，也没有影子。我不禁头涔涔而泪潸潸了。

去的尽管去了，来的尽管来着；去来的中间，又怎样地匆匆呢？早上我起来的时候，小屋里射进两三方斜斜的太阳。太阳他有脚啊，轻轻悄悄地挪移了；我也茫茫然跟着旋转。于是——洗手的时候，日子从水盆里过去；吃饭的时候，日子从饭碗里过去；默默时，便从凝然的双眼前过去。我觉察他去的匆匆了，伸出手遮挽时，他又从遮挽着的手边过去，天黑时，我躺在床上，他便伶伶俐俐地从我身上跨过，从我脚边飞去了。等我睁开眼和太阳再见，这算又溜走了一日。我掩着面叹息。但是新来的日子的影儿又开始在叹息里闪过了。

在逃去如飞的日子里，在千门万户的世界里的我能做些什么呢？只有徘徊罢了，只有匆匆罢了；在八千多日的匆匆里，除徘徊外，又剩些什么呢？过去的日子如轻烟，被微风吹散了，如薄雾，被初阳蒸融了；我留着些什么痕迹呢？我何曾留着像游丝样的痕迹呢？我赤裸裸来到这世界，转眼间也将赤裸裸地回去罢？但不能平的，为什么偏要白白走这一遭啊？

你聪明的，告诉我，我们的日子为什么一去不复返呢？

分析：文章的特点，一是结构精巧，层次清楚，转承自然，首尾呼应；二是文字清秀隽永，纯朴简练；三是情景交融，无论是写燕子、杨柳、桃花，还是写太阳，都与“我们的日子为什么一去不复返呢”的感叹融为一体，处处流露出作者对时光流逝感到的无奈和惋惜。

（二）标记朗读符号

∧　停顿号，一般停顿，可换气，也可不换气。

︽　间歇号，较长的停顿，换气，用于有标点处，表示间歇时间更长些。

︶　连接号，只用于有标点的地方，连接较紧密，表示缩短原停顿时间，或不停顿连接起来读，不换气。

•　重音号，为主要重音。

课堂练习

1）与上面的知识点结合，给句子标记朗读符号。

①予独爱莲之出淤泥而不染，濯清涟而不妖，中通外直，不蔓不枝，香远益清，亭亭净植，可远观而不可亵玩焉。

——周敦颐《爱莲说》

②春节到了，大街小巷人流如潮，辛勤劳动一年的人们，纷纷走出家门，享受节日的闲暇，男女老少个个脸上都洋溢着欢快的笑容。大街上的颜色也比平时鲜艳多了。只见彩旗飘扬，各色商家标语、条幅迎风招展。商场门口挂着一只只大红灯笼，看一眼就让人心里暖和。湛蓝的天空中，一只只彩色气球在阳光的照耀下艳丽夺目。微风拂过，大小气球迎风起舞，又仿佛在向路人点头致意。

2）运用逻辑感受的方法，朗读下面的句段。

①有许多人，“下车伊始”，就发议论，提意见，这也批评，那也指责，其实这种人十个有十个要失败。因为这种议论或批评，没有经过周密调查，不过是无知妄说。（因果关系）

②“书读百遍，其义自见。”这句话是有道理的。有的书必须多读，特别是学习古文，那些范文最好能够读到可以背诵的程度。除了多读以外，还要多抄，把重点、关键的词语抄下来时时翻阅。这样便可以记得牢，成为自己的东西，多读多抄，这个“二多”，是必须保证的。

（总分、并列、条件）

（三）注意停连

停连就是指停顿和连接。朗读时，为表情达意所需要的声音的中断和休止就是停顿；声音不中断、不休止，特别是文字上有标点符号而在朗读中却不需要中断、休止的地方就是连接。可见，朗读中的停连，不单是生理上换气的需要，更主要的是表情达意的需要，因此停连的位置和时间要做妥善的安排。

例如，某地有这样一条标语：过路人等不得在此穿行。

假如读的时候选择这样的停连位置：“过路人∧等不得∧在此穿行”，那么听者会怎样理解它的意思呢？是不是会听成“过路的人，如果等不及了，就可以从这里穿行”呢？当然这句话的本意应该是：“过路的人和车辆等，一律不准从这里穿行。”那么，表达这个意思时，就需要这样的停连：“过路人等∧不得在此穿行。”

停顿和连接是在朗读中表达语意、抒发感情的方法，是朗读者调节气息的需要和结果。恰当的停连，能够清楚地显示语句脉络，强调、突出表达重点，有效地控制朗读的语速、节奏，造成抑扬顿挫的旋律美，起到画龙点睛的作用。

朗读中的停顿或连接不是任意的，而是准确传情达意的要求，是生理和心理的需要。所以，朗读时，使用停顿或连接都要服从作品的思想内容、结构脉络和听者的心理需求。

文字语言的标点符号并不等于有声语言的“标点符号”，因为一个是供人看的，一个是供人听的。受作品内容和朗读者感情变化的影响，朗读作品时，不一定按照作品的文字标点符号停顿，有标点的地方可能会连起来，没有标点的地方可能会停顿。朗读时，要依据对作品的理解和感受，确定好停连的位置、时间和方式，而不能单纯地依赖于标点符号，要努力做到连到好处，停在妙处。举例如下：

a. 山∧朗润起来了，水∧涨起来了，太阳的脸∧红起来了。

——朱自清《春》

朗读时，“山”、“水”和“太阳的脸”后没有标点的地方也应作停顿，这样，朗读起来会有对称之美，抑扬顿挫之感。

b. 桃树、杏树、梨树，你不让我，我不让你，∧都开满了花赶趟儿。

——朱自清《春》

朗读时，在桃树、杏树后面有标点符号的地方并不停顿而是连接，以展示春天各种树木的花儿竞相开放、争奇斗艳的热闹场景。

c. 到处都是鸟声，到处都是鸟影。大的，小的，花的，黑的，有的在树枝上叫，有的飞起来，在扑翅膀。

——巴金《鸟的天堂》

朗读时，在“花的，黑的”之间不做停顿而是连接，表现形态各色的鸟儿种类多得不可胜数。

停连一般可分为标点符号停连、语法停连、生理停连和感情停连。

（1）标点符号停连。标点符号是书面语言的停顿符号，是反映段落之间、句子之间、词语之间的关系，使得语义更为明确，也是朗读作品时语言停顿的重要依据。标点符号的停顿规律一般是：句号、问号、感叹号、省略号停顿略长于分号、破折号、连接号；分号、破折号、连接号的停顿时间又长于逗号、冒号；逗号、冒号的停顿的时间要比顿号时间长些。当然，以上停顿，也不是绝对的。有时为表达感情的需要，在没有标点的地方也可以停顿，在有标点的地方也可以不停顿。

（2）语法停连。语法停连是句子中间的自然停顿或连接。它往往是为了强调、突出句子中主语、谓语、宾语、定语、状语或补语而做的短暂停连。学习语法有助于在朗读中正确地停顿断句，不读破句，正确地表达作品的思想内容。如：

“小刚和小明打篮球去了。”朗读时，如果停顿在“小刚和小明”之后，是回答俩人“干什么去了”，“小刚和小明∧打篮球去了”；如果停顿在“小刚”之后，则是回答小刚“和谁”打篮球去了，变成“小刚∧和小明打篮球去了”。

（3）生理停连。朗读时，由于受发音器官的限制，有时一些较长的句子需要停顿（如换气）。但这种停连必须服从表情达意的需要，不能破坏语义的完整性。如：

这就是被誉为“世界民居奇葩”、∧世上独一无二的∧神话般的山区建筑模式的、∧客家人民居。

——张宇生《世界民居奇葩》

(4) 感情停连。感情停连不受书面标点和句子语法关系的制约，完全是根据感情或心理的需要而作的停连处理，它受感情支配，根据感情的需要决定停与不停。它的特点是声断而情不断，也就是声断情连。如：

明月∧几时有？把酒∧问青天。不知天上宫阙，今夕∧是何年。

开篇“明月几时有”一句，通过向青天发问，把读者的思绪引向广漠太空的神仙世界。诗人把酒问青天，是对明月产生的疑问、进行的探索。“问青天”、“是何年”之前的停顿，营造出皓月当空，作者感慨宇宙流转的意境氛围。

(四) 注意语速

语速是指朗读时语流行进的速度。语速的快慢由作品的内容和文体形式所决定。语速大致可以分为3种。

1. 中速

一般用于感情没有多大变化的地方，或者用于一般的记叙、议论和说明的场合。

例如

诞生于20世纪30年代的塑料袋，其家族包括用塑料制成的快餐饭盒、包装纸、餐用杯盘、饮料瓶、酸奶杯、雪糕杯等。这些废弃物形成的垃圾，数量多、体积大、重量轻、不降解，给治理工作带了很多技术难题和社会问题。

2. 快速

一般用来表示紧张、激动、惊惧、愤恨、欢快、兴奋的心情，或用于叙述急剧变化的事情，刻画人物机警、热情、狡猾、活泼的性格，显示说话人斥责、质问和雄辩的声态等。

例如

这时候，勇士们是仍然不会后退的呀，他们把枪一挥，身上帽子上呼呼地冒着火苗，向敌人扑去，把敌人抱住，让身上的火也把占领阵地的敌人烧死。(魏巍《谁是最可爱的人》)

3. 慢速

大多用来表示沉重、悲伤、哀悼、沮丧的心情，或用来叙述平静、庄重的情景，还可以起强调的作用。

例如

完全按照托尔斯泰的愿望，他的坟墓成了世间最美的，给人印象最深刻的坟墓。它只是树林中的一个小小的长方形土丘，上面开满鲜花。没有十字架，没有墓碑，没有墓志铭，连托尔斯泰这个名字也没有。

语速和停顿关系密切：停顿少，语速快；停顿多，语速慢。语速的快慢影响说话人的态度感情。一个句子，说出的快慢不同，表达的态度感情就不一样。语速的快慢是相对的，朗读语速要根据作品内容恰当处理，使语速的变化与作品情感的变化同步，表现出一定的起伏，切忌毫无根据地忽快忽慢，或通篇文章一种语速，呆板乏味。

（五）注意重音

重音是指在朗读时要加以特别强调的字、词或短语。它在表情达意上起重要作用，是通过声音的强调来突出意义。重音的位置不同，就可能导致语意的变化。朗读时，要求深入理解文章的思想内容，准确把握句子的针对性、目的性，才能找准重音的位置。没有准确的重音，朗读就难以达到准确地表情达意的要求。

1. 重音的确定

语句中什么地方该读重音没有固定的规律，要根据具体的语境而定。语意的千差万别往往是通过不同的重音位置体现出来的。重音位置与语气有密切的联系，不同的重音位置可以体现出不同的语气，表达的感情态度也不尽相同。

重音可以分为句重音和词重音。词重音指的是词的轻重格式中重读的音，这里说的重音指的是句重音。

2. 重音的分类

一般说来，根据句子的结构和表达的需要，重音可以分为语法重音和逻辑重音两种类型。

（1）语法重音　语法重音是指根据语法结构的特点而处理的重音。这类重音有一定规律，比较容易把握。例如，短句中的主语与谓语相比较，谓语往往要重读；动词后的简单宾语往往要重读；与中心语相比较，定语、状语、补语等修辞成分往往要重读。此外，疑问代词、指示代词等也常常要重读。一般来说，语法重音不带特别强调的色彩。

例如

盼望着，盼望着，东风来了，春天的脚步近了。（谓语要重读）

——朱自清《春》

今晚我们过了一个收获节。（宾语要重读）

——许地山《落花生》

你们看它矮矮地长在地上，等到成熟了，也不能立刻分辨出它有没有果实。（状语要重读）

——许地山《落花生》

我说："花生的价钱便宜，谁都可以买来吃，都喜欢吃，这就是它的好处。"（疑问代词、指示代词要重读）

——许地山《落花生》

（2）逻辑重音　逻辑重音是为了突出语意重点或为了表达强烈感情而读出来的重音。它和语法重音的不同之处在于它不受语法结构的制约，而是根据说话者的内心意愿而定，在句子中的位置是不固定的。逻辑重音往往起着点明语意、描绘人物特征、刻画人物性格、揭示内在思想感情、介绍事物特点、点明事物症结等作用。为了突出这些关键词语，就要在音势上加以强调，给人留下明确印象。因此，逻辑重音又叫强调重音、感情重音。它是根据语句所要表达的重点决定的。由于表达的目的不同，逻辑重音就会落在不同的词语上，所揭示的含义也就不相同，表达的效果也不一样。

例如

你明天去杭州吗？（谁去）

你明天去杭州吗？（什么时间去）

你明天去杭州吗？（去不去）

你明天去杭州吗？（去哪里）

朗读作品时，只有深入体会上下语句的逻辑关系，才能准确表达作者的意图和感情。一般地说，在句子里起对比、映衬作用或表示比喻、特指、夸张的词，或者能够表达激烈、愤怒感情色彩的词，往往要读重音。有时逻辑重音会正好与语法重音重叠，这时语法重音要服从于逻辑重音，只要把音量加强些。如“山朗润起来了，水涨起来了，太阳的脸红起来了。”一句中的“朗润”“涨”“红”三个词语，既是谓语重音，也是逻辑重音。如果两种重音出现在不同的位置上，此时，逻辑重音的音量要盖过语法重音。

3. 重音的表达手段

读重音绝不仅仅是加重声音。重音表达的方式多种多样，要在明确朗读目的，深入理解作品的基础上，根据具体的语境选择不同的表达手段。重音可以重读，也可以轻读，也可以延长。另外，弱中加强，低中见高，快中显慢，连中有停，实中转虚等，都是重音的表达方式。重音表达的实质是对比。在朗读实践中，为把重音表达得灵活、饱满、富有创造性，往往采用多种表达方法，相辅相成，各有侧重。具体举例如下。

1）拖长字音，加大音量。

让暴风雨来得更猛烈些吧！

——高尔基《海燕》

2）重音轻读。

风轻悄悄的，草软绵绵的。——朱自清《春》

军港的夜啊静悄悄，海浪把战舰轻轻地摇。

——歌曲《军港之夜》

3）一字一顿。

周总理，我们的好总理，你的人民想念你。——柯岩《周总理，你在哪里》

4）虚实结合。

忽然，小鸟张开翅膀，在人们头顶盘旋了几圈，“噗啦”一声落到了船上。

——王文杰《可爱的小鸟》

她松松地皱缬着，像少妇拖着的裙幅；她滑滑地明亮着，像涂了“明油”一般，有鸡蛋清那样软，那样嫩。

——朱自清《绿》

5）提高字调。

树叶儿却绿得发亮，小草儿也青得逼你的眼。

——朱自清《春》

课堂练习

1）根据朗读符号提示，读好下面语句的重音。

①那哀痛的日子，断断续续地持续了很久。爸爸妈妈也不知道如何安慰我。他们知道与其骗我说外祖母睡着了，还不如对我说实话：外祖母永远不会回来了。（弱中见强）

②这是勇敢的海燕，在闪电之间，在愤怒的大海上高傲地飞翔。这是胜利的预言家在叫喊：让暴风雨来得更猛烈些吧！（词语或语句重读）

③漓江的水真静啊，静得让你感觉不到它在流动；漓江的水真清啊，清得可以看见江底的沙石；漓江的水真绿呀，绿得仿佛那是一块无瑕的翡翠。

（快中显慢，用拖长字音的方法突出漓江水的特点）

④我知道太阳要从那天际升起来了。

（低中见高，用提高“升”字的音量表达作者的兴奋之情）

2）根据自己对作品的理解，确定下面语句的重音。

①鸟的天堂里没有一只鸟，我这样想到。

②六个月后，他连买面包的钱都没有了。

③真的，济南的人们在冬天是面上含笑的。

④那时候，我正在读一些天文学的书，也认得一些星星。

⑤在浩瀚无垠的沙漠里，有一片美丽的绿洲，绿洲里藏着一颗闪光的珍珠。

（六）注意句调

句调是指整句话的音高升降的变化。它是语调中最主要的因素，是帮助句子传情达意的重要手段。

句调和声调不同。虽然两者都是语音的高低升降变化形式，但声调是字调，是一个音节的高低升降变化形式；句调则是贯穿于整个句子的高低升降变化形式。不同的句调可以表达不同的思想感情，反映说话人对事物的不同态度。

根据句子表情达意的功能，一般把句调分为升调、降调、平调、曲调 4 种类型。

1. 升调

升调也叫高昂调，就是由平向上升高，句末明显上扬。它常用来表达喜悦、兴奋、惊异、号召等感情，也常用于疑问句和语意未定句子尚未终结时中间的停顿处。

例如

同志们，跟会计系的比赛我们打赢了！↗（喜悦兴奋）

啊！您说什么呀！奶奶！↗（惊异）

感谢解放军从烈火中把我救出，不然的话，我怎能活到今天？↗（语意未完）

2. 降调

降调又叫低降调，就是先平后降，句末明显下抑。它常用来表达感叹、请求、自信、肯定、劝阻、允许、陈述等感情，也常用于祈使句式中。

例如

多么懂事的孩子啊！↘（感叹）

小张，你快别说了！↘（劝阻）

你还得给我点儿稿纸。↘（祈使）

3. 平调

平调又叫平直调，就是全句没有明显的高低升降变化，句末音节与句子基调基本持平。它常用来表达严肃、庄重、神秘、冷淡、踌躇等感情，也用于叙述、说明等陈述句式之中。

例如

烈士的英名和业绩将永垂不朽。→（庄重、严肃）

这事同我有什么关系。→（冷淡）

这件事我对他说——不说…… →（踌躇）

4. 曲调

曲调又叫曲折调，就是由高到低或由低到高，使全句有上升和下降的高低变化。它常用来表达怀疑、幽默、讽刺、意外、烦躁、夸张、轻薄等感情，也常用于感叹句式中。

你，↗你能干得了吗？↘（怀疑）

你算↗了吧！↘（烦躁）

他说你↗文化素养可高↘了！（轻薄）

语调虽以语句的抑扬升降作为重要的形式表现，但实际上却是各种语音因素的综合统一，它包含了声调、重音、高低、强弱、停顿、语速等诸多内容。人们所要表达的思想感情是无比丰富、纷繁的，用来表达这些思想感情的口气语调也千差万别、千姿百态。可以说语调是内在的思想感情色彩、分量与外在的语音高低、强弱、快慢、虚实的有机统一和综合表现。

课堂练习

找出下面作品中是升调、降调、平调或曲折调的句子，仔细读，认真体会它们的语势走向。

春（节选）

朱自清

盼望着，盼望着，东风来了，春天的脚步近了。

一切都像刚睡醒的样子，欣欣然张开了眼。山朗润起来了，水涨起来了，太阳的脸红起来了。

小草偷偷地从土里钻出来，嫩嫩的，绿绿的。园子里，田野里，瞧去，一大片一大片满是的。坐着，躺着，打两个滚，踢几脚球，赛几趟跑，捉几回迷藏。风轻悄悄的，草软绵绵的。

桃树、杏树、梨树，你不让我，我不让你，都开满了花赶趟儿。红的像火，粉的像霞，白的像雪。花里带着甜味；闭了眼，树上仿佛已经满是桃儿、杏儿、梨儿。花下成千成百的蜜蜂嗡嗡地闹着，大小的蝴蝶飞来飞去。野花遍地是：杂样儿，有名字的，没名字的，散在草丛里，像眼睛，像星星，还眨呀眨的。

（七）注意节奏

节奏是指朗读过程中由声音抑扬顿挫、轻重缓急而形成的回环往复的形式。根据节奏的基本特点和基本表现形式，可以将节奏分为以下几种类型。

1. 轻快型

这种类型语速较快，多扬少抑，多轻少重，语节少而词语密度大，有时又出现跳跃感，多用来描绘欢快、诙谐的感情。例如：

清晨，当第一束阳光射进舷窗时，它便敞开美丽的歌喉，唱啊唱，嘤嘤有韵，宛如春水淙淙。

2. 凝重型

凝重型语势较平稳，多抑少扬，多重少轻，音强而着力，语节多而词语密度疏，多用来表现悲痛、抑郁的情感。例如：

然后他待在那儿，头靠着墙壁，话也不说，只向我们做了一个手势："散学了，——你们走吧。"

3. 舒缓型

舒缓型语速较缓，语势较平稳，声音轻柔而不着力，常用来描绘幽静的场面和美丽的景色，也可以表现舒展的情怀。例如：

船在动，星也在动，它们是这样低，真是摇摇欲坠呢！渐渐地我的眼睛模糊了，我好像看见无数萤火虫在我的周围飞舞。海上的夜是柔和的，是静寂的，是梦幻的。

4. 高亢型

高亢型语速较快，多扬少抑，声音强劲而有力，常用来表现紧张急迫的情形和抒发激越的情怀。例如：

在苍茫的大海上，狂风卷集着乌云。在乌云和大海之间，海燕像黑色的闪电，高傲地飞翔。一会儿翅膀碰着波浪，一会儿箭一般地直冲向乌云，它叫喊着，就在这勇敢的叫喊声里，乌云听出了欢乐。

5. 低沉型

低沉型语速较沉缓，声音偏暗，句尾落点多显沉重，常用来表现哀伤、沉痛的感情。例如：

原来，我母亲在三年半以前就已经离开人间了。

6. 紧张型

紧张型声音多扬少抑，多重少轻，语速快，气较促，顿挫短暂，语言密度大。重点处的基本语气、基本转换都较急促、紧张，多用来表现紧张的气氛。例如：

但它整个小小的身体因恐怖而战栗着！它小小的声音也变得粗暴嘶哑。它在牺牲自己！

以上6种节奏类型，只是大体上的归纳。在实际的朗读过程中，一篇作品的节奏并不是单一的，随着思想感情的变化和情节的发展，节奏也会相应发生改变。因此，在朗读过程中，必须因文而异，灵活地把握节奏。

这几种技巧并不是孤立地在朗读中发挥作用，它们之间的关系就如人之口、耳、鼻、身，在观察、认识它们时必须面对人这个整体。这几种技巧共处于一个总体之中，以表达作品的思想感情为共同目的。在有声语言的流动里，它们是“和声”，在不同的方面满足着思想感情对有声语言的需要。学习朗读必须要努力掌握这几种技巧，得之于心，熟之于口，刻苦训练，以达到运用自如的目的。

课堂练习

1）重音练习。

①冬天过去了，微风悄悄地送来了春天。

②著名的《共产党宣言》就是他们共同起草的。

③他很有运动天赋，篮球、足球、羽毛球都玩得不错。

④白荷花在这些大圆盘之间冒出来。有的才展开两三个花瓣儿。有的花瓣儿全展开了，露出嫩黄色的小莲蓬。有的还是花骨朵儿，看起来饱胀得马上就要破裂似的。

⑤“啊！地狱？”我很吃惊，只得支吾着。“地狱？——论理，就该也有。——然而也未必，……谁来管这等事……”

⑥这时候，他用力把我往上一顶，一下子把我甩在一边，大声说：“快离开我，咱们两个不能都牺牲！……要……要记住革命！”

2）读下面的句子，选用适当的语气、语调，准确、清晰、流畅地表情达意。

①当他对商人讲述了自己的“破产史”后，商人给了他两个重要的建议：一是尝试为别人解决一个难题；二是把精力集中在你知道的、你会的和你拥有的东西上。

②一阵风吹来，树枝轻轻地摇晃，美丽的银条儿和雪球儿簌簌地落下来，玉屑似的雪末儿随风飘扬，映着清晨的阳光，显出一道道五光十色的彩虹。

③一阵台风袭过，一只孤单的小鸟无家可归，落到被卷到洋里的木板上，乘流而下，姗姗而来，近了，近了！

④我又掬你入口，便是吻着她了。我送你一个名字，我从此叫你“女儿绿”，好吗？

⑤父亲说：“花生的好处很多，有一样最可贵，它的果实埋在地里，不像桃子、石榴、苹果那样，把鲜红嫩绿的果实高高地挂在枝头上，使人一见就生爱慕之心。你们看它矮矮地长在地上，等到成熟了，也不能立刻分辨出来它有没有果实，必须挖出来才知道。”

⑥我蹲下来，背起了母亲；妻子也蹲下来，背起了儿子。我和妻子都是慢慢地，稳稳地，走得很仔细，好像我背上的同她背上的加起来，就是整个世界。

⑦幸福不喜欢喧嚣浮华，它常常在暗淡中降临。贫困中相濡以沫的一块糕饼，患难中心心相印的一个眼神，父亲一次粗糙的抚摸，女友一个温馨的字条……这都是千金难买的幸福啊。

三、不同文体的朗读技巧及其训练

（一）诗歌的朗读

要朗读好一首诗，首先要从感性入手，认真阅读，然后定位身份，揣摩感受诗歌的情感，努力地引起共鸣，深入心灵，激起诗情，运用技巧表现诗情。只有这样，朗读才能成功地再现作者的情感，听众听起来才会觉得“自然”。如果朗读者并不领会作者的情感而只是“估计”作者的情感，那就很容易失去分寸。失去了内在的感情基础，单单依靠技巧来支撑，听众听起来就必然会感到“做作”了。

再者，把握好诗歌外在节奏。诗歌节奏规整，本身就具备音乐性，诗歌又押韵，朗朗上口，特别是古代诗歌还讲究平仄，使字音在长短方面交错出现，体现了统一之中有变化。节奏是朗读的生命，所以要把握好节奏，在朗读中语气、停顿、重音一定要突出。

具体来说：政治诗朗读要有激情，要饱满，音高、音值、音强要丰富，用层层推进的方式宣泄内心的激情；爱情诗朗读要声音柔美、情感细腻、声音不要过高；朦胧诗、哲理诗声音对比幅度不要太大，语速要慢，多停顿，给听众回味思考的时间；叙事诗要平实自然，语气要真挚；格律诗要压住韵脚，规中求变。

课堂练习

雨巷

戴望舒

撑着油纸伞，独自
彷徨在悠长、悠长
又寂寥的雨巷，
我希望逢着
一个丁香一样的
结着愁怨的姑娘。

她是有
丁香一样的颜色，
丁香一样的芬芳，
丁香一样的忧愁，
在雨中哀怨，
哀怨又彷徨；

她彷徨在这寂寥的雨巷，
撑着油纸伞
像我一样，
像我一样地
默默彳亍（chìchù）着，
寒漠、凄清，又惆怅。

她默默地走近
走近，又投出
太息一般的眼光，
她飘过
像梦一般的，
像梦一般的凄婉迷茫。

像梦中飘过
一枝丁香的，
我身旁飘过这女郎；
她静默地远了，远了，
到了颓圮的篱墙，
走尽这雨巷。

在雨的哀曲里，
消了她的颜色，
散了她的芬芳，
消散了，甚至她的
太息般的眼光，
丁香般的惆怅。

撑着油纸伞，独自
彷徨在悠长、悠长
又寂寥的雨巷，

我希望飘过
一个丁香一样的
结着愁怨的姑娘。

（二）散文的朗读

散文素有“美文”之称，是与诗歌、小说、戏剧并称的文学样式。它通过对现实生活中某些片段或生活事件的描述，表达作者的观点、感情，并揭示其社会意义。

1. 散文的主要特点

1）形散而神不散。“形散”主要是说散文取材十分广泛自由，不受时间和空间的限制，表现手法不拘一格，可以叙述事件的发展，可以描写人物形象，可以托物抒情，可以发表议论，而且作者可以根据内容的需要自由调整、随意变化。“神不散”主要是从散文的立意方面说的，即散文所要表达的主题必须明确而集中，无论散文的内容多么广泛，表现手法多么灵活，都是为更好地表达主题服务。

2）意境深邃，注重表现作者的生活感受，抒情性强，情感真挚。散文是作者内心情感的真切流露，是作者内心话语的真情表达。作者借助想象与联想，由此及彼、由浅入深、由实而虚地依次写来，可以融情于景、寄情于事、寓情于物、托物言志，表达作者的真情实感，实现物我的统一，展现出更深远的思想，使读者领会更深的道理。

3）语言优美凝练，富于文采。所谓优美，就是指散文的语言清新明丽，生动活泼，富于音乐感，行文如涓涓流水，叮咚有声，如娓娓而谈，情真意切。所谓凝练，是说散文的语言简洁质朴，自然流畅，寥寥数语就可以描绘出生动的形象，勾勒出动人的场景，显示出深远的意境。

2. 散文的朗读技巧

散文朗读重在内心情感表达充分，一定要朴实自然，给人以贴近感、亲切感，千万不可装腔作势，拿腔拿调。总体来说，应做到真情、朴实、细腻、舒缓。语言舒展、亲切，声音轻柔，气息绵长，展现散文优美的情致和意境，情感表达如涓涓细流，浸润听众心田。

例如，朱自清先生在著名的散文《春》中描写春天，赞美春天，发出：“一年之计在于春”的感想，从而激发了对生活的热爱。基调是热情、愉快的，应该用明朗、甜美的嗓音去读。在文章中虽然有山有水，有花有鸟，还有人，但是这些都不是具体的某一个人。在朗读这一类型的散文时，可以以作者的感受为线索。朗诵《春》时，一开始是一种殷切期盼的情感，在朗读“山朗润起来了，水涨起来了，太阳的脸红起来了”时，要把三个层次读出来，把春天越来越近，人们越来越欣喜的心情读出来。中间的部分，从各个方面描写春天，也表现了作者对春天的热爱，可以用减低速度，降低音量的方法把描写和抒情区别开来。最后的三个小节，用娃娃、姑娘、青年来比喻春天，体现了人们对新的一年的憧憬和希望，情绪也随之转向高昂，音量、语速也应随之步步提高。另外还有些散文中穿插着一些人和事，正是这些人和事给了作者启示，由此而产生了感慨。那么朗读这种类型的散文应该把其人其事作为散文的一个组成部分而不是把他们作为一个独立的故事来读。

课堂练习

春

朱自清

盼望着，盼望着，东风来了，春天的脚步近了。

一切都像刚睡醒的样子，欣欣然张开了眼。山朗润起来了，水涨起来了，太阳的脸红起来了。

小草偷偷地从土里钻出来，嫩嫩的，绿绿的。园子里，田野里，瞧去，一大片一大片满是的。坐着，躺着，打两个滚，踢几脚球，赛几趟跑，捉几回迷藏。风轻悄悄的，草软绵绵的。

桃树、杏树、梨树，你不让我，我不让你，都开满了花赶趟儿。红的像火，粉的像霞，白的像雪。花里带着甜味儿；闭了眼，树上仿佛已经满是桃儿、杏儿、梨儿。花下成千成百的蜜蜂嗡嗡地闹着，大小的蝴蝶飞来飞去。野花遍地是：杂样儿，有名字的，没名字的，散在草丛里，像眼睛，像星星，还眨呀眨的。

“吹面不寒杨柳风”，不错的，像母亲的手抚摸着你。风里带来些新翻的泥土的气息，混着青草味儿，还有各种花的香，都在微微润湿的空气里酝酿。鸟儿将窠巢安在繁花嫩叶当中，高兴起来了，呼朋引伴地卖弄清脆的喉咙，唱出宛转的曲子，与轻风流水应和着。牛背上牧童的短笛，这时候也成天在嘹亮地响。

雨是最寻常的，一下就是三两天。可别恼。看，像牛毛，像花针，像细丝，密密地斜织着，人家屋顶上全笼着一层薄烟。树叶儿却绿得发亮，小草也青得逼你的眼。傍晚时候，上灯了，一点点黄晕的光，烘托出一片这安静而和平的夜。乡下去，小路上，石桥边，有撑起伞慢慢走着的人；还有地里工作的农夫，披着蓑，戴着笠的。他们的草屋，稀稀疏疏的，在雨里静默着。

天上风筝渐渐多了，地上孩子也多了。城里乡下，家家户户，老老小小，他们也赶趟儿似的，一个个都出来了。舒活舒活筋骨，抖擞抖擞精神，各做各的一份事去。“一年之计在于春”，刚起头儿，有的是工夫，有的是希望。

春天像刚落地的娃娃，从头到脚都是新的，他生长着。

春天像小姑娘，花枝招展的，笑着，走着。

春天像健壮的青年，有铁一般的胳膊和腰脚，他领着我们上前去。

（三）记叙文的朗读

“记叙”就是讲故事。讲故事最重要的就是“引人入胜”，要让别人听得津津有味。怎样才能做到这一点呢？那就是：渲染气氛、交代脉络、塑造人物。

首先是渲染气氛。任何一个故事都有气氛的问题，是轻松愉快的，还是沉重不幸的？是富有哲理的，还是幽默风趣的？不同的气氛要用不同的嗓音来表现。例如《齐白石买菜》，说的是老画家想买点儿白菜，卖菜的小伙子认出了他，提出要用画来换。这是轻松愉快的作品，应用明亮的嗓音，跳跃的节奏来朗诵。《最后一课》写的是一位教师在国家将亡之际坚持上完最后一堂母语课时的悲痛心情，气氛是庄严、沉重的，应用低沉的嗓音，缓慢的节奏来朗诵，并要自始至终贯穿整个作品。

其次是交代作品的脉络。故事总有开头、结尾，事件也总有发生、发展、高潮和结局，这就是脉络。开头用慢速，多停顿，使听众听得清楚明白；中途娓娓道来，要从容不迫；关键之处要运用重音、停顿引起听众的注意；高潮到来，要用节奏语速的变化来表现，否则就会显得平淡无奇了。

故事中如果有人物出现，就要用声音来塑造人物的形象。人们的嗓音频率跟年龄有关。所以，读小伙子的话，就要提高频率；读老先生的话，就要降低频率；人物的喜、怒、哀、乐都可以用嗓音来表现。

（四）议论文的朗读

议论文，是指有感而发，对某一件事表达自己的意见、观点、看法而形成的文章。议论文有明确的观点，符合逻辑的论证过程，它应该是脉络清楚、条理分明、重点突出的。所以，议论文的朗读应该具有以下几个特点。

1. 声音明亮清晰

这是因为在文章中要明确地亮出作者的观点，而且毫不犹豫。为了表现坚决的态度，应该使用明亮的音色，在发音时，要使自己的发音器官肌肉紧绷，这样声音就不至于显得拖泥带水。

2. 语句重音作用明显

因为在议论文中有大量的议论，为了论证，一定会有所强调，所以语句重音就显得特别重要。

3. 层次分明

在议论文中的思考和议论必然有一定的脉络和思路，由此一步步带着听众走向结论，所以必须是层次分明的，朗读时必须运用音量的大小、速度的快慢等因素逐步推进到结论的出现，这也就是全文的高潮所在。

课后练习

1）朗读诗歌，处理好重音和停顿，运用适当的语气和语速恰当地表现出作品的感情。

锦瑟

［唐］李商隐

锦瑟无端五十弦，一弦一柱思华年。
庄生晓梦迷蝴蝶，望帝春心托杜鹃。
沧海月明珠有泪，蓝田日暖玉生烟。
此情可待成追忆？只是当时已惘然。

北平沦陷那一天（节选）

朱自清

天黑了，白天里稀疏的隆隆的声音却密起来了。这时候屋里的电话铃也响得密起来了。大家在电话里猜着，是敌人在进攻西苑了，是敌人在进攻南苑了。这是炮声，一下一下响的是咱们的，两下两下响的是他们的。可是敌人怎么就能够打到西苑或南苑呢？谁都在闷葫芦里！一会儿警察挨家通知，叫塞严了窗户跟门儿什么的，还得准备些土，拌上尿跟葱，说是夜里敌人的飞机许来放毒气。我们不相信敌人敢在北平城里放毒气。但是仆人们照着警察吩咐的办了。我们焦急地等着电话里的好消息，直到十二点才睡。睡得不坏，模糊地凌乱地做着胜利的梦。

2）认真研读短文，综合运用朗读的技巧，准确、恰当地表达文章的内容和思想感情。

我从乡下跑到京城里，一转眼已经六年了。其间耳闻目睹的所谓国家大事，算起来也很不少；但在我心里，都不留什么痕迹，倘要我寻出这些事的影响来说，便只是增长了我的坏脾气，——老实说，便是教我一天比一天地看不起人。

但有一件小事，却于我有意义，将我从坏脾气里拖开，使我至今忘记不得。

这是“民国”六年的冬天，大北风刮得正猛，我因为生计关系，不得不一早在路上走。一路几乎遇不见人，好容易才雇定了一辆人力车，教他拉到S门去。不一会，北风小了，路上浮尘早已刮净，剩下一条洁白的大道来，车夫也跑得更快。刚近S门，忽而车把上带着一个人，慢慢地倒了。

跌倒的是一个女人，花白头发，衣服都很破烂。伊从马路上突然向车前横截过来；车夫已经让开道，但伊的破棉背心没有上扣，微风吹着，向外展开，所以终于兜着车把。幸而车夫早有点停步，否则伊定要栽一个大筋斗，跌到头破血出了。

伊伏在地上；车夫便也立住脚。我料定这老女人并没有伤，又没有别人看见，便很怪他多事，要自己惹出是非，也误了我的路。

——节选自鲁迅《一件小事》

我总以为大兴安岭奇峰怪石高不可攀。这回有机会看到它，并且走进原始森林，脚踩在积得几尺厚的松针上，手摸到那些古木，才证实了这个悦耳的名字是那种亲切与舒服。

大兴安岭这个“岭”，跟秦岭的“岭”大不一样。这里的岭的确很多，横着的，顺着的，高点儿的，矮点儿的，长点儿的，短儿点的，可是没有一条使人想起“云横秦岭”那种险句。多少条岭啊，在疾驰的火车上看了几个钟头，看也看不完，看也看不厌。每条岭都是那么温柔，自山脚至岭顶长满了珍贵的林木，谁也不孤峰突起，盛气凌人。

目之所及，哪里都是绿的，的确是林海，群岭起伏是林海的波浪。多少种绿颜色呀：深的，浅的，明的，暗的，绿得难以形容。恐怕只有画家才能够描绘出这么多的绿颜色来呢！

兴安岭上千般宝，第一应夸落叶松。是的，这里是落叶松的海洋。看，海边上不是还泛着白色的浪花吗？那是些俏丽的白桦，树干是银白色的。在阳光下，大片青松的边沿闪动着白桦的银裙，不是像海边上的浪花吗？

两山之间往往流动着清可见底的小河。河岸上有多少野花啊！我是爱花的人，到这里却叫不出那些花的名儿来。兴安岭多么会打扮自己呀：青松做衫，白桦为裙，还穿着绣花鞋。连树与树之间的空隙也不缺乏色彩：松影下开着各种的小花，招来各色的小蝴蝶——它们很亲热地落在客人的身上。花丛里还隐藏着珊瑚珠似的小红豆，兴安岭中的酒厂酿造的红豆酒，就是用这些小野果酿成的，味道很好。

看到那数不尽的青松白桦，谁能不向四面八方望一望呢？有多少省市用过这里的木材呀！

大至矿井、铁路，小至椽柱、桌椅。千山一碧，万古长青，恰好与广厦、良材联系在一起。所以，兴安岭越看越可爱！它的美丽与建设结为一体，美得并不空洞，叫人心中感到亲切、舒服。

及至看到了林场，这种亲切之感便更加深厚了。我们伐木取材，也造林护苗，一手砍，一手栽。我们不仅取宝，也做科学研究，使林海不但能够万古长青，而且可以综合利用。山林中已经有不少的市镇，给兴安岭增添了新的景色，增添了愉快的劳动歌声。人与山的关系日益密切，怎能不使我们感到亲切、舒服呢？我不晓得当初为什么管它叫作兴安岭，由今天看来，它的确含有兴国安邦的意义。

——节选自 老舍《林海》

第四节　态势语的训练

案例分享

一个日本人问一个美国旅客，机场是否提供行李车服务。美国人想告诉他，机场不但提供行李车服务，而且还是免费提供！于是他用了人人皆知的表示“OK”的圆形手势作答。然而对那个日本人来说，这个手势表示“钱”，因此，日本人断定行李车服务收费昂贵。而这时，旁边一位突尼斯人看到了这一幕，于是认为美国人在对日本人暗示“他是一个卑鄙无耻的小偷”，让他小心点，否则杀死他。

如果该案例中的日本人、美国人、突尼斯人事先知道“OK”这一手势可表示不同的含义，也就不会发生这种情况。由此可见，了解中西体态语文化差异对克服交流障碍具有至关重要的作用。近年来，中国对外交往日益频繁。为了扫除交流障碍，了解中西体态语文化差异便显得尤为重要。那么，应从哪些方面来掌握中西体态语文化差异呢？

按照学术化的观点，可以从中西体态语文化差异的根源、体势语、体距和体触四个方面来研究其文化差异及其交流障碍。

学习目标

1. 理解态势语的内容和分类。
2. 理解态势语的作用。
3. 掌握态势语的训练方法和技巧。

知识讲解

一、态势语的内容及分类

根据态势语所包括的内容，可以把态势语大致分为三大类：动态体语、静态体语和类语言。

动态体语又分为两种：表情和动作。静态体语又分为两种：服饰和界域。

（一）动态体语

1. 表情

表情指人的面部表情，是指人们在社会交际中，由于外部环境和内心机制的双重作用，而引起面部的颜色、光泽、肌肉的收缩与舒展，以及纹路的变化，从而实现表情达意，感染他人的一种信息传递手段。它以最灵敏的特点，把具有各种复杂变化的内心世界，如高兴、悲哀、痛苦、畏惧、愤怒、失望、焦虑、烦恼、疑惑、不满等思想感情充分表现出来，“喜怒哀乐”就是这个意思。据统计，利用眼神，人类能传递上千种信息。

2. 动作

动作指人的全身或一部分活动，是行为的表达方式。它包括手势和身体动作。人要交际，要活动，就会产生一系列动作。某些感情会使人体产生一定的动作，反过来，这些人体动作又可以表达一定的感情。例如，高昂着头表示高傲，低垂着头表示懊丧。手势是传递信息能力最强的动作，触摸也是动作的一个方面。我们日常用挥挥手表示再见或者打招呼的意思；用手指做“OK”状表示好的、没问题的意思；用手轻轻拍打在别人的肩膀上，表示加油、鼓励和安慰的意思。

（二）静态体语

1. 服饰

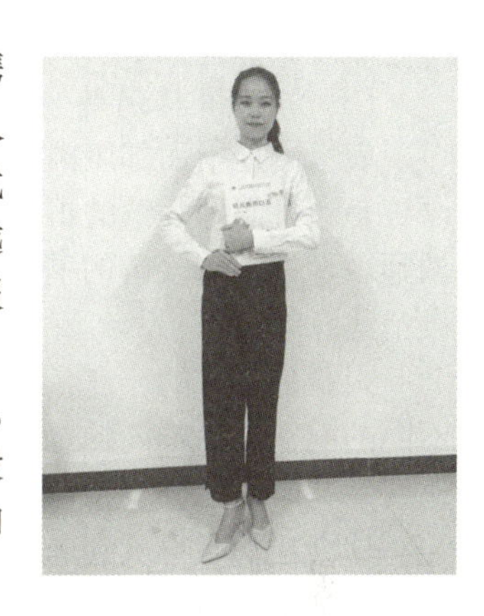

服饰指人们的穿着打扮，包括服装、鞋帽、发型、饰物、随身携带物品等。因为服饰是附着于人体而显示其意义的，所以说服饰是人体语言之一。服饰有三项功能：舒适、保护遮羞与文化展示。在现代社会中，尽管服饰仍具有前两个功能，但它作为文化标志的作用却越来越大。一个人的外貌是一个整体，它是由人体特征、情绪状态和服饰共同构成的。

当观察一个人的时候，有 80% ~90% 的注意力集中于他的服饰。因此，一个人的服饰是否得体可以给别人留下不同的第一印象。一般来说，穿着得体会给人留下良好的印象，而衣着邋遢则易遭受冷落和疏远。同时，一个人的服饰象征身份地位，或表明职业。

2. 界域

界域是交际者之间以空间距离所传递的信息，它是人际交往的一种特殊的无声语言。人体周围都有一个属于自己的个人空间，犹如其身体的延伸，人际交往只有在这个空间允许的限度内才会显得自然。例如，夫妻、情侣的允许空间为 0 ~45 厘米，即所谓的亲密空间；朋友、熟人可进入的个人空间距离在 46 ~122 厘米之间；在社交、谈判等场合，人们一般在 122 ~317 厘米这一社交空间之内觉得较为自在。

（三）类语言

类语言是某种类似语言的符号。语言是人发出的有固定意义的声音，而类语言是人发出的有声而无固定语义的非语言交际方式，如各种笑声、呻吟、叹息及各种叫声。它有时可能是冗余信息，完全不起交际作用，但有时也能起到交际的职能。例如，当一个人突然遇见一种意外的危险场面时，他发出的尖叫声就向人们发出了求救信息。

二、态势语的作用

态势语虽然是口语表达的辅助手段，但在口语表达中具有不可忽视的作用。

1. 辅助有声语言更好地表情达意

有声语言通过声音传递信息，但在表情达意上有一定局限。人们常常把所要表达意思的一部分甚至大部分隐藏起来，造成所谓“言不达意”“言不由衷”。这时就需要态势语的辅助。态势语能弥补有声语言的这些不足，它能通过有形可视的、具有丰富表现力的各种动作和表情，辅助有声语言将内容准确无误地表达出来，起到支持、修饰有声语言行为，强化有声语言行为表达效果的作用。

2. 信息量大、可靠性高

据研究，各种感觉器官接收信息的比例是：视觉87%，听觉7%，嗅觉3.5%，触觉1.5%，味觉1%。态势语言是一种视觉语言，它完全靠视觉器官感知。所以在信息传递中，态势语言的信息量特别大。此外，态势语言的信息通道相当宽，因为态势语言可以通过动作、表情、人体符号（如指纹、面纹）、服装、发式、交际距离等形式传递信息。无声语言所显示的意义要比有声语言多得多，而且深刻得多。

3. 体现气质风度，塑造美的形象

在日常生活的谈话中，人们的举手投足，一颦一笑，无不传递着大量的信息，显露出说话者的思想感情、爱憎好恶和文化修养。因此，人们往往通过人的体态动作去衡量别人的价值，同时也通过自己的动作和姿势来表现个人的风度。恰当的形体语言的设计和运用能使谈话声情并茂、形神皆备，使谈话者风度翩翩、仪态万方。

三、态势语训练

态势语主要包括表情语、手势语和身姿语。

（一）表情语训练

表情语是指面部肌肉、唇、眉的变化。表情是心理的外在表现，能传达出内心的情感。表情语正是通过面部表情的不同变化反映说话者不同的内心活动。微笑是面部表情的基本形式，也是教师教学中面部表情的基本要求。面部表情要有分寸，在平时的交际中，表情自然适度、顺畅，表情达意就可以了。

眼睛是心灵的窗户，它随时会把说话者复杂微妙的心理变化反映出来。目光是表情语的核心，不同的眼神表达不同的意义。幼儿教师在教育教学活动中应随时用眼神和孩子们交流感情。例如正视幼儿时，眼神要亲切自然，做到坦然自信，胸有成竹，不要眼神游移或者刻意回避幼儿的目光，这会让幼儿感觉到老师不关注他；注视幼儿时要目光炯炯，表明对幼儿真挚的关心，不要眼睑下垂、眼神黯淡，这种眼神会让幼儿感到不安，会使他们产生猜疑。总之，幼儿教师应学会根据表情达意的需要恰当运用各种眼神。

眼神交流的方法主要有：前视、环视、侧视、点视、虚视、仰视、俯视等。

前视，就是向自己的正前方注视，常用于教学中对中间幼儿的掌控。

环视，就是向自己的周围一圈表示关注，常用于对全班幼儿的掌控。

侧视，向后方比较远的幼儿表示关注，表示对后方幼儿的注意，可以起到提醒、警示、沟通、强调的作用。

点视，当发现某些幼儿有骚动或异常情况时，可以使用点视来观察，也可以用于对个别幼儿的提醒。

仰视，为了突出表示赞同和认可，可以采用仰视的方式注视幼儿。

俯视，表达不赞成、不认可的意思时，可以对幼儿采用俯视的注视方式。

课堂练习

1）通过欣赏儿歌《表情歌》，设计相关的脸部表情和眼神等态势语进行课堂演练。

表情歌

我快乐，我快乐，
我就拍拍手，
我就拍拍手，
看大家一起拍拍手。
我幸福，我幸福，
我就拍拍肩，
我就拍拍肩，
看大家一起拍拍肩。
我着急，我着急，
我就跺跺脚，
我就跺跺脚，
看大家一起跺跺脚。
我高兴，我高兴，
我就大声笑，
我就大声笑，
看大家一起大声笑。

2）到讲台上，做出老师或同学描述的表情：高兴、生气、喜欢、厌恶、欢喜、愤恨等；或者采用分组竞猜的方式，一人演，一人猜，看看哪组同学表演得逼真，用时最短。

（二）手势语训练

手势语主要指说话时臂、掌、指的动作，是态势语的重要组成部分，它在态势语中动作最明显，表现最自由。人们通过手势可以表达相当丰富的信息内容。

1. 手势的分类

手势语的类型一般有说明型、模拟型、象征型、情绪型四种。

（1）说明型手势。说明型手势是起指示、解释作用的手部动作，包括指示性手势和解释性手势。指示性手势是最重要的指示性体态语言，在工作中经常用到。比如，用手指指自己的胸口，表示谈论的是自己或跟自己有关的事情；伸出一只手指向某一座位，是示意对方在该处就座。指示性手势还可以用来指点对方、他人、某一事物或方向，表示数目、指示谈论中的某一话题或观点等。指示性手势可以增强谈话内容的明确性和真切性，便于及时掌握听者的注意力。解释性手势是对所说事物的一种比画。

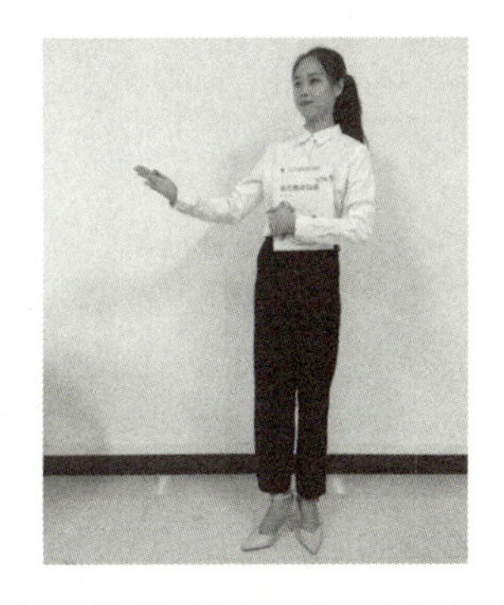

（2）模拟型手势。模拟型手势是模拟具体事物或动作的形态，如手指相交模拟十字架，张开双臂模拟鸟的飞翔，抬起手臂比画张三的高矮，伸出拇指、食指构成一个圆圈比画鸡蛋的大小，抡起胳膊侧身往后模仿骑马。模拟型手势在一定程度上能使听者如见其人、如临其境，由于它往往还带有一点夸张意味，因而极富有感染力。

（3）象征型手势。象征型手势是通过带象征性的手势表达某种抽象事物，如右手握拳于耳际表示宣誓，不断上举则是表示抗议了。

（4）情绪型手势。情绪型手势是通过某种习惯性的动作表现人内心的某种感情情绪和心理状态。比如，高兴时拍手称快，悲痛时捶打胸脯，愤怒时挥舞拳头，悔恨时敲打前额，犹豫时抚摸鼻子，着急时双手相搓，而用手摸后脑勺则表示尴尬、为难或不好意思，双手叉腰表示挑战、示威、自豪，双手摊开表示真诚、坦然或无可奈何，扬起巴掌猛力往下砍或往外推，常常表示坚决果断的态度、决心或强调某一说词。情绪型手势是说话人内在情感和态度的自然流露，往往和表露出来的情绪紧密结合，鲜明突出，生动具体，能给对方留下深刻的印象。

“手语”是语义最丰富的动作语言，各种场合均少不了不同的手势语。人们用手来表示各种各样的情感，总而言之，动作语言所表示的礼仪是丰富多彩的。我们应根据具体场合、对象和时间等来施行这种动作语言礼仪。必须指出，以上四类手势的划分并不是绝对的，有时一个手势可以包含几种意义。

2. 手势的区域

根据手的动作范围，一般将手势大体分为三个区域：

1）上区为肩部以上，多表现积极、振奋、肯定、张扬等意义。

2）中区为肩部至腰部，多表现坦诚、平静、和气等中性意义。

3）下区为腰部以下，多表现憎恨、鄙视、压抑、否定等贬义。

一般情况下，表达积极意义的，手往往向上、向前、向内，而表达消极意义的，手往往向下、向后、向外。双手手势的分量比单手手势的分量重。

课堂练习

1）有感情地朗读下面一段文字，要求设计恰当的手势。

两岸是黄土和青草，再过去是地平线上几座小岛。海水满盈盈的，照在夕阳之下，浪涛像顽皮的小孩儿似的跳跃不定，水面上一片金光。

——节选自郑振铎的《别了，我爱的中国》

训练提示：“再过去是地平线上几座小岛。海水满盈盈的，照在夕阳之下，浪涛像顽皮的小孩儿似的跳跃不定，水面上一片金光。”可以用右手在中区、掌心向下做手势，就好像自己看到了景色一样。

2）朗诵下列儿歌，设计恰当的手势

手指歌

两个拇指弯弯腰点点头
两个食指变公鸡斗一斗
两个小指钩一钩做朋友
两个手掌碰一碰拍拍手。

（三）身姿语训练

身姿语包括坐姿、站姿、走姿，是构成口语交际中说话者或听话者整体形象的重要因素，它常常会在不经意之间自然而然地表露出一个人的内心情感。例如最常见的坐姿，仰靠椅背，昂头高视，表现的是一派倨傲的神态；端坐平视，情态自然，则是心态平和的神态；上身前倾，面向听话者，加上征询的眼神，是一副谦逊的情态；跷起二郎腿，摇摇晃晃，表露的是对人鄙夷或悠闲自得的心理。

有人曾经把理想的身姿概括为："站如松，坐如钟，行如风。"其实在生活中，只要站有站相，坐有坐姿，走有走态，符合年龄、身份，适合交际环境，做到自然、端正、大方就可以了。正确、良好的站姿、坐姿、走姿体现了幼儿教师的基本素质。

1. 正确的身姿

（1）站姿　站姿是基本身姿之一，要求抬头、目视前方，挺胸立腰，肩平，双臂自然下垂（或右手搭在左手上放于腹前），收腹，双腿并拢直立，脚尖分成 V 字形，身体重心放到两脚中间，忌左右摇晃、两脚打战，以免给人轻率、傲慢或慌张的感觉。

（2）坐姿　坐姿是听、说双方的基本身姿，是人心理状态的反映。有礼貌的坐姿应是上身略微向前倾，头仰侧向说话人，双目平视，下颌微收，双肩平正放松，挺胸，立腰。

（3）走姿　走姿的基本要求是稳健优美，上身要求与站姿相同，走时两臂自然摆动，脚步要轻，步幅、步速要适中。注意克服驼背、塌腰、凹胸、垂肩等毛病。

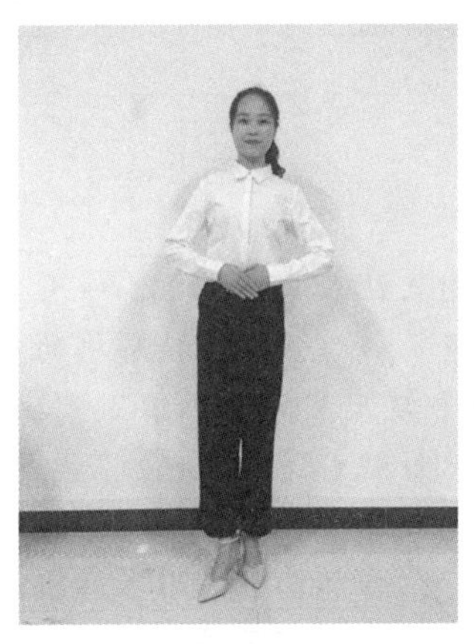
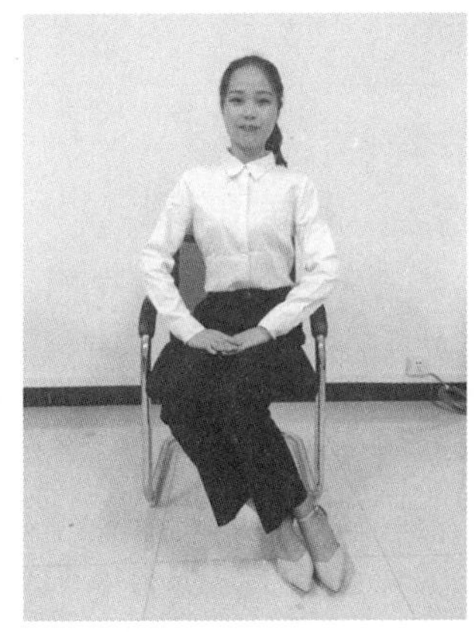
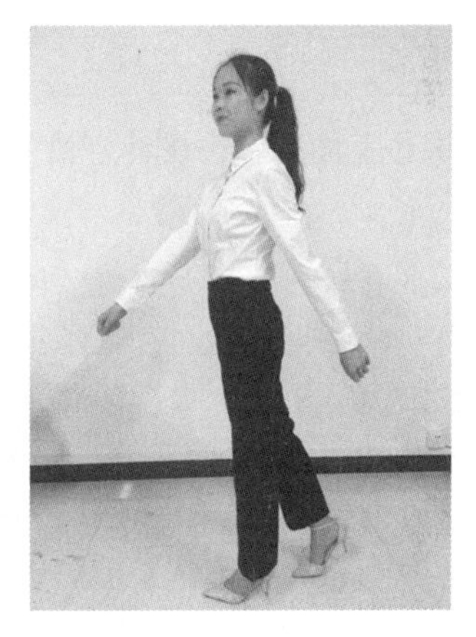

2. 错误的身姿

1）矫揉造作，装腔作势，粗野放肆。

2）倾斜着身体，耸立肩膀（又称端肩），东摇西晃，抓耳挠腮，挖鼻揉眼。

3）惊慌不安，六神无主，莫名其妙地傻笑，眼睛望着天花板，死盯着一处，不时偷看别人或者眼光不停地扫来扫去。

4）从一只脚到另一只脚前后摇动，两脚交叉站立，脚与脚之间的距离太近或太远，把脚踩在椅子上。

5）手臂交叉分开，手放在背后或者伸进衣袋里，让钱币和钥匙之类的东西叮当作响。

6）不时解开衣服上的纽扣，揉揉衣角，摆弄其他东西。

身姿、表情和手势，在态势语中相互联系，是一个不可分割的整体，在分解训练中，必须注意整体配合。只有加强整体配合，才能显示态势语表情达意的作用，对于提高口语表达水平有着十分重要的意义。

课后练习

1. 为下面几句话设计态势语，力争准确地表情达意，或者自己做动作，请别人猜所表达的内容。

1）小朋友们，今天老师给你们请来了一位神秘的小客人，你们猜猜他是谁？

2）让我们开着小火车跟着蒲公英的种子一起去旅行吧！

3）同学们，大家一起加油吧！

2. 看优秀幼儿教师的示范课教学录像，对其态势语进行赏析，并进行模仿练习。

3. 录像校正练习：课下对每位同学的走姿、站姿和坐姿进行录像，课上组织学生看录像，讨论并指出不良身姿，当场纠正。对纠正、训练后的身姿再次录像，并前后对照分析。

4. 讲述下面故事，设计好恰当的态势语。

狐狸和乌鸦

森林里有棵好大好大的树，树上住着乌鸦。树下有个洞，洞里住着一只狐狸。一天，乌鸦叼来一块肉，站在树上休息，被狐狸看到了。狐狸垂涎欲滴，很想从乌鸦嘴里得到那块肉。由于乌鸦在树枝上，嘴里叼着肉，狐狸没有办法在树下得到。对肉的垂涎三尺又使狐狸不肯轻易放弃。它眼珠一转说："亲爱的乌鸦，您好吗？"乌鸦没有回答。狐狸只好赔着笑脸又说："亲爱的乌鸦，您的孩子好吗？"乌鸦看了狐狸一眼，还是没有回答。狐狸摇摇尾巴，第三次说话了："亲爱的乌鸦，您的羽毛真漂亮，麻雀比起您来，就差远了。您的嗓子真好，谁都爱听您唱歌，您就唱几句吧。"乌鸦听了非常得意，便高兴地唱了起来。刚一张嘴，肉就从嘴里掉了下去。狐狸叼起肉就钻到洞里去了，只留下乌鸦在那里"歌唱"。

第三单元　幼儿教师教育口语训练

第一节　幼儿教师教育口语的定义和特点

案例分享

娃娃“睡着”了

活动结束了，孩子们快慢不一地收拾好了玩具，离开玩具屋准备吃午餐了，可是冰冰还留在里面。我提醒了她两次，但她只看看我，嘴里不知说了句什么。我有些生气了，便对她说：“老师叫你收拾好玩具出来准备吃午饭了，听见了吗？”没想到她非但没有行动，反而说：“我说话你听见了吗？娃娃还没睡着呢，我要再陪她一会儿！”接着继续轻拍娃娃。她的反问使我吃惊。我连忙走到她面前，对她说：“哦，是这样啊？那你再陪娃娃一会儿吧，等她睡着了你轻轻地帮她把家收拾好，然后准备吃午饭好吗？”听了我的话，冰冰高兴地点点头。过了一会儿，娃娃“睡着”了，冰冰比任何时候都认真地把娃娃家收拾得整整齐齐，利索地洗手吃饭去了。

启示录

上例中的教师不但善解人意，而且尊重、理解孩子。幼儿的行为很大程度上源自生活中父母和老师对她的影响，如果生活中没有得到过这样的爱和呵护，孩子就不会有这样的举动，在冰冰身上可以看到家长和教师对她的影响。当教师耐心地倾听了冰冰的想法以后，她尊重幼儿的做法，同时对幼儿提出一定的要求。教师合理、科学的教育口语的运用，有利于师生间良好人际关系的建立，帮助教育的意图得以顺利贯彻和实行。

发散讨论

幼儿园举办歌唱比赛，班里三名幼儿参加了比赛，两名幼儿分别获了奖，但是非常喜欢唱歌的浩浩却名落孙山。比赛结束后，他神情沮丧地走回教室，趴在窗台上呆呆地望着窗外，心情低落 。

针对这一情况，请问教师该怎么和浩浩交流，帮助他调整好心态呢？

学习目标

1）掌握幼儿教师教育口语的特点。

2）运用所学的相关知识开展幼儿园教育教学工作和社交活动。

知识讲解

一、什么是幼儿教师教育口语

幼儿教师教育口语是指幼儿教师在课堂和其他活动场所中处理幼儿日常事务时使用的工作用

语。教师对幼儿的日常行为规范以及思想品德进行教育性谈话，以引导幼儿培养良好的行为习惯，树立正确的是非观。

幼儿教师教育口语主要包括沟通语、表扬语、激励语、批评语、指导语。

二、幼儿教师教育口语特点

1. 语言规范简洁

幼儿教师在与幼儿相处时主要是通过语言传递信息、交流情感的，而正处在学习语言黄金期的幼儿，主要通过观察和模仿日常接触者来学习语言。幼儿教师是幼儿最主要的模仿对象之一，教师的语言显得尤为重要，普通话的标准程度直接影响了幼儿的语言发展水平。

随着社会的发展、科技的进步，电视、网络等平台的传播影响力越来越大，幼儿不可避免地会受到参差不齐的社会语言的影响，因此幼儿教师在说好标准规范的普通话的同时，还要适时纠正幼儿不规范的语言习惯。根据幼儿语言发展的规律，幼儿掌握的词汇量有限，要考虑他们的学习、接受、理解等能力的实际情况，教师在交流时使用的语言要简洁明了、简短浅显、通俗易懂。

案例欣赏 1

教师在说什么呢?

幼儿园里教师领着幼儿在进行环境认识活动，其中一位教师指着窗户对幼儿说："小盆（朋）友们，这细（是）什么呀？细（是）不细（是）穿（窗）户呀？"还有一位教师，喜欢开玩笑，对平时做事比较拖拉现在跟在队伍后面的诺诺说："乌龟又来了，赶紧地跟上呀。"其他小朋友一听到立马跟着哄闹，用手指指着最后的男孩子叫"乌龟""乌龟"……诺诺立马大哭起来。

案例中一位幼儿教师是普通话发音不标准，一位是用语不严谨私自给幼儿贴上"标签"。一般幼儿对教师是比较信任和崇拜的，教师怎么说他们就怎么学，所以教师的语音是否规范对幼儿语言发展起着举足轻重的作用。另一方面，教师用语随意，发现问题不是耐心仔细地指导幼儿，而是不顾及幼儿的敏感性，粗暴地伤害幼儿的自尊心，久而久之会影响幼儿身心的健康发展。

案例欣赏 2

树妈妈会疼吗?

这天中午午睡起来后，王老师在给丽丽梳头发，丽丽看着窗外往下飘落的树叶突然问："王老师，树叶掉了，树妈妈会疼吗？树妈妈会死吗？"王老师愣了一下，没有急于回答，边梳着头发边想着怎样回答这个问题？这时看到地上掉落的头发，灵机一动，让丽丽看着地板上的几根头发，然后对她说："你看，老师给丽丽梳头的时候，梳掉了几根，丽丽觉得疼不疼？""不疼，不疼！"丽丽说。王老师接着说："树上掉下的树叶就像每天我们都要自然掉落的头发一样，是很正常的，树妈妈不会觉得疼。我们的头发掉了还会长，树叶掉了也会长出新叶子，所以树妈妈不会死的。而且掉落的树叶落在泥土里会变成养分，会让树妈妈的枝叶更加茂密哦。"

案例中的王老师在回答幼儿稀奇古怪的问题时，考虑到了幼儿的接受能力，没有说很多深奥的语言和理论，而是巧妙地结合实际情况用孩子自己的感受和已有的经验，简单明了地回答了看似复杂的问题。

2. 感情真诚细腻

面对年幼、敏感、需要呵护关怀的幼儿，教师在进行教育的过程中，不但需要真诚地关心、细心地观察，更需要在语言交流时运用充满情感的教育口语，让幼儿感受到真诚的爱心，使他们在轻松的状态中学习、生活，培养良好的情感品质。

案例欣赏

安眠的悄悄话

午休时间到了，孩子们还在叽叽喳喳地说个不停，我说："小朋友们，到时间睡觉了，安静！安静！"孩子们也没什么反应，还是各说各的，场面非常嘈杂，无法安静，这可怎么办呢？怎样能让孩子们安静下来准备睡觉呢？面对这种情况，我想起了以前看到过的一个办法：和孩子们说悄悄话。

稍等了一会儿，我把手指放在嘴上，然后轻声"嘘"了好长的一声……轻轻地走到一个小朋友跟前，抚摸了一下他的头，贴在他的耳边，说了声悄悄话，他笑眯眯地闭上了眼睛。我这一举动一下子吸引了孩子们，他们马上静下来，轻声地对我说："老师，你对他说什么啊？"我故作神秘的样子说："谁闭上眼睛睡觉我就告诉谁。"我对每一个小朋友都说了同样的悄悄话："好孩子，老师喜欢你哦，请快快闭上眼，好好睡一觉，祝你做个好梦！"就这样，孩子们慢慢安静下来，逐渐睡着了。

案例中的教师面对需要安静反而闹哄哄的场景，并没有下意识地声音提高八度，喝令孩子们安静，而是机智、灵活、友爱地借用爱抚的动作，亲切的轻言轻语，使幼儿感受到教师对自己的爱以及肯定，稳定了他们的情绪，进而主动配合教师完成任务。教育过程中，教师不能以传道者自居，不能独揽话语权，要耐心、细心地循循善诱，做到以情感人，以理服人。

3. 目标明确有针对性

幼儿都有自己的个性，幼儿教师要在掌握幼儿心理学和幼儿教育学的基础上，尽可能了解不同年龄阶段幼儿的特点，同时考虑幼儿的理解和接受能力，幼儿一般听不懂教师的抽象说理，因此教师在处理相关事务时必须要明确教育目标，有针对性地运用教育语言因材施教，才能起到良好的沟通效果，以达到让幼儿健康成长的目的。

案例欣赏

过小桥

小一班正在进行"过小桥"的体育活动，幼儿们排成队依次上桥下桥。扬扬是个调皮、好动的男孩子，他过小桥时，金老师轻轻地说："扬扬，小心点，慢慢地走过小桥，不要急，不要跑，掉下小桥可就输了。"扬扬在金老师的提示下稳稳地走过了小桥。有一个胆子小、动作慢的女孩子月月总在队伍的最后，金老师看到她要上桥就拍着手大声地说："加油，月月，不要晃，走快点，你过了小桥你们组就赢了！"在金老师和小朋友的助威呐喊中，月月顺利地走过了小桥。

金老师是一个称职的幼儿教师，通过日常的接触观察，她了解班里幼儿的性格特点，然后针对不同性格的幼儿采用不同的教育口语，最终圆满地完成了教学任务。

课后练习

1. 参考"幼儿教师教育口语特点"，请为第一次给小班幼儿上课的新教师设计一段"自我介绍"词，力求能让幼儿迅速记住如何称呼这个新教师。

____

____

____

2. 午睡时间到，午休室里一名教师对着幼儿说："我看谁是最后一名？我看谁忘记叠好脱下的衣服？"

请分析上面的教师用语有何不妥之处。

3. 茜茜是个非常认真的小女孩，妈妈本来和她约好下午放学第一个来接她，但是妈妈临时有事得晚半个小时，茜茜一听老师说妈妈会晚到，就开始大哭起来。请运用合适的教育口语，让茜茜的情绪平静下来。注意要态度耐心细致，语言浅显易懂。

第二节　沟通技巧训练

案例分享

愤怒的阳阳

体育课，热身后分散活动，起初孩子们都分群玩得好好的，不久有几个孩子在大声嚷嚷，尤其是阳阳说话声音特别大，还动手推了文文一把，文文就跑开了，看样子阳阳非常生气。我马上走过去，看到阳阳手中拿着一本撕烂了几页的绘本，他很激动地大叫了一声，双手还不停地对远处的文文挥舞着。

因为知道阳阳是一个很有自制力的孩子，平时干什么都很认真、守纪律，现在这么冲动，我觉得不对劲。我用温和的语气说："阳阳，怎么了？"阳阳回答的声音比平时都要大："绘本是我帮忙做了一周的家务后爸爸给我的奖励，可是被文文撕破了，我……"他咬着嘴唇，眼泪都要流出来了。

原来如此，我走过去蹲在他身边，握住他的双手说："我理解你，你一定很爱惜那本书，现在被别人撕破了，心里一定非常生气，非常难过。如果是我，我也会像你一样伤心难过的。"阳阳含着眼泪望着我，渐渐平静了下来。我帮他擦了擦脸上的泪痕，说："等老师问清楚文文怎么回事儿，然后让他和你一起把书修补好，行吗？"他很快点了点头。

启示录

案例中教师发现了阳阳的反常表现后，首先用温和的语气询问阳阳而不是盲目指责他的鲁莽行为，从而使阳阳的愤怒情绪得到缓和，随即鼓励幼儿说出事情的原委。当听完阳阳的哭诉后，教师"走过去蹲在他身边，握住他的双手"，用态势语表达对孩子情绪的理解和支持，同时说："我理解你……如果是我，我也会像你一样伤心难过的。"教师用"我也会像你一样"告诉孩子对这件事的感受，使幼儿感受到教师完全理解自己的委屈，最后接受了教师提出的解决问题方案。

由此可见，幼儿教师开展日常教学、处理班级事务当中教育口语娴熟运用的重要性，尤其是在处理幼儿间的琐碎矛盾事件时，沟通技巧的适时采用可以起到事半功倍的良好效果。

沟通是有效教育产生的前提。教师在和幼儿沟通交流时，离不开沟通语的运用。

发散讨论

幼儿园里有个叫铭铭的小朋友，中午吃饭的时候，总是挑挑拣拣把里面的蔬菜都拣出来，只吃肉。针对这一情况，请问教师该怎么和铭铭沟通，让他以后多吃蔬菜，注意营养均衡呢？

学习目标

1）掌握沟通用语的技巧。

2）通过基本理论知识的学习，能熟练地运用沟通技巧处理相关事务，达到师生间有效沟通的目的。

知识讲解

一、沟通语的含义

沟通语是指教师在和幼儿交往的过程中，选用恰当的语言、表情、手势表情达意，加强双方的理解，提升双方产生的信任感和认同感，进而达到与对方进行情感交流的目的。

沟通语具体可分为语言沟通与非语言沟通两种形式。语言沟通顾名思义就是口头语言、声调等的运用。非语言沟通主要包括运用眼神、手势、肢体动作和面部表情等体态行为进行的沟通。

二、沟通训练技巧

（一）语言沟通技巧——沟通语的运用技巧

在运用沟通语时，教师要注意以下几点：第一，教师要避免空洞、教条的说教，要言有所指，多采用通俗易懂的小道理，举实例的方式来针对具体的问题展开沟通，尽量不说抽象空洞的大道理；第二，教师的态度要真诚、耐心，不要冷漠、应付式地对待幼儿；第三，在时间宽裕的情况下，教师要提前做足功课，了解事情始末，充分理解幼儿。有了这些前提才能顺利展开谈话，进而完成有效沟通。

1. 营造平等轻松的谈话氛围

平等轻松的氛围对幼儿心理产生的影响是不容忽视的，良好的氛围能使人放下警惕，尤其是对环境敏感的幼儿。因此，幼儿教师要适时创造、选择能使幼儿心情放松的谈话场景，在交流时要尊重、理解幼儿，不要以高高在上、一本正经、板着面孔说话的“指导者”“教育者”姿态面对幼儿，而应把他们视为平等交流的小伙伴。比如，面对敏感、内向而犯了错的孩子，在与其沟通时不应选择办公室等孩子相对陌生的场景当着众老师的面进行，这样会使孩子更紧张，更难进行言语交流。

案例欣赏

友爱的贝壳

假期过后，幼儿园里又热闹起来，早上班主任唐老师在大门口迎接返园的小朋友，乐乐捧着一个大贝壳跑到唐老师面前说：“唐老师，这是我送给你的！”

唐老师蹲下来接过贝壳，开心地看着乐乐说：“乐乐，谢谢你呀！老师好喜欢！”乐乐激动地说：“这个贝壳是我和爸爸妈妈去三亚玩买的，里面的肉我吃了，壳给你带回来了！”“你去三亚了，看到大海了？”乐乐很兴奋地开始讲在海边玩耍的情景，唐老师认真地听着，还不停地点头，应和。大约两分钟后，唐老师说：“老师也喜欢大海，咱们班的小朋友也应该喜欢大海，要不一会儿你给大家讲讲吧，现在我们准备做早操了哦。”当天的班级活动时间，唐老师组织小朋友们讲自己的假期生活，乐乐讲得兴高采烈，表现非常好。

平等轻松的氛围促成了这一次愉快的交谈，既满足了幼儿的沟通需求，又让幼儿和教师、幼儿和幼儿之间都有所交流，达到了沟通的目的。

2. 积极认真地倾听

师生双方交流沟通过程中，教师是否真诚地交流，是否能够善于站在幼儿的角度考虑问题并进行有效表达很关键，而积极认真地倾听亦是达成有效沟通的至关重要的一环。积极认真地倾听要求教师不要左顾右盼，不要有不必要的小动作，不要在幼儿说话时喋喋不休地打断、插嘴，更不要漫不经心地一边跟幼儿谈话一边干别的事情。沟通过程中如果出现这些行为，将会严重影响幼儿表达的欲望和情绪。所以，教师应该神情专注，积极、耐心、有爱地倾听幼儿的诉说。

案例欣赏

“小医生”的爱心

在今天的区域活动中，“医院”里的两个小朋友发生了争吵，林宝宝哭着走到我身边说：“张老师，贝贝用棉签的棒棒戳我，把我的手都弄破了。”

我把贝贝叫来，耐心地问他：“你为什么用棉签的棒棒戳林宝宝？”贝贝眨了眨眼睛说：“因为他生病了，我是医生，我想给他打针，所以才用棉签戳他呀。”我忍不住笑了起来，原来孩子错误的背后是满怀善意的！我对贝贝说：“贝贝是想帮助宝宝快点好起来，可是生活中的医生和我们现在表演的医生是不一样的，生活中的医生是真为人们看病打针的，我们现在是做游戏，不能真的打针，如果弄不好还会把没生病的小朋友弄病的。”贝贝听了之后朝我笑了笑，说：“下次我再也不用棒棒当针扎了。”

幼儿在探索世界的过程中，充满了好奇，充满了想象。如果案例中的教师没有考虑到这点马上生气发火了而没有耐心倾听贝贝的解释，会使孩子充满善意的举动被误解，影响心智的健康发展。教师在倾听之余逐步引导幼儿有效地化解了同伴间的矛盾。

3. 适时引导

沟通不一定都是一帆风顺、畅通无阻的。幼儿思维简单跳跃，语言表达模糊不清、描述不准确等往往致使沟通不顺。当教师与幼儿交流出现沟通不顺畅的情况时，教师需要通过亲切、自然、关心的询问方式了解事情始末，或是在理解幼儿的基础上进一步认同他们的某些“出其不意”的行为，取得一定的认同感后继续引导，从而推动沟通进一步发展，以达成教育目的。

案例欣赏

“不好看的线头”——我揪了

这天中午吃完午餐洗漱时，突然有小朋友告状说：“老师，小力把毛巾都扯坏了！”老师来到洗手区一看，原来挂在墙上很平整的新毛巾已经皱在一起了，毛巾上还拖着几条长长的线，地上也有几根。“老师，这毛巾都不好用了。”孩子们嚷嚷。老师对孩子们说：“我想，小力这样做一定有他的理由，让我们先听一听他为什么把毛巾弄成这样，好吗？”孩子们听了逐渐安静下来看着小力，小力低着头小声说：“我看见毛巾上有线头不好看，我就想把它揪下来，可是越揪越多，怎么也揪不完，毛巾就成这样了。”“原来是这样，小力并不是故意的，他不知道毛巾是用许多线横竖织成的。”一场风波就这样平息了。

面对小朋友的告状，教师理性、平和地询问当事的幼儿，可以避免误会的产生。

案例欣赏

突然安静的晶晶

老师通过观察发现，最近几天班里原本活泼外向很有人缘的晶晶老是无精打采，闷闷不乐的。老师感到很奇怪，就和她进行了下面的交流。

老师：晶晶，你怎么了，为什么看起来不高兴呢？

晶晶：我不想说话了。

老师：你可是班里最爱说爱笑的，老师可喜欢你了。

晶晶：是吗？老师喜欢我说话吗？

老师：当然喜欢。告诉老师为什么以后不想说话了？

晶晶：我妈妈说我说话太多了，净说废话。

老师：因为这个呀，老师明白了。其实呀，老师小时候也特别爱说话，老师的妈妈也批评过老师的。

晶晶：是吗？老师也被批评过啊？

老师：是呀，和你一样呢。

晶晶：那后来呢？

老师：后来呀，我就想应该说什么大家才喜欢我呢？想来想去，想出了一个办法，就是把在幼儿园学习的故事讲给他们听。还有，他们工作的时候不去打扰他们，自己可以看故事书，学习知识。大家就都喜欢我了。

晶晶：那我也要像老师那样做。

老师：嗯，这就对了，晶晶的妈妈一定会喜欢你说的话的。

幼儿因为在家里说话太多受到家长的批评、责骂，心理有了阴影，导致在幼儿园里也表现不佳、沉默寡言。教师及时发现问题后与幼儿沟通，弄清原因前先认同幼儿以往的表现，为下一步的沟通铺路搭桥。找出问题之后，教师以认同的方式说自己小时候和该幼儿一样进一步拉近了师生之间感情，增加了信任感，最后以“自己”儿时的做法为例，巧妙地引导幼儿解决问题。

（二）非语言沟通技巧——态势语的运用技巧

非语言沟通是语言沟通的有益补充，教师在与幼儿交流时适时地运用眼神、拥抱、微笑等体态语能够起到表情达意、示范育人的目的。比如，当幼儿因为胆怯而不敢发言时，教师信任的目光和赞赏地点头能使幼儿获得信心和勇气；当幼儿在班级集体活动中随意大声讲话时，教师用手指着自己的嘴示意停下，能让幼儿认识到自己错误的同时，又不会在大众面前伤害敏感的自尊，不影响教学活动的顺利开展。

案例欣赏

常见手势语的运用

1.“OK ”手势

拇指、食指相接成环形，其余三指伸直，掌心向外。该手势源于美国，在美国和英国表示“同意”“顺利”“很好”的意思；在法国则表示“零”；在我国则表示“没问题”“好的”。

2.“V ”形手势

食指和中指上伸呈“V ”形，拇指弯曲压于无名指和小指上。该手势在世界上大多数地方表示数字“2 ”的意思，也有“Victory（胜利）”之意。但做这一手势时要注意手掌一定要向外，如果手掌向内，就有贬低人、侮辱人的意思了。

3. 举大拇指的手势

右手或左手握拳，伸出拇指。该手势在意大利、德国表示“1”；在日本则表示“5”；在希腊，拇指上伸表示“够了”，拇指下伸表示“厌恶”“坏蛋”；在美国、英国和澳大利亚等国，拇指上伸表示“好”“行”“不错”，拇指左、右伸则大多是向司机示意搭车方向；在我国表示“好”“了不起”等，有赞赏、夸奖之意。

案例欣赏

强强不见了

幼儿园组织一年一度的秋游，中1班的强强不见了，急坏了所有人，尤其是班主任苏老师。强强是比较敏感、胆小怕事的孩子，一般活动时都会跟着老师，现在却不见了。最后在小湖边找到了正在玩耍的强强，苏老师见到他着急地说：“强强，你去哪了，急死我们了！”强强一听“哇”地就哭了……

回到幼儿园后，苏老师领着强强在游戏屋里坐着，对强强说：“强强，你为什么哭啊？”强强说：“我怕！”苏老师说：“怕什么呢？”强强说：“怕老师骂我。”苏老师说：“对不起，强强，老师是着急，声音有点大，但是老师不是骂你，是担心你，知道吗？”强强点点头。苏老师说：“老师担心你找不到我们，被坏人带走了！”强强说：“老师，我以后不会这样了。”苏老师轻轻地摸了摸强强的头说：“好孩子，没事了，咱俩拉个钩，记住以后去哪里都要跟爸爸妈妈和老师说，好吗？”强强说：“好！”

案例中的教师通过平时的相处与观察，知道强强是比较敏感、胆小的孩子，因此在和幼儿沟通这一环节中，教师点到为止，并且用态势语表示安抚，最后用拉钩的方式作为约定，加强沟通的效果。

课后练习

1. 菁菁平时主要是奶奶接送照看，最近因为奶奶生病了，菁菁在幼儿园里很不开心。请设计一段沟通语，让菁菁能够放下内心的小包袱，愉快地学习。

2. 新学期开学后，细心的刘老师发现，原来活泼开朗的芊芊不爱说话了，特别安静，但有时又会特别暴躁，甚至出现了伤害小朋友的行为。如果你是刘老师，如何在不伤害芊芊的情况下向她了解出现这种情况的原因？

3. 幼儿在幼儿园活动区域玩耍时，有的攀爬树木，还有的踩草地、乱折树枝……针对这些不良行为，请问应该如何与这些幼儿沟通，完成良性教育引导。

第三节　表扬和激励用语训练

案例分享

爱画画的小小

小小喜欢画画，每画一幅画都会拿给妈妈看，妈妈为了鼓励小小总是表现得很惊奇："宝宝，你画得太好了！这是我看过最漂亮的画！"小小听了妈妈的表扬后总是很自豪，但久而久之，小小的画艺并没有进步，而且很不愿意听到不同的意见，要是妈妈偶尔表现得平淡了点，小小就又哭又闹。

启示录

好孩子是夸出来的，但是表扬需要技巧，单一重复地进行表扬，不但起不到激励作用，反而会适得其反。而有针对性地，具体地进行表扬和激励，会让幼儿有前进的目标，能带给幼儿情绪上的极大满足，并逐步把这种外在的肯定转化为积极向上、不断进步的内驱力，这才是有效的表扬。

发散讨论

午睡时间到了，小朋友们在脱衣服，老师无意间看见调皮的成成在叠衣服，看着他那认真的表情，老师没有打扰他，而是默默地注视着。他叠好衣服，然后把衣服放在床尾就安静地躺下了。

老师要怎样借用"叠得整齐的衣服"表扬成成并进一步强化对孩子的行为习惯要求，起到教育全体幼儿的作用呢？

学习目标

1）掌握表扬和激励用语的技巧。

2）通过基本理论知识的学习，进一步运用所学的相关知识顺利地开展相关工作。

知识讲解

一、表扬和激励用语的含义

1. 表扬语的含义

表扬语是对幼儿在教育活动中表现出来的良好思想品质、行为习惯、取得的进步等进行肯定性评价的用语。表扬语的运用，一方面可以赞美幼儿正确的思想和行为，另一方面可以巩固其良好的习惯，起到强化教育的效果。

2. 激励语的含义

激励语是幼儿教师在幼儿遇到挫折、困难时用来鼓励幼儿树立信心、增加勇气、积极进取的教育用语；是为了给幼儿指明目标，促使他们产生为目标持久奋斗的内在动力，进而在已有成功体验的基础上向更高目标迈进的语言；是推动幼儿健康成长的强大动力。

表扬语和激励语在教育活动中往往同时使用，不同的是表扬语是对行为结果的肯定，激励语是在肯定的同时进一步提出更高的要求。

二、表扬和激励用语技巧训练

（一）表扬语技巧训练

1. 公正适度

对幼儿进行表扬时，要秉承公正的原则，对他们的行为举止、取得的进步给予实事求是、一视同仁的肯定和鼓励。同时要注意表扬的尺度要适度，不能夸大，过度表扬会使幼儿滋生骄傲、自满的情绪。

案例欣赏

我才是“最”棒的

聪明懂事的皮皮经常受到家长和老师的表扬：“你最聪明”“你唱得最好”“你弹得最好”……皮皮很开心，慢慢地也觉得自己就是最厉害的。一天，英语老师组织了单词小竞赛，皮皮英语基础不错，平时总能够得到老师的表扬，可是这次由于粗心大意错了一个单词，老师就表扬了那几个答题全对的小朋友，说他们是“最棒的！”皮皮当场就哭闹起来，说：“他们凭什么都对了？他们不是最棒的，我才是最棒的！”

幼儿的健康成长需要肯定和表扬，但是过度的表扬会使其变得自负、听不得批评，不能面对困难和挫折。教师要善于发现幼儿的每一个闪光点，并进行恰如其分的肯定评价。

2. 及时具体

教师对幼儿进行表扬要及时具体，抓住理想的教育时机，例如对于平时收拾玩具拖拉的孩子，如果在某一次表现很好，收拾得很快，教师就应及时具体地给予肯定，不能简单地说“你真棒”，而要针对具体的人和事说：“宝宝，今天收拾玩具速度大大提高了，做得好！”以此强化表扬对他的行为产生的刺激，增强表扬的有效性。

案例欣赏

马马不粗心了

马马是个粗心大意的小男孩，可是他非常喜欢图画书。在班级选图书管理员的时候，马老师看到马马也举着手，就问：“马马，你想当图书管理员吗？”马马说：“我想。”马老师说：“图书管理员每天都要把图书及时收起来，还要摆放整齐，你能做到吗？”马马自信地点点头说：“我能做到。”马老师答应了马马。上岗第一天，马马认真地收回了图书，很细心地把图书整理到一起。马老师走到图书角看了看，对全班小朋友说：“今天我们的图书管理员工作很负责，不仅把图书收起来了，而且还摆放到了一起，大家为他鼓鼓掌。”马马高兴地笑了。

第二天，马老师发现图书不仅摆放得更加整齐，而且还分好了组，很方便小朋友们分组领取。马老师又在午餐前对小朋友们说：“我们的图书管理员越来越有办法了，今天他把图书按组分好，小朋友们在分组领取时就非常方便了，我们鼓鼓掌来感谢他！”马马得意地笑了。

马马的妈妈告诉马老师，马马自从当上图书管理员，家里的东西不乱扔了，衣服也放整齐了……

好孩子是夸出来的，这句话很有道理。马老师没有凭主观情绪以及幼儿的过往表现来评判幼儿，而是善于发现孩子的闪光点，了解马马平时喜欢图书，就把信任给了马马，并及时具体地表扬马马，促使马马的行为习惯得到良好的改善。

（二）激励语技巧训练

1. 鼓励引导

幼儿在成长过程中会遇到不少困难，此时来自教师的肯定、鼓励以及适当的引导能帮助他们克服怯懦和自卑的情绪，正确认识自我，增强自信心。

案例欣赏

小小科学家

幼儿园大班举行活动，主题是“做未来的科学家”。老师拿出一个小盒子，非常神秘地让大家一个一个轮流看里面的东西。老师说：里面装着的是“一张未来科学家的照片”。其实，盒子里放的是一面镜子，每一位同学看到的都是自己的形象。老师所说的“未来科学家”指的就是班上的每一位同学。小朋友们高兴起来了，这时候老师说：“是的，小朋友们，未来的科学家就是你们呀！你们现在是祖国的花朵，将来是伟大祖国的建设者，很多很多的任务需要你们去完成，很多很多重要的事物等待你们去研究！但是，要想成为一名科学家也很不容易啊，需要从小就好好学习哦！”

案例中，教师针对大班的幼儿举办“做未来的科学家”主题教育活动，借由活动，既给幼儿指出“做未来的科学家”的目标，让幼儿根据活动的过程感知并树立远大的理想，又指出实现目标需要付出艰苦的努力，以此激励幼儿养成勤奋好学的习惯。

2. 因人而异

激励语的运用必须考虑不同幼儿的特点，如对于热情而冲动的多血质、胆汁质幼儿，教师要在全体幼儿面前，用富有煽动性的言语激发他们的热情；而对于安静、沉稳的黏液质幼儿，教师要用中等语速，以亲切的口吻进行鼓励；对于胆小、敏感、孤僻、缺乏信心的抑郁质幼儿来说，教师要在语气语调上表现得更温柔、更善解人意，要给予幼儿更多的情感上的理解和帮助，使他们在教师的肯定中获得自信。

案例欣赏

慢慢的丫丫

丫丫是个属于典型的黏液质特征的孩子，做任何事情都特别认真，但是都特别慢。这天午睡结束后，小朋友们陆续起床穿衣服，老师看到丫丫又慢慢悠悠地拿着衣服比画着迟迟没穿好，就对她说：“丫丫，你看军军，他穿衣服又快又整齐，马上就穿好了，你加快速度，下次能不能比他还要好呢？”听了老师的话，丫丫的动作明显加快了很多。不管她穿得比别人快，还是比别人慢，穿好之后，老师会热情地拥抱丫丫，给她鼓励。慢慢地，丫丫做事效率提高了很多。

面对慢悠悠的丫丫，老师充分理解幼儿，巧妙地利用激将法，适时地激励，用温柔肯定的言语，给予幼儿情感上的理解和帮助，逐步促使丫丫树立了信心。

课后练习

1. 扬扬自入园以来生活自理能力较弱，吃饭一般要人喂。寒假过后回园，老师发现扬扬吃饭有进步了，不需要老师时时督促或“施以援手”了，老师要怎样实施表扬呢？

2. 班里的又又胆子小、话少，基本不跟其他小朋友交流，老师要如何激励不善言辞的又又跟人交谈呢？

3. 班主任接到乐乐妈妈的电话，说乐乐在家主动帮家人做力所能及的家务，像收拾衣物并叠放整齐等，希望老师能激励一下他，让他再接再厉。老师应该怎样实施激励举措呢？

第四节　批评用语训练

案例分享

擦不掉的痕迹

小孩子天性喜欢乱涂乱画。开学没多久，吴老师发现假期里重新粉刷过的墙壁、油漆翻新的桌椅又留下了孩子们用彩笔、油画棒涂画的痕迹。午休时，吴老师把幼儿都集中起来，讲了一个《小猪找朋友》的故事。

故事讲完了，吴老师提问："来，大家说说小狗、小猫为什么不愿意和小猪做朋友呢？"听了故事的小朋友们说："因为小猪在小狗、小猫家门口乱画呀，别人就不喜欢和他做朋友啦。""哦，这样子呀，现在老师想请小朋友们帮帮忙，找找我们教室里有没有乱涂乱画的地方呢？"孩子们一听马上行动起来，很快就向老师汇报了："墙上有""桌子上有""椅子上也有"……"那我们能不能想办法把这些乱涂乱画的痕迹去掉呢？""用毛巾擦""用洗手液洗"……听了孩子们的话，吴老师给每个幼儿一块挤了少许洗手液的小抹布，孩子们拿着抹布东擦西擦一轮后，发现只有瓷砖上的涂画能擦干净，墙壁、桌子、椅子等其他地方的痕迹都擦不干净。

看着有些沮丧的孩子们，吴老师说："经过我们的努力，大家发现了吧？这些痕迹很难擦干净，只能用油漆和涂料重新粉刷了，可是现在开学了我们要用教室，只能等到放假的时候才能进行。教室是我们一起学习、活动的地方，应该爱护它，让它保持整洁干净，而不是随意想画就画。以后，大家想画画了，请到老师这里来拿纸，画在纸上，我们一起欣赏，好不好呀？"小朋友们听了，纷纷表示再也不乱画了。

启示录

案例中，教师面对喜欢乱涂乱画的孩子们，机智地运用讲故事的办法进行批评教育，促使他们认识到这种行为的错误以及带来的后果，并启发他们想办法解决问题，纠正错误。

针对幼儿的一些不文明行为，一方面需要教师有坚强的意志力，同时也要有恒心去帮助幼儿克服，另一方面更需要教师能对症下药，讲究批评的技巧，才能有效纠正孩子的不良习惯。

发散讨论

班上的翰翰调皮捣蛋，和小朋友游戏嬉闹时，只要出现意见不合就张嘴咬人胳膊，为此老师好头疼。为了纠正翰翰的不正确行为，要怎样对其开展批评教育活动呢？

学习目标

1）掌握批评用语的技巧。
2）通过基本理论知识的学习，运用所学的相关知识开展幼儿园教育教学工作和社交活动。

知识讲解

一、批评用语的含义

批评用语，是针对幼儿的不正确行为进行的否定性评价，并适时提出中肯的指导意见，帮助其纠正不良行为，促使幼儿从小养成良好的行为习惯和品质，以促进幼儿健康成长所运用的语言。

二、批评用语技巧训练

1. 平和客观公正

批评要本着平等的态度，以关心、爱护幼儿为出发点，实事求是，心平气和地进行。不能带有教师自身的负面情绪，也不能把几件事情合在一起对孩子进行总结性批评，这样会促使错误扩大化，变成盲目批评，也容易使幼儿产生自己完全被否定的错觉，不利于其身心的健康成长。

案例欣赏

你叫我不起床

午睡时间结束了，小朋友们都陆陆续续地起床、穿衣准备吃下午茶了。可是扬扬还是赖着不动。老师提醒了他几次，见他还是不配合就生气了，忍不住大声喊："怎么这么不听话，睡觉时叫你睡你不睡，现在叫你起床你不起，叫你几次了，平时做事情就拖拖拉拉地，这样就不用起来了！"然后老师忙着帮其他孩子穿衣服、梳头，没注意扬扬是否起床了。小朋友基本准备妥当都去了教室，老师才注意到扬扬睁着一双大眼睛躺着不动。"扬扬，怎么还是不起床？""是你叫我不用起来的，一会叫我不要起来，一会叫我起来，到底叫我怎么样吗？"老师听了扬扬的这句话愣住了。

幼儿天性敏感，睡不着觉、赖床等受到很多因素的影响。案例中的老师没有客观冷静地找原因，而是任由自己的负面情绪主导，以愤怒的教育口吻盲目地批评幼儿。这是一次失败的批评教育，没有及时改变幼儿的不良习惯，一定程度上破坏了师幼间和谐与友爱的气氛，值得我们深刻反思。

2. 讲究策略，因人而异

批评要讲究方法，注意场合，针对不同幼儿的性格特点，考虑他们的理解能力和承受能力，不正确行为的严重程度等，除了要告诉幼儿这样做是不对的，还要指导其应该怎样做。

案例欣赏

霸道的浩浩

班上的浩浩很霸道，班级活动时只要自己喜欢的玩具就据为己有，不让别的小朋友碰，别的小朋友在玩的玩具，只要他看上了就抢过来，甚至动手打人。老师做了思想工作，可是收效甚微。

今天班级进行游戏活动，小朋友们都找好小伙伴组团了，只有浩浩没找到小伙伴，没有小朋友想和他一起玩。看着浩浩哭丧着脸、委屈的样子，老师又疼又爱，心想这是借机教育他的好机会，就跟他说："你知道他们为什么不愿和你玩吗？"他摇摇头。老师叫来旁边的多多，问："为什么不愿和浩浩一起玩呀？"多多说："他老是抢我的玩具，我才不跟他玩呢。"旁边的小朋友听到了也三三两两地说："对，他老是打人，我们不想跟他一起玩。"浩浩听了低着头，小声说："我以后不抢玩具，也不打人了。"老师知道浩浩意识到自己的错误了，借机说："浩浩知道自己错了，知道错了就改正过来还是好孩子，我们和浩浩一起玩好不好？"小朋友听了都说："好呀、好呀，我们一起玩吧。"一天下来，没有小朋友来告状了。

案例中，老师面对浩浩这样的孩子，只能讲究方法策略，借由活动中无人愿意结伴玩耍这个教育契机，借同伴之口对他提出了批评，对症下药，使他意识到了自己所犯的错误。

课后练习

1. 班里的毛毛洗手时总喜欢将两只手放在水龙头上，水龙头里的水一下子冒出来，溅到了墙上、地面上，弄得湿漉漉的一片。老师应该怎样教育引导毛毛呢？

2. 小朋友玩起来不知轻重，经常弄坏玩具屋里的物品，一只芭比娃娃的手臂被弄断了，一辆玩具车的轮胎不见了……老师应该怎样实施批评教育，引导幼儿爱护、珍惜玩具？

3. 刚刚是班里的“捣蛋大王”，尤其喜欢用脚乱踢东西。老师发现后找他谈话，批评教育他。他当时认错态度还不错，言语上答应下次再也不会了，可是行动上并没有改正。这天，班上活动结束了，小朋友们把椅子按规定整齐摆放在指定区域，刚刚却又不断地用脚踢摆放好的椅子。针对刚刚这样的孩子，老师要怎样对其进行批评指导，才能起到有效的教育效果呢？

第四单元　幼儿教师教学口语基本技能训练

第一节　导入语训练

案例分享

《六个矮儿子》的导入

这是一位幼儿园大班老师的课前导入，请欣赏。

请一个小朋友来跟老师比身高，请小朋友们说说谁高谁矮，老师为什么和你们不一样？

（因为你们还小，等你们长大了，就和老师一样高了，还会比老师更高。）

——你们见过长大了，个子还像你们这么矮的人吗？在哪见过？

（《白雪公主和七个小矮人》，电视上见过。）

——你们喜欢里面的小矮人吗？为什么？

——老师也特别喜欢小矮人，今天我要让小朋友们认识几个矮人朋友，他们的本领可大了，请小朋友看看他们都是谁。

教师出示 ppt 图片，开始新课讲授。

启示录

在这则引导语中，老师运用了设疑、引趣的形式开展课堂教学，在轻松活泼的氛围下与幼儿对话，不知不觉就导入了新课题，值得我们学习和借鉴。

在幼儿园教学活动中，幼儿教师的语言应该是儿童化、艺术性的，是教师与幼儿进行有效沟通的桥梁。幼儿教师的教学口语可分为导入语、讲解语、过渡语、提问语、评价语、结束语 6 个类别。本课重点讲述的是导入语。

发散讨论

在十几年的求学经历中，哪一位老师、哪一堂的新课导入留给你一份深刻的印象呢？请大家回忆并分享。

学习目标

通过训练，熟练运用导入语引入新课的技巧，集中幼儿的注意力，激发幼儿的学习兴趣。

知识讲解

一、什么是导入语

导入语就是开场白，是指教师在组织教学活动中的开始，为了集中幼儿注意力，引出教学主题而进行的语言组织。好的导入语有助于创设最佳教学情境，引导幼儿尽快进入教学状态。

二、导入语的基本要求

1）导入点应选择幼儿熟悉的人或事物，同时应考虑与新课内容的巧妙衔接。
2）导入角度应新颖，语言生动、直观，具有吸引力和感染力。
3）导入语应简单明了，不宜过长。

三、常见的导入语类型

常见导入形式有激发式、谜语式、故事式、提问式、游戏式等。

1. 激发式导入

教师用富有探索性的语言直接调动幼儿的好奇心和学习兴趣。采用这种方法要带有神秘感，并注意表情、眼神、语气、体态的配合，达到激发活动兴趣和集中注意力的目的。

案例欣赏

中班科学探索活动——摩擦起电

教师出示一把塑料尺、彩色纸屑，说："今天老师要用这把尺子为小朋友们变一个魔术，注意看！"教师直接用尺子去吸纸屑，纸屑不动。"哎，怎么吸都吸不上来呀！"教师故作为难状，然后惊喜地拿出一块毛皮。"有办法了！"教师把尺子和毛皮来回用力摩擦，然后去吸纸屑。"吸起来了，吸起来了，哈哈，看到了吧，我的尺子会变魔术吧！你们想试试吗？"

2. 谜语式导入

运用这种方式要注意选择的内容简单、押韵、朗朗上口，达到知识铺垫、导入教学的目的。

案例欣赏

大班科学活动——看时钟

教师先用一个谜语开头："会说没有嘴，会走没有腿，它会告诉你，什么时候起，什么时候睡。"

3. 故事式导入

教师最为常用的教育载体，可以将幼儿轻松自然地导入到教学中，满足幼儿好奇心，激发求知欲。

案例欣赏

大班"说梦"活动导入语

有一天，我做了一个梦，梦见我飞到天上走进月宫，月宫是用金子和水晶做的宫殿，又大又亮。一个小男孩穿着皇帝的衣服，戴着皇冠，坐在宫殿的宝座上，远远地见了我，向我招手，还叫我老师。我走过去，他叫我坐上飞船，绕着地球、月球、木星飞快地转圈……好奇妙哇！小朋友们，你们做过梦吗？做过什么梦？是有趣的，还是可怕的？请你们说说自己的梦，好吗？

4. 提问式导入

教师先提出与主题相关联的问题，引起幼儿的思索和讨论，做好铺垫后，教师就可以解决问题，开展新课了。

案例欣赏

中班“印象画——我的妈妈”导入语

小朋友，你们最喜欢家里的什么人？是爸爸，还是妈妈？哦！许多人都喜欢妈妈，妈妈爱你们，给你们洗衣服、做饭，教你们知识和道理，还带你们出去玩。妈妈多好哇！现在，请你给妈妈画张像，送给她，让她高兴高兴，好不好？

想一想你的妈妈长得什么样？梳什么发型？大眼睛还是小眼睛？长脸还是圆脸？戴不戴眼镜？是胖还是瘦呢？穿什么样的衣服？想好了，现在老师教大家画。

5. 游戏式导入

活动一开始就进入游戏，让孩子们在欢快活泼的愉悦气氛中导入教学。

案例欣赏

小班“拔萝卜”导入语

教师扮演兔妈妈，幼儿扮演兔宝宝。

兔妈妈说：“今天天气真好，妈妈想带宝宝们去拔萝卜，宝宝们想不想去啊？那么我们先来活动活动，待会儿拔萝卜才有劲。”

引导幼儿随着音乐做动作：甩甩耳朵——伸伸臂——弯弯腰——踢踢腿——蹦蹦跳。

课后练习

1. 为了培养小班、中班幼儿对颜色的兴趣，发挥他们的创造性和想象力，教师准备好了颜料、水、白纸，教他们做吹泪画（滚色画）。请你设计一段导入语，激发幼儿的学习愿望，导入画画主题。

2. 假如你是大班的幼儿老师，想在春天来临的时候带小朋友们种树，培养他们爱劳动的情感，让他们学习劳动的技能，认识果实和种子，你会怎样导入这节课呢？

3. 讨论：下面这段课堂用语的导入语是什么？教学目标是否明确？若让你重新进行设计，你会怎样做呢？

> 小朋友们，今天穿蓝衣服的站在讲桌右边排成一行，穿黄衣服的站在讲桌左边排成一行，穿红色衣服的站在他们中间排成一行，穿花衣服的跟我来！好，现在散开，坐在地毯上，听我指挥：穿毛衣的站起来，穿运动衣的蹲下，穿夹克衫的跑到我这里来！

第二节　讲解语训练

案例分享

如何让孩子认识电脑——一位妈妈的讲解

其实啊，电脑博士和宝宝一样，有脑子、有脸、有眼睛，还有手。

电脑博士的“脑子”在这里（指主机），它叫主机，这个东西就像人的脑子一样，能把看到的、听到的东西记下来，还能指挥身体其他部分工作。

电脑博士的“脸”就是这个（指显示器），它叫显示器，显示器上的玻璃屏幕叫“显示屏”或“屏幕”。我们要电脑做的事情都能在这张“脸”上表现出来。

电脑的“眼睛”在这里（指软驱和光驱），这个叫软件驱动器，这个叫光盘驱动器。它们不光能读电脑专用的各种“书”，把读到的信息告诉主机，软件驱动器还能把主机给它的命令写到专用的“书”上。

电脑博士的“手”就是这个（指键盘），它叫键盘。它有好多的“手指”，每个“手指”就是一个字母、数字或符号，一个“手指”叫一个键。宝宝和电脑博士说话就要通过键盘来帮忙。另外，电脑还和人一样有记忆，它会把各种各样的故事记在磁盘和光盘上呢！

启示录

这则讲解语虽然是为年轻的妈妈们提供的，但对幼儿教师同样具有参考价值。它把原本比较深奥、枯燥的电脑知识化为浅显易懂的讲解语，能够使幼儿快速了解电脑的基本构成，对电脑产生极大的探究兴趣。

发散讨论

看上面这则案例，教师讲解的时候，语言有什么样的特点呢？

学习目标

通过训练，学会用简洁准确、生动有趣、富有情感的语言向幼儿讲述、阐释教学内容。

知识讲解

一、什么是讲解语

讲解语也叫阐释语，指教师在教学过程中系统地讲授教材内容、传授知识技能、培养情感和世界观时所使用的教学口语。

讲授语是课堂教学中最基本的语言表达形式，是教学语言的主体。它以教师的独白语为主体，适当纳入与幼儿的对话。

二、讲解语的基本要求

1）语言要浅显易懂，符合幼儿的理解能力和接受能力。

2）先组织好说话的顺序和层次，自己独自讲解。

3）在此基础上，设计提问语、对话语。

三、常见的讲解语类型

常见的讲解形式有：阐述式、分析式、抒发式等。

1. 阐述式

以教师独自表述为主，通过教师清晰准确的表述，使幼儿明确实验的操作过程、游戏的规则、活动的顺序等。

案例欣赏

“中秋节真快乐”讲解语（小班）

（教师边放中秋赏月视频，边向幼儿介绍中秋节。）

今天是农历八月十五中秋节，中秋节晚上的月亮特别圆、特别亮。我们中国人有一个习惯：中秋节这一天，圆圆的月亮挂在天上，一家人边看月亮边吃月饼，也可以玩花灯、放烟花，一家人团团圆圆真快乐，所以大家又把中秋节叫作团圆节。又香又甜的月饼也被人们做成圆圆的，像月亮那么圆，也被称为“团圆饼”。

秋天也是收获的季节，粮食丰收了，水果丰收了，所以中秋节不仅是一个赏月的传统佳节，也是一个庆祝丰收的节日。

教师从中秋节的月亮、月饼、人们的习俗入手，浅显易懂地介绍了这个传统节日的特色，教师的介绍突出了一个“圆”字：“中秋节晚上的月亮特别圆”“那又香又甜的月饼也被人们做成圆圆的”“一家人团团圆圆真快乐”……把中秋节与“圆”“团圆”紧紧地联系在一起，给幼儿留下深刻的印象。

2. 分析式

教师通过提问，掌握幼儿的认知情况，然后对幼儿难以理解的问题进行启发分析，使其茅塞顿开，找到答案。

案例欣赏

“小狗抬花轿”讲解语（大班）

教师想让幼儿理解为什么要用八只小狗抬花轿，小朋友们说出：老虎太大太重，小狗少了抬不动。

老师就问道：“还有一个原因，小朋友们想想看，这只老虎特别讲排场，觉得让八只小狗来抬显得特别有气派，看上去更威风，你们觉得有道理吗？”

为什么要用八只小狗抬花轿呢？小朋友们的回答反映了幼儿的一般认知水平，而老师后来补充的答案，让小朋友们进一步拓展了思维。

3. 抒发式

教师在讲解知识的过程中，语言要富有感情，有声有色，表现出自己对讲解内容的兴趣和热情，以自己富有感染力的语言，引发幼儿的情感共鸣，激发他们的联想和想象，唤起他们的情感体验，让幼儿乐于跟着教师的思路进行学习和思考，并有所收获。

案例欣赏

“漂亮的巨人”讲解语（大班）

阅读时间，教师和幼儿共同阅读故事《漂亮的巨人》，通过声情并茂的阅读和提问，孩子们理解了故事的内容。最后，教师充满疑惑地问：“巨人并不漂亮，为什么故事的名字是《漂亮的巨人》呢？”

幼儿纷纷回答："因为巨人特别能帮助别人""因为巨人很善良"，还有一名幼儿说"巨人长得不好看，可是巨人是小动物们最爱的人"……

一堂精彩的课，离不开幼儿们与教师的互动，而教师的情绪能够极大地感染幼儿们的心绪。这次教学能圆满完成，得益于教师声情并茂地朗读和满怀热情地讲解引导。

课后练习

1. 请用阐述的方式向大班幼儿讲解一个少数民族的地理位置、特产、民俗。可参考下面的例子。

每年的农历三月三日是壮族的传统踏青歌节。在这一天，壮族人喜气洋洋，各家各户蒸五颜六色的糯米饭，煮红鸡蛋招待亲友，还放花炮、对山歌、抛绣球，热闹极了。壮族人民很有礼貌，他们尊老、敬老，是个很文明的民族。

2. 讨论：下面这位教师的形象教学法是否成功？问题的根源在哪里？

一位幼儿园老师在给幼儿讲"正数和负数"。她先出示温度计，然后引入课题，告诉幼儿：数有正、负之分。接着，为了更形象地说明正数、负数的区别，她让孩子们以肚脐眼为分界线，肚脐眼以上的为正数，肚脐眼以下的为负数。这样教了以后，当老师指一指前面带有"+"符号的数时，孩子们就赶紧指指肚脐眼以上的部位，当老师指一指前面带有"一"符号的数时，孩子们就双手捂着肚子笑个不停。

3. 设计讲解语，向小班同学讲解上下、左右、里外等方位概念。

第三节　提问语训练

案例分享

蜗牛的壳——中班教学中的提问语

一次，观察班里饲养的蜗牛时，一个幼儿突然喊道："快看，蜗牛的壳少了一块！""它都露出肉了。""小蜗牛多疼呀！"其他幼儿跟着说道。个别幼儿掉下了眼泪，甚至哭出了声。当时，我真想马上告诉他们蜗牛的壳还会长出来，可转念一想，这不正是让孩子开展科学探索的好机会吗？

于是，我安慰了幼儿们几句，紧接着提出了一个让他们惊奇的问题："这只蜗牛的壳还能长出来吗？"幼儿们睁大了眼睛望着我，开始思考、猜想。有人说"不能"，有人说"不知道"，但没有人说“能”。于是，我说：“那咱们一起通过观察来找出答案，好不好？”幼儿们一致同意。

幼儿们真的把这个问题记在了心里，第二天就有人拿着上网下载的资料告诉大家：“蜗牛的壳还会再长出来”。于是幼儿们高兴地叫起来。为了让他们通过自己的观察验证这个科学现象，并使这个观察验证的过程更有探究价值，我进一步问道：“长出来的壳和以前的壳会一样吗？”有的人说“一样”，有的人说“不一样”。我又问：“怎么证明蜗牛长了新壳呢？怎么把新长出来的壳与原来的壳区分开呢？”有的幼儿说：“在蜗牛的旧壳上贴张纸。”另一名幼儿马上反驳：“不行，给蜗牛喷水时纸会掉的。”有的幼儿提出：“用彩笔在掉壳的地方画个记号。”通过讨论，幼儿们认为这个方法最好，既便于发现新壳的生长，又便于区分旧壳与新壳，真是一举两得。

观察开始了，一天、两天、三天……直到第二十八天，蜗牛终于长出了新壳。幼儿们惊奇地发现，新长出的壳有点发白，就像煮鸡蛋的蛋壳与蛋清之间的那层白膜。渐渐地，它又变成了一层一层的，像花卷一样，颜色浅浅的，不像以前的壳那么深。

三个月过去了，新壳终于盖住了伤口。幼儿们在为小蜗牛高兴的同时，也通过记录深深体会到，再生的过程竟是如此漫长。

启示录

在幼儿们为蜗牛掉了一块壳而感到痛心时，教师的第 1 个问题使幼儿们对蜗牛的康复有了希望，并自觉产生了探究的欲望；当幼儿们得到肯定的答案时，教师的第 2 个问题再次燃起了幼儿们探究的热情。教师趁热打铁，提出第 3 个问题，引起幼儿们积极思考和热烈讨论。教师用富有思考价值的提问语一环紧扣一环地进行提问，而结论都是幼儿们自己得出来的，这一过程充分体现了教师的主导作用和幼儿的主体地位，同时也体现了有价值的提问语在开发幼儿智力中的巨大作用。

发散讨论

接下来会学习几种教学中常见的提问语类型。学习完毕以后，请回过头讨论一下上面案例中的提问语属于哪个类型。

学习目标

通过训练，学会运用提问的方法引起幼儿注意，启发幼儿思考，开发幼儿智力，培养幼儿的口语表达能力。

知识讲解

一、什么是提问语

教师提问语是指教学提示或传递所学内容的刺激，以及幼儿做什么、如何做的指示，从而达到检查学习、促进思考、巩固知识、运用知识、实现教学目标的目的。

例如，“熊妈妈和熊宝宝为什么住在屋子外面？”“请你说说 6 还可以分成几和几？”这两个句子都有教学提示的作用，因为，它们都以疑问或陈述的形式引出与幼儿的交流和沟通。

二、提问语的基本要求

1）提问语要有启发性、层次性、辅助性、提示性。

2）句式要简短，问题要落在实处。

3）问题要明确好懂，便于幼儿回答，但一定要有思维价值。

4）在益智类提问中，尽量避免包含答案的问题，比如：“这里涂的是不是红颜色呀？”“小鹿是不是很高兴呀？”等。

三、常见的提问语类型

常见的提问形式有：填空式、选择式、比较式、连环式、设疑式等。

1. 填空式

填空式即把问话组织成像试题中的填空那样，然后依次发问。这种提问，多是根据活动中一些需要记忆的地方提出来问题，又可称为重点式提问。这种提问方式可以锻炼幼儿边看、边听、边记、边概括的能力。

案例欣赏

教幼儿认识猫时，教师可提出下列问题：“小花猫的耳朵是什么形状的呀？”“嘴边长了什么呀？”“小花猫走路是什么样的呢？”

2. 选择式

选择式即用选择疑问句来提问，对于某些最容易混淆、弄错的地方，运用选择式问法，要求在两者或数者之间选一个答案，能激发幼儿积极地思考，使要辨析的知识点更加清晰。

案例欣赏

3 和 3 能组成 6，还是组成 9 呢？

10 个 10 是 100，还是 1000 呢？

3. 比较式

比较式即用比较的方法来提问，这种方法有利于发展幼儿的求异思维和求同思维。

案例欣赏

教小朋友认识沙子时，提问：“沙子和土有什么区别？干沙子和湿沙子在堆小山时有什么不同呀？”

教小朋友认识表情时，提问：“小朋友们，你们在笑的时候，嘴有什么相同之处呀？哭的时候，嘴又有什么相同之处呢？”

4. 连环式

连环式即为了表达而精心设计的环环相扣的一连串问题。这几个问题形成一个整体，几个问题都解决了，重点或难点问题也就解决了。

案例欣赏

为了让幼儿认识 8，教师出示了小白兔 7 只，提问：“有几只小白兔呀？”幼儿点数答：“7 只。”教师再出示小灰兔 7 只，提问：“有几只小灰兔呀？”幼儿点数答：“7 只。”教师将小白兔和小灰兔一一对应贴好，提问：“我添上一只小灰兔，7 只添上 1 只是几只呀？幼儿答：“7 只添上 1 只是 8 只。”

教师明确：“7 添上 1 是 8。”再问：“小灰兔和小白兔谁多谁少呀？”幼儿答：“8 比 7 多，7 比 8 少。”

提问：“怎样使小灰兔和小白兔一样多呀？”

幼儿明确了添上一个和去掉一个的办法。

在这则案例中，一共五个问题，一环扣一环，成递进式排列。教学中的不少难点，要分步骤才能解答清楚，这时运用连环式提问法由浅入深，逐步引导，在问和答的间隙中为幼儿留下了更多思考、理解的余地，便于幼儿逐步消化所学的内容。

5. 设疑式

设疑式即教师把未知的答案抛给幼儿，让幼儿去猜想、去交流、去讨论、去验证，激发幼儿们思考和表达的积极性。首先，设疑的问题是从幼儿已有的经验和认知出发，去拓展他们的想象力和洞察力；再者，设疑的策略，选择最恰当的引导方式，步步设疑，循序渐进地引导幼儿们的思路。

案例欣赏

1+1 还能等于几呢?

一节数学课上，一位德国老师用几个苹果、几块糖做教具，教大家 1+1=2. 他讲完以后，竟轻声地问幼儿们："请小朋友们再仔细想想，1+1 还能等于几呢?" 有只小手举起来："把两个 1 并起来就等于 11。" 老师热情地鼓励了他，问："并起来是不是加呀?"

"不是!"

"对，要加起来才行。"

这时，又一只小手举起来，老师请这位小朋友走到讲台前，只见他拿起一块糖，剥了纸就放进嘴里，接着又拿起另一块糖放进嘴里。他鼓着嘴巴说："过一会儿糖化了，1+1 不就等于 0 了吗?" 老师问："糖虽然化了，但吃到嘴里的糖仍然是几块啊?"

"两块。"

"对。1+1 只能等于 2 了。"

德国教师用这样出人意料的提问语，诱导幼儿们积极大胆地进行思考和拓展，引出令人叫绝的创造性答案，这样的教学方式让人心悦诚服。

课后练习

1. 判断与评述。下面有 5 组提问语，哪个好，哪个不好？为什么？

(1) A. 这幅画的颜色是不是很美？

B. 哪位小朋友知道，这幅画美在哪里？

(2) A. 你认为兔子吃胡萝卜吗？

B. 兔子吃什么呢？

(3) A. 冬冬还不出来做操？

B. 冬冬，你喜欢做幼儿体操，还是律动操呢？

(4) A. 想观察蚂蚁，可以在地上放一些食物渣子把它们引出来，小朋友们说对不对啊？

B. 想观察蚂蚁，很好。谁能说说怎样才能把蚂蚁引出来呢？

(5) A. 小朋友们，你们看见什么了？把你们看到的全部情况告诉我。

B. 小朋友们，你们看见什么了？摸摸它，玩玩它，说说你有什么感觉？

2. 根据教育情景设计提问语。

(1) 假如你是小班幼儿教师，你想借他们到自然角玩的机会，用提问法向他们介绍树叶、蝴蝶、豆类标本，该怎样设计提问语？

（2）准备几张正方形纸和一把剪刀，你扮成魔术师，把正方形剪成其他图形，边剪边问。该怎样设计问题？

（3）看下面的图画，请分别给小班、中班幼儿设计几个问题。

第四节　评价语训练

案例分享

“5 以内的序数”评价语（中班）

教师出示红黄蓝三个皮球，说：“我把这三个皮球分给小熊、小猴、小鹿。”（分好后，让扮演小动物的三个小朋友把皮球举起来给大家看一下，然后请他们把皮球送到讲桌上摆成一排。）教师问大家：“哪个皮球是小熊的？哪个皮球是小猴的？哪个皮球是小鹿的？”（幼儿很快答出）

教师评价：“小朋友真聪明，记忆力真好，观察真仔细，能分清这三个球是谁的。”

教师又出示大小相同、颜色相同的三个皮球，说：“我把这三个皮球分给小松鼠、小兔、小象，请他们把皮球摆在桌上（摆时老师调换位置），请问你们分得出哪个皮球是谁的吗？”（幼儿答不出）

教师评价：你们观察很仔细，也很诚实。的确分不出哪个皮球是谁的，因为颜色、大小都一样。

现在请大家想一个办法，让这些大小、颜色都一样的皮球发给小动物后又摆在一起，能很容易知道哪个皮球是谁的。（幼儿想办法）

启示录

教师的提问和讲解从易到难，当幼儿回答了第一个问题后，教师用极大的热情评价了他们的聪明能干，为下一个可能答不出的问题先来一个“安慰奖”和“鼓励奖”。待第二个较难的问题卡壳后，教师并未打击他们的积极性，而是从另一角度进行评价，说答不出是“诚实”的表现，这又激发了幼儿继续探索学习的愿望，让他们产生自信心。评价语始终是热情洋溢的，以坚持教育、肯定成绩为主。

发散讨论

案例中的评价语以鼓励幼儿为主，那么，教师的评价语可以使用“否定性”评价语言吗？为什么？

学习目标

通过训练，熟练掌握对幼儿的学习活动、智力水平进行恰当评价的技巧，使评价语起到鼓舞幼儿、激发幼儿学习兴趣的作用。

知识讲解

一、什么是评价语

评价语指教师在教学过程中对幼儿的回答、作业、演示、表现等做出的评价。教师的评价语言对语言活动的有效开展和幼儿的价值观建立有着至关重要的作用。

二、评价语的基本要求

1）评价要实事求是，不能虚夸。
2）否定性评价要委婉含蓄，要有分寸。
3）语句简明，概括性强，突出要义。
4）用语贴切中肯，语句亲切感人，语调自然平缓。

三、常见的评价语类型

常见的评价语类型有激励性评价语、否定性评价语等。

1. 激励性评价语

发现幼儿身上的闪光点，并用充满机智的语言对幼儿的表达给予积极的评价，强化幼儿的自尊心和自信心，培养他们积极探索的能力。

案例欣赏 1

“综合复习”评价语（小班）

我们最近学了一首儿歌《春姑娘来了》，你们听我念得对吗？（老师念儿歌，一幼儿说“不对”。）

教师评价：××小朋友很爱学习，他把这首儿歌都背下来了，所以能知道老师的错误。他还很勇敢，敢给老师挑错，好。这种精神值得大家学习，我们不仅要做一个听话有礼貌的乖孩子，还要做一个有知识、有想法的好孩子，让我们给他鼓鼓掌！

教师用“很……还很……”的句式从学习态度和精神品质两方面做出了评价，无疑对这位敢挑老师错的幼儿是极大的鼓舞。评价语在和缓中透露出赞赏的语气，又不忘提示大家“听话有礼貌”，评价语很有指导意义。

案例欣赏 2

“项链”活动评价语（中班）

活动快要结束了，教师巡回视察孩子们穿项链时评价说：“我们的小手真能干，小脑袋真聪明，做出了这么漂亮的项链。下次庆祝活动时，我们就戴自己做的项链去演出，好吗？”

按颜色、形状等特征进行排序游戏，对中班的幼儿来说还是有一定难度的。当孩子们经过努力做出项链时，教师毫不吝惜地一口气说出了三句肯定的评价，可以想象孩子们此刻兴奋、满足的心情。紧接着教师进一步鼓励大家在下次庆祝活动中戴自己的项链，更让孩子们觉得只要认真、专心地做，做出的东西就能派上用场。

2. 否定性评价语

教师指出幼儿表现的错误之处，让幼儿正确认识事物，在保护幼儿自尊的前提下进行正面的引导，促进幼儿的健康成长。对幼儿的否定性评价一定要掌握好尺度，太过严厉或苛责，往往会过犹不及。

案例欣赏

“美丽的梦想”活动评价语（大班）

教师：温柔的小羊，它的梦想是变得疯狂，你认为什么是疯狂的事情？

幼儿：打架。

教师：打架是很疯狂，可是这种疯狂的方式是不好的，打架会伤害自己也会伤害别人。

在课堂上既然已经提到“打架”这个词，教师就顺势向孩子们提出告诫：“这种疯狂的方式是不好的，打架会伤害自己也会伤害别人。”由于年龄和经验所限，为了避免幼儿在认知上出现错误和偏差，教师就会在课堂上审时度势，及时给幼儿输入正确的价值观，防患于未然。

课后练习

1. 请分析下面两则评价语对幼儿产生的影响。

小班的玲玲试着自己叠被子，叠得七扭八歪。老师说：

（1）甲老师：你叠得太难看了，不会叠就不要逞能。

（2）乙老师：玲玲真能干，这么小就会叠被子了。虽然这次叠得不够平整，但是只要你经常练习，以后一定会叠得棒棒哒！

2. 设计结束语。

（1）教师与大班小朋友谈理想，他们说长大以后做科学家、工程师、经理、飞行员、老师……教师认为他们都很有理想，对此应怎样评价？

（2）在美术活动中，一位小朋友把大海画成了红色，此时，一位教师用启发式向幼儿提问：“是什么把海水染红了？”小朋友回答：“打死了大鲨鱼，它的血把海水染红了。”如果你是这位老师，你会如何做出评价。

第五节　结束语训练

案例分享

“各种各样的轮子”活动结束语（中班）

（在指导幼儿通过实验了解“轮子是圆的、会滚动”之后）

教师说：“刚才我们做了实验，知道了圆形轮子才可以滚动，并且滚动得很快。”

（在引导幼儿观察轮子，了解轮子的多样性后）

教师说：“轮子有的大，有的小；中间有空的，有实的；有的轮子宽，有的轮子窄；有的轮子上还有花纹；有的是橡胶做的，有的是塑料做的，有的是……轮子是各种各样的。”

（在引导幼儿进一步了解轮子省力的特性后）

教师说：“轮子除了会滚动、滚得快，还有个好处是省力，给人们的生活带来了很多方便。”

（把操作卡放到投影仪上）

教师说：“老师这里有许多东西，但是没有轮子，它们很难过。让我们看看它们是谁？（沙发、童车、小轿车、手推车……）没有轮子会怎样？（幼儿：不能滚动，不能为人们服务。）**那么，我们一起来帮助它们吧。画什么形状的轮子呢？**（幼儿：圆形。）**下节课，我们一起来画，好吗？**

启示录

这是一次中班科学活动课，整个过程中出现了4段结束语。前3段结束语是对幼儿实验、观察的归纳和总结，它们对加深印象、巩固知识至关重要。最后1段结束语除了用简洁的语言再次强调实验、观察的结果外，还把活动内容延伸到课外，使幼儿通过为各种车画轮子，把间接经验化为直接经验。

发散讨论

结束语，要做到“简约但不简单”，寥寥数语就可以起到点拨、升华、启示等作用。大家不妨思考一下，这堂课如果去掉老师的4段结束语，会产生怎样的教学效果？

学习目标

通过训练，掌握各种类型的结束语，使教学过程善始善终，给幼儿留下深刻的印象，激起幼儿进一步学习的欲望。

知识讲解

一、什么是结束语

结束语简称结语，是教师在教学即将结束时引导幼儿对所学的知识技能进行及时**总结、巩固、扩展与迁移**所用的语言。

二、结束语的基本要求

1）结束语要概括、简练、精确恰当。

2）语气肯定，语速稍慢，重点突出。

3）必要时可以重复强调。

三、常见的结束语类型

常见的结束语类型有：归纳总结、画龙点睛、提炼升华等。

1. 归纳总结

对内容进行简单、概括性的总结，便于幼儿提高认识、加强记忆。

案例欣赏

知了（大班）

“知了”又叫“蝉”，是会“唱歌”的昆虫。会“唱歌”的昆虫还有蟋蟀、纺织娘、金铃子等。它们没有嗓子，没有声带，大多数利用摩擦或扇动翅膀发出声音。因为摩擦会使物体振动，一振动就会发声。不信，大家试一试。

这则结束语是对课堂前半段讲解语的归纳总结，重新回顾了知了的特点：首先，“知了又叫‘蝉’，是会‘唱歌’的昆虫”，接着扩而大之，指出“会‘唱歌’的昆虫还有蟋蟀……”以及这些会“唱歌”的昆虫都有哪些共性等。教师的结束语用词准确，用“唱歌”来形容虫鸣，更不乏童趣。

2. 画龙点睛

抓住重点，把感性认识向理性认识推进一步。

案例欣赏

小树叶（中班）

我是一片小小的树叶，长在河边的大树上。有一天风吹过来对我说：“小蜜蜂采了一天的蜜，累了，跌落在河边的水面上。”于是，我离开了大树妈妈，飘啊，飘啊，飘到河面上，救起了跌落的小蜜蜂。

教师启发幼儿从小树叶舍己救人与助人为乐的行为上试着去产生另一种情感体验。在小朋友发言后，老师说：“对呀，小树叶有一颗善良的心，他助人为乐、舍己救人的行为让我们都为他骄傲。小朋友也要学习这种助人为乐的精神。”

在这个结束语中，教师从现象说到本质，从而激发幼儿的崇敬之感，培养了幼儿积极向上的意志和助人为乐的精神，是“点睛”之语。

3. 提炼升华

教学活动结束之时，也是教师进行思想品德教育和情感教育，进行知识技能巩固和提升的大好时机。这时教师可以用富有感染力的语言，生动地对教学内容进行描述、总结，引起幼儿的情感共鸣，使幼儿积极良好的情绪情感在师生互动中得以升华。

案例欣赏

社会性活动“小鬼当家”结束语（大班）

小朋友们，今天我们当了一回大人，体会了爸爸妈妈当家做主的滋味。爸爸妈妈赚钱很辛苦，当家不容易。所以，我们花钱要节约，不能想要什么就买什么，看到什么就买什么。平时要节约用水、用电，爱惜自己的物品、玩具、衣服。平时常常这样做，就能节约很多钱，用它们买有用的东西。

经过游戏式的体验后，幼儿的思维可能停留在游戏的有趣氛围里，教师在活动结束时有意识地将活动的目的进行提炼和总结，使幼儿在感性认识的基础上，学会了与爸爸妈妈换位思考，意识到节约的重要性，这次活动的意义也就得到了升华。

课后练习

1. 讨论：下面两则结束语对所讲的内容起到了什么作用？对幼儿会产生什么影响？哪一则需要改，为什么？

（1）甲老师：甲老师带幼儿去野外观赏、采摘野花，教幼儿分辨大小、多少、颜色、形状、数量后，总结如下：

“今天大家看了许多野花，摘得很高兴。你们年纪小，爱玩是你们的天性，今天咱们出来玩，可不能天天到野外玩呀，从明天起就要好好学习了，不听话可不行！”

（2）乙老师：乙老师讲完《神笔马良》后，说：“小朋友，如果你有一支神笔，你会用它做什么呢？请你们把心里想的画出来，画完以后再说出来。”

____

____

____

2. 设计结束语

（1）白糖到哪里去了？（小班）

指导幼儿把白糖放到一杯温开水里，观察杯中现象，品尝杯中水的味道，先提问、讨论，再用画龙点睛式进行总结。

____

____

____

（2）“认识塑料”结束语（中班）

把塑料制品摔在地上，用塑料袋装水，用火烧烤，让幼儿摸塑料制品和玻璃制品，感受它们的重量。通过上述活动，使幼儿了解塑料的特性。在此基础上，教师做出归纳式总结。

____

____

____

第五单元　幼儿教师活动用语训练

第一节　规劝式语言训练

案例分享

全班在进行桌面游戏，老师让每个小朋友自己选一样玩具。红红选来了一个洋娃娃，漂亮极了。但是当她看到别的小朋友拿着其他玩具时，哭着喊着要争别人的，对方不给，她就把别人的玩具扔在地上。老师见到了，连忙说："红红，老师跟你说过很多次了，你怎么还是这样不懂事呢？自己的东西不玩为什么这么调皮去抢别人的呢？下次你再这样，老师就不发玩具给你了。"红红听完后，很不开心地哭了起来，嘴里说着"不要"，然后把桌上的玩具都推到了地上去，桌面游戏也因此而中断了。

启示录

由此可见，选择合适的规劝语对于教育幼儿不当的行为，组织好课堂活动尤为重要。孩子年龄小，但不代表对语言的领悟能力差。"不懂事""调皮"等不尊重孩子的话很容易引起他们的反感，与教师原本想要通过规劝而达到理想的教育效果相悖，孩子要么就受尽委屈不开心，要么就消极反抗以致影响活动的正常进行。学会合理地运用规劝语，对于幼儿教师而言，是一门基本而又特别重要的技能。

发散讨论

幼儿园作为孩子一日生活、学习、活动的主要场所，幼儿教师肯定需要解决很多日常生活中出现的小问题、小矛盾，在解决的过程中面对不同的问题、不同的矛盾、不同的孩子、不同的情况，应该如何正确使用规劝语呢？

学习目标

1）了解规劝式语言的概念。
2）了解常用的规劝式语言有哪些。
3）熟知使用规劝式语言的基本要求。

知识讲解

一、什么是规劝式语言

规劝是指规诫劝勉，对某人认真地说明道理以达到劝阻或改正的目的。在幼儿园中，规劝式语言是指教师明确地告诉幼儿哪些事情可以做，哪些事情不能做。教师应根据具体的情况选择合适的规劝语。使用规劝式活动用语时，教师态度要亲和，不能冷冰冰的。在规劝之后，最好简单地讲清楚道理，以便于幼儿接受。

二、正确使用规劝式语言的意义

规劝语的目的是对幼儿的不良行为进行劝阻，引起幼儿的共鸣并自觉进行纠正，规范自己的行为。规劝不是为了宣泄教育者的不满情绪，也不是单纯地为了惩罚犯错误、不遵守规则的孩子，也不是为了满足教育者的一时口快。教师运用规劝语是为了让幼儿知道自己的错误行为，明确哪些行为、哪些事情可以做。

幼儿教师学习正确使用规劝语，是使教育效果往正面方向发展的根本要求。

知识链接

规劝式俗语小集锦

如果错过太阳时你流了泪，那么你也要错过群星了。——泰戈尔《飞鸟集》

往者不可谏，来者犹可追。——《论语·微子》

亡羊补牢，犹未迟也。——《战国策·楚策四》

良药苦口利于病，忠言逆耳利于行。——《孔子家语·六本》

临渊羡鱼，不如退而结网。——《汉书·董仲舒传》

忍一时风平浪静，退一步海阔天空。——俗语

三、公共场合中常见的规劝语

1．公共交通

1）我很弱小，经不起你的强吻。

2）距离产生美。

2．公园绿地

芳草茵茵，脚下留情。

3．动物园

猴子不喜欢陌生人请客。

4．玻璃

朋友，我怕碰；不要和我亲密接触。

5．公厕

来也匆匆，去也冲冲。

6．幼儿园

上下楼梯靠右走。

饭前便后要洗手。

四、幼儿教师使用规劝式语言的基本要求

1．正面科学化

幼儿因为生理特点和语言发育特点，并不能如成人一般理解教师的“话中有话”“话外音”。教师在使用规劝语时，需要考虑幼儿生理特点和语言理解能力，应正面进行规劝，尽量避免说“反话”，以免让幼儿产生误解。

课堂练习

刚满3岁的小豆豆在幼儿园吃早餐，不小心把粥给弄洒了，李老师过来收拾桌子，特别生气地说：“看看你做的好事。”第二天午餐时，小豆豆把粥倒在桌子上，兴奋地对李老师说：“李老师，你看你看，我又做了一件好事。”

请根据规劝式语言的使用要求，说说小豆豆会认为他做了件“好事”的原因。

2. 委婉幽默化

教师在使用规劝语时，需要考虑到幼儿的人格尊严。很多直白的规劝语看起来似乎明确地告诉了幼儿应该怎么做，但也让幼儿产生了抵触或者惧怕等不良心理。在具体的教育情境中，针对不同的幼儿，不同的教育情境，有时说话绕个弯子，用委婉甚至是幽默的方式说，效果会好很多。

案例欣赏

户外活动后，教师发现操场上扔了几张废纸，经查是班里几位小朋友丢的纸飞机。老师在整合队伍回班前，直接点名批评了丢纸飞机的几位小朋友，说他们不讲究整洁，破坏了卫生，并让他们立刻捡拾废纸后再回班。

如果教师换个方式说：“今天我在咱们的操场上发现了几架失事的小飞机，我想知道的是，他们的飞机长现在怎么样了？如果飞机长没什么事的话，请他们把飞机停在合适的位置而不是就这样让他们孤独地留在操场上好吗？”换用这种委婉的规劝语，小朋友们同样会把纸飞机给安置好，但是接受的效果肯定会比教师之前用的规劝语要好得多。

3. 浅显儿童化

教师在使用规劝式语言的过程中，需要注意幼儿的认知特点，要符合不同学龄阶段儿童的心理特点和接受水平。切忌使用超出幼儿理解能力的语言或者使用一些难以理解的专业术语。

案例欣赏

中三班的幼儿普遍厌食，午餐吃得不香，小部分孩子还只喝汤不吃饭菜。教师想到了一个办法，在孩子们吃饭前，开始用一把尺子量窗台上花草的“身高”。

教师：“哎呀，这花儿、草儿比起上周又长高啦。”

幼儿：“老师，花儿、草儿怎么长得这么快呀？”

教师：“大家不是天天给它们浇水吗？它们每天都开开心心喝得足足的，老师还经常给它们撒营养土呢，它们也吃得饱饱的，吃得饱、喝得足，当然就长得快呀。小朋友们想不想像花儿、草儿一样长得快呀？”

幼儿：“想，我也要长得高高的。”

幼儿：“我也要长得快快的。”

教师：“那你们也要像花儿、草儿一样，吃得饱饱的，喝得足足的，我们跟花儿、草儿比赛看谁长得高、长得快吧。”

孩子们都大口大口地开开心心吃饭了。

在这段规劝语中，教师将“吃饱饭长得快”的科学道理讲得既浅显又有童趣，这正是切合孩子年龄特点和认识水平的语言运用，是他们爱听的、能听得懂的语言。

五、正确使用规劝式语言示例

示例 1　小翔学写数字时写得歪歪扭扭，有的数字还“躺”在格子里。老师见状，说：“哎呀，你写的数字怎么跌倒啦？快把它扶起来吧！要不它该多难受哇！”

示例 2　小明，昨天你不是把衣服扣子扣得很好吗？今天你肯定也能扣好。

示例 3　浇花不能用热水，花会被烫死的。

示例 4　摘黄瓜的时候不能把藤拽断。你看，这根藤被拽断了，藤上的两根小黄瓜就长不大了，它们肯定会很伤心的。

评析：示例1在规劝时使用了拟人的方法，使幼儿想到字写得“跌倒”会和自己跌倒一样感到“难受”，随即努力改正写字歪斜的毛病。示例2是用表扬和激励的方式进行规劝。示例3在阻止幼儿行为的同时简单说明危害，使幼儿明白“为什么不能这么做”。示例4所用方法与示例1相同。

案例欣赏

洗手时怎么做？（大班）

大六班的幼儿户外活动回来，一窝蜂地涌进了盥洗室抢着洗手，结果大家挤在一起，有几个小朋友的衣服被淋湿了，有几个小朋友还争吵起来，到老师那里告状。

幼儿：“老师，小明把我的衣服弄湿了。”

幼儿：“老师，我在洗手的时候，他挤我……”

教师：“哦，为什么会这么挤呀？”

幼儿：“大家一起洗，水龙头不够，洗手液也不够。”

教师：“那聪明的你们想一想，水龙头和洗手液不够，怎么才能让每个人都能洗得又快又好呢？”

幼儿：“我洗完，他再来洗。我不玩水了。”

幼儿：“我们排队洗，女孩排两条队伍，男孩排两条队伍。”

幼儿：“我们也可以分组洗，一组洗完另一组再过来。”

教师：“你们真是聪明的小朋友，那从现在开始就分组轮流来洗手吧。”

请根据下列语言情境，分别设计合适的规劝语。

1）小明从家里带来一个新的吹泡泡玩具，玩着玩着，他突然就开始把泡泡对着其他小朋友的脸、眼睛吹。

2）午睡期间，幼儿小花睡不着还跟旁边的小明说悄悄话。

课堂思考

爱哭的朵朵

朵朵是小二班的小朋友，进入幼儿园半年了，但朵朵还是常常哭着要找妈妈。周三快要放学的时候，朵朵又悄悄哭了起来。老师看见了，以为朵朵跟平时一样只是因为想妈妈而哭闹，就很不耐烦地说：“哭什么哭，马上要放学了，再哭我就打电话让你妈妈不来接你了。”朵朵听完，反而哭得更厉害了，等朵朵妈妈来接孩子的时候才发现，朵朵尿裤子了。

【提问】老师的话，为什么不符合规劝式语言使用要求呢？

课后练习

1. 林华是个挑食的孩子，只吃肉类不吃蔬菜，今天午餐食谱是西兰花炒肉，他把西兰花全部挑了出来，只把肉吃了，他还告诉旁边的小朋友吃肉才能长高。

2. 小新特别有个性，对于她喜欢玩的滑滑梯游戏项目，她可以乐此不疲地一直玩，而且要求别人都给她让位置，这样每次她都可以优先玩。可对于她不感兴趣的走平衡木项目，她可是无动于衷呢。

第二节　应变式语言训练

案例分享

认识春天——一次别开生面的常识课

这天，我带领大班幼儿进行常识活动——认识春天。当看到冬眠的小动物们醒来后寻找食物时，鹏鹏小朋友突然问："它们闭着眼睛，怎么知道春天来了呢？"

我认为这个问题提得非常好，心想：何不让小朋友讨论一下呢？于是，我有意带着疑问、困惑的语气把这个问题重复了一遍，孩子们立刻七嘴八舌地说开了，有的说："大概是谁把它们叫醒的吧。"有的说："可能是它们听见我们说春天来了吧。"这时，李智小朋友说："它们感觉到了。"

"好，有意思了。"我心里暗暗赞叹李智的聪明，便顺着他的思路问下去："感觉到了什么呢？"其他孩子的思维也跟着转过来，纷纷说："它们感觉到饿了""感觉到热"……

"热"字不太恰当哦，我又引导幼儿联系前面学到的春天的特征，让他们寻找一个恰当的词，并把答案说得完整一些。有几个小朋友说："小动物们感觉到气温高了，所以就知道春天来了。"

一次精彩的讨论结束了，它竟是由幼儿一个小小的问题引发的。

启示录

冬眠的小动物们是怎么知道春天来了呢？鹏鹏小朋友的问题肯定是老师备课时不曾想到的，但老师很从容地把这个出人意料的问题抛给了小朋友们，让他们在热烈的讨论中自己找答案，老师在旁适时点拨，教学效果超出了预期目标。

发散讨论

一堂精彩的课程，离不开教师与幼儿默契配合，而课堂上的一些"意外"，如果处理得当，会成为"神来之笔"，为课堂锦上添花。那么，怎样才能做到从容应对这些"突发事件"呢？

学习目标

通过训练，学会使用机智、敏捷的应变语处理教学活动中的偶发事件，有效地调控教学过程。

知识讲解

一、什么是应变语

应变语是教师在教学中巧妙地处理突发情况时使用的**应急性教学口语**，需要教师沉着冷静、从容不迫地组织语言，使问题得到妥善解决。

二、应变语的基本要求

1. 思维要敏捷，语言要准确

虽然不是预先设计好的语言，但应变语还是要准确、简洁，因为对学龄前儿童而言，可能老师的每一句话都是他们模仿的对象，这就要求幼师平时要加强学习，既要丰富知识，也要增强语感，这样才能做到有备无患。

2. 平时要多与孩子接触，多了解孩子的心理需求

幼师平时要学习幼儿教育学和幼儿心理学，要经常与幼儿接触，注意观察、分析，要了解孩子的心理需求，掌握孩子的心理变化，这样面对教学过程中出现的意外情况时，才能以良好的心理素质，处变不惊，巧妙化解。

3. 不要打击孩子的自信

面对课堂上偶尔发生的反常情况，首先要冷静，不要轻易伤害孩子的自信心和自尊心。幼儿教师要努力发现每个孩子身上的闪光点，肯定孩子在课堂上提出的不同意见和看法，并激励孩子继续观察周围的情况，激发他们求知的欲望。

4. 灵活运用应变语

教学情景是动态的。教室外面突然出现某个孩子的家长，偶尔传来嘈杂的声音，小朋友之间碰撞，或者是教师的教具突然掉在地上，教师说错一个字，都会影响幼儿上课的情绪，也会直接影响教学效果。这就要求教师不能拘泥于原先设想好的教学语言，要更换方式，运用应变式语言进行调整。

三、常见的应变语技巧

常见的应变技巧有顺水推舟、将错就错、转移问题等。

1. 顺水推舟

突发事件发生后，教师用恰当的方法加以引导，可以使教师迅速由被动变为主动。

案例欣赏

教师教儿歌时，一只大蜻蜓飞进了教室，孩子们顿时兴奋起来，都要抓住它。教师抓住蜻蜓后问："孩子们，蜻蜓是害虫还是益虫呢？"教师引导大家认识到蜻蜓是益虫，并得出结论应该把它放走。

教师这种"顺水推舟"的方式，在顺应孩子们注意焦点的同时，既教育了孩子保护益虫，又在放走后能够继续教儿歌，不让孩子们分心。

2. 将错就错

教师在教学中发现自己有疏漏时，不要回避错误而要妙语补失，引导孩子们得出正确的行为或答案。

案例欣赏

教师在教学时不小心把贴绒小燕子碰掉了，孩子们立刻发出"咦——"的声音，有的还大声喊："小燕子飞下来了！"教师灵机一动，对孩子们说："你们数一数，有几只小燕子落下来了？还有几只在黑板上贴着？一共有几只小燕子呢？"

不小心碰掉的小燕子变成了孩子们数数的教学道具，教师巧妙地化解了失误可能带来的课堂小骚动，寓教于乐的引导方式值得称赞。

3. 转移问题

在教学中，幼儿会提出一些老师不便或不能回答的问题，教师可以转移问题。

案例欣赏

一个小朋友突然问未婚的女老师："你的宝宝是男宝宝还是女宝宝啊？"老师说："你们都是我的宝宝，那就请宝宝们告诉我，你们谁是男孩谁是女孩啊？"

教师巧妙地将私人问题转化成大家共同回答的问题，既拉近了与孩子们的关系，也显示出教师的博爱和聪慧。

课堂思考

1）下面这则案例中的教师，使用了哪种应变技巧呢？

教师在讲了一个精彩的故事后，幼儿兴奋得双脚乱跺，不能自已。这个时候，只见教师蹑手蹑脚地向门边走去，幼儿不知道发生了什么事情，一下子静了下来，瞪大眼睛注视着教师。教师用神秘、夸张的口吻说：“报告大家一个重要新闻，楼下小（三）班的王老师说，刚才发生了‘大地震’！”

等幼儿终于明白是怎么回事时，都会心地笑了。

2）下面这则案例中，李老师的应变语存在什么问题？针对这样的情况应设计怎样的应变语呢？

中班的幼儿正在李老师的组织下进行科学活动——“会变的颜色”。她提供了很多种颜色，让幼儿观察哪两种颜色混在一起会变成第三种颜色。然而，李老师准备的红色染料有色差，跟蓝色混在一起后，并没有变成紫色。孩子们疑惑地问李老师：“老师，你不是说红色和蓝色混在一起会变成紫色吗？怎么不是紫色呀？”李老师头脑空白，然后说了一句：“算了，我们今天就学到这，明天老师再给大家试试吧。”

3）设计应变语。

①户外活动时，明明不小心摔倒了，站在一旁的芳芳无动于衷。老师走过来对芳芳说：“芳芳，我们一起把明明扶起来吧。”芳芳却说：“您不是说，好孩子要勇敢，摔倒了要自己站起来吗？”

老师愣在那里，一时不知怎么说才好。请你替这位老师设计应变语。

②一学期一次的家长参观日正在如火如荼地进行，教师小李正带着全班幼儿一起示范新学的早操，孩子们都热情地进行表演，家长们也看得津津有味。突然，停电了，音乐也戛然而止，一大帮孩子和家长都看着小李老师。

③幼儿园正在进行“六一”活动，教师给得到奖励的幼儿颁奖，遇到一名幼儿名字中有“垚”字，教师不认识这个字，但是家长和小朋友们都满怀期待地等着教师念名字呢。请问如果遇到这种情况该怎么设计应变语？

第三节 指导式语言训练

案例分享

在一节大班图画书阅读活动上，教师在指导幼儿阅读绘本《小鲸鱼回家》。

教师："小鲸鱼在沙滩上，小朋友看一下图，谁在帮它？"

幼儿："一个小姐姐。"

教师："嗯，小朋友再看，沙滩上有什么变化？多了什么？"

幼儿："多了一个游泳圈。"（教师想要幼儿发现海水涨潮了）

教师："看远处，多了什么？"

幼儿："没人说话。"

教师："刚才海水还很少，现在这么多了，为什么？"

幼儿："小朋友送小鲸鱼来海边，大海是它妈妈，看到小鲸鱼来了，妈妈就来了。"

教师："海水就涨上来了。"

启示录

学前期儿童本身就缺乏思考问题的能力，很容易随教师的引导做出对事物的判断和理解。教师问："小朋友再看，沙滩上有什么变化？多了什么？"这句话明确告诉幼儿，沙滩上多了一些东西。于是，幼儿就会不自觉地去找到底多出什么东西，而不是随着活动的开展自己发现沙滩上到底发生了什么变化。由于活动中教师反复使用这种具有暗示性的指导语，导致整个活动中幼儿都在跟着教师引导阅读绘本，而不是自己去发现和探索，去感受绘本所带来的奇特体验。

因此，在使用指导式语言时，教师应注意不要在问题中涵盖答案，更不要暗示幼儿回答自己想要的答案，而应提出客观的能引起幼儿深入思考的问题。

发散讨论

指导式语言应用于幼儿园的每一个环节中，很多时候幼儿因为心理生理发展特点，需要教师简明扼要地告诉他们现在需要做什么，应该怎么做，步骤是怎样的，方法是怎样的……而很多教师在组织活动时，因为主客观原因，不能正确地使用指导式语言而引起了歧义，影响了正常活动的开展和目标计划的完成。在实际工作中，你是否有正确地或错误地使用指导式语言的经历呢？

学习目标

1）知道什么是指导式语言。

2）掌握指导式语言使用的基本要求。

3）了解幼儿园经常使用的指导式语言有哪些。

知识讲解

一、什么是指导式语言

指导式语言是指在对幼儿进行教育的过程中，对孩子进行指导，使他们能听从并接受某种意见和看法，理解领会教师的正确方法，从而达到一定教育目的的语言。在一日生活的每一个环节中，教师要用浅显易懂的指导式语言，把每一环节的要求清晰明了地告诉幼儿，这样幼儿才能在活动中目标明确、行为得当。

请欣赏下面的案例：

折纸——娃娃的新衣（小班）

（教师抱着娃娃说："天冷了，我们给娃娃折件衣服好不好？"然后讲折纸方法。）

大家面前都有一张正方形的纸。把纸对折一下，变成长方形（折时用力把中间那条线压平压直），换个方向，再对折一下，变成正方形。再把纸打开，纸上留下折印，纸的中心位置有两条折印相交的点，将每个角向折印的中心点再各折一下，压平，就又出现四个角。再把纸翻过来，将每个角再向中心点折一下，如此一共折了三次（注意：要把纸翻过来，折时要用力压平，要不然就不会出现四角。）

好，现在把四角打开（向外把折印展开），然后再对折起来。看，一件衣服就折好了。

案例中，教师能根据幼儿的心理、生理特点，使用浅显易懂的语言，把要求和步骤清晰地告诉了幼儿。幼儿也能根据教师的指导，进行每一个环节的手工折纸动作，这正是正确使用指导式语言的良好示范。

二、使用指导语的基本要求

1. 正面指导，平等对待

教师对幼儿的指导是在平等关系的前提下进行的语言交流，不是上级对下级的命令，因此教师应该把幼儿看成是小大人，充分尊重他们的想法和看法，并将他们的言行和思想引导到正确的道路上来。使用引导语时，语调要轻柔，速度较慢，比较平和。

课堂练习

小希是个调皮但热情的孩子，什么都爱抢先做。老师让孩子们搬凳子，别的孩子都在搬自己的，小希则快速地搬好自己的凳子后，抢着搬别的小朋友的凳子，这样一来，就出现了矛盾。老师一开始大声地说："小希，你不要抢别人的凳子搬，快放下来。"可是这并没有阻止小希继续抢着搬别的小朋友的凳子。直到老师亲自把凳子拿下来他才罢手。后来遇到这种情况，老师改变了策略，她对小希说："小希，每个小朋友都想搬自己的凳子，老师知道你很想帮忙，你想帮别人搬的时候，可以问问小朋友愿不愿意请你帮忙好吗？不如你去问问班上最小的明明试试。"小希听了老师的话后，没有继续抢着搬凳子，而是跑去问明明，明明同意他帮忙搬凳子。他们俩快乐和谐地搬好了凳子。

案例中的教师在使用指导语无效后，没有在相同的情境中批评小希，反而及时地改变了策略，利用正面指导的方式，明确告诉了小希应该怎么做。这种方式更积极有效地解决了问题，还让小希学会了如何和小朋友进行沟通交流，是一举两得的好办法。

2. 学会倾听，接纳包容

在使用指导语时，也要遵循幼儿园的基本原则，尊重幼儿。幼儿教师首先要学会倾听幼儿的想法，对他们的意见和要求要做出恰当的反应，同时也要注意培养幼儿良好的倾听习惯。另外，对于幼儿还要多一些包容，不要盲目地要求和评价，要给予他们充分的理解和信任，有意识、有目的地指导幼儿，帮助其逐步建立自信，相信他们在通过教师的引导后，一定会做出正确的选择。

课堂练习

午餐时间，小朋友们安静地等待进餐，老师说："咱们看看今天吃什么好吃的。哇，今天吃红萝卜炒肉丝。"小健立马说："老师，兔子才吃红萝卜，我不是兔子，所以我不想吃红萝卜。"

请为以上案例中的老师设计正确的指导语。

3. 启发暗示，委婉表达

指导的目的是要通过教师循序渐进的引导，有效地说服幼儿，改变一些错误的认识、习惯和行为。教师的指导式语言目的要明确，要有一定的逻辑性，以理服人。切忌说一些超出幼儿理解能力之外的话，更不能说一些不着边际的空话、套话或者用老师的权威去压制幼儿。可通过一些简单的打比方、做比较等语言技巧，引导幼儿由此及彼，慢慢领悟教师的语言。

课堂思考1

请阅读下面的案例，并说说老师为什么可以成功地把小明安全无恙地劝下来。

小明在户外活动时，爬到攀登架上的最高处，骑在横杠上不下来。大家都很惊慌，怕他会摔下来。一位老师走了过来。

教师："呀，小明，你可真勇敢，爬这么高。上面好玩吗？"

小明："好玩呀，特别好玩，能看到好多好多东西呢。"

教师："是吗？你可真厉害。但是，我们大家仰着脖子看，脖子已经很酸了，我们想看看小明是怎么下来的。上去不容易，下来也不容易的喔。你可以很勇敢地爬上去，肯定也可以安全地、稳当地爬下来，对不对？哇，你们看，他开始往下爬了，他慢慢地爬，手抓得很紧，他还会一步一步地爬下来，没有害怕呢，小明真棒！"

课堂思考2

是谁扔的香蕉皮？

教室里，有一块吃剩后被扔下的香蕉皮。林老师看见了非常生气，她大声地问全班小朋友："是谁把香蕉皮扔在地上的？啊？是想着让人摔大跟头吗？我告诉过你们吃剩下的香蕉皮是扔在地上的吗？"

【提问】林老师的话，为什么不符合指导式语言使用要求呢？

4. 浅显易懂，避免说反话

由于教育对象的特殊性，教育过程中的教育语言要符合儿童认知发展的水平和特点。很多时候孩子并不能理解老师说的"反话"的正确意思，而造成师幼间更多的语言理解上的误差和矛盾。所以在教育过程中，指导式语言应浅显易懂、直观、生动，尽量坚持正面指导，避免说反话造成歧义而误导幼儿。

课堂练习

科学活动：牛奶吐泡泡（大班）

大五班李老师在进行科学活动"牛奶吐泡泡"时，讲到牛奶煮开后为什么会溢出来，她灵机一动，说："牛奶里有水，牛奶煮开的时候，这些水就会变成很多小气泡，那就是我们看到的热气，这些热气想往外跑，可是牛奶特别喜欢小气泡，不舍得让他们跑，就粘住小气泡不让它们跑出来，小气泡偏偏要使劲地往外拱，越拱越高，最后带着牛奶'噗噗噗'地就从锅里溢出来了。"

请根据指导式语言使用要求说说这段指导式语言运用合理的地方有哪些？

知识链接

幼儿园活动指导式语言应用示例 1

科学小实验：沉浮

老师在每一组的桌子上放上了木塞、锡箔纸、泡沫、木头、萝卜、海绵、铁块（出示物品），还有一个装了水的脸盆。每人选两样物品放进水中，把观察到的结果记录到表格上（出示表格），放入水中的是什么东西就把这个东西的名称写在“物品”栏上（示范），如果不会写字，可以用图画记录（示范）。“沉浮”一栏根据你观察到的结果，上浮则用“✓”表示，下沉则用“×”表示，不确定用“?”表示（示范）。

在本段解说语言中，教师的指导语简洁、明确、条理清楚，按照实验记录的操作步骤一边示范一边讲解，准确的指导语言让幼儿清楚自己该做什么以及该怎么做。

幼儿园活动指导式语言应用示例 2

语言活动：听雨（大班）

教师：听，窗外下着雨呢，发出什么样的声音？

幼儿：滴滴滴。

幼儿：嗒嗒嗒。

幼儿：沙沙沙。

教师：沙沙沙，雨点儿落在树叶上，它在和树叶玩耍呢。
叮叮叮，雨点儿落在屋顶上，它在屋顶上翻跟头呢。
吱吱吱，雨点儿落在花朵上，轻轻地钻进花蕾呢。
嗒嗒嗒，雨点儿落在窗户上，拍着窗玻璃在和自己打招呼呢。

（教师先播放下雨的声音，引导幼儿倾听并想象雨点儿会落在什么地方，发出什么样的声音。）

教师在指导幼儿想象雨点声音的时候，采用了想象的拟声词，并把雨点拟人化，仿佛看见了雨点儿像一个可爱的孩子，在跟树叶、花蕾玩耍，在树顶上玩耍，蹦蹦跳跳，顽皮可爱。这样一来，可以更好地促进幼儿想象力的发展以及语言的发展，也为课堂的生动有趣增添了不少的色彩。

指导式语言应形象生动、简洁明了，不仅能让幼儿明白现在该做什么，也明白了应该怎么做。

课后练习

请为以下情况设计合适的指导语。

1. 班上一些男孩子特别喜欢奥特曼，喜欢模仿他们的动作，经常会撞到别人，虽经多次提醒但是没有什么效果。

2. 在一次中班的区域活动中，为了培养孩子的合作能力，老师让孩子们自己来玩医生和病人的游戏。没多久，孩子们便吵了起来。老师去了解情况，原来大家都愿意当医生，没有人愿意当病人，可是游戏里都是医生的话，给谁去看病呢？

3. 班里有几个孩子特别喜欢躲在厕所里玩，为了让他们上厕所后能尽快回来排队吃饭，我每次都对他们说：小朋友们都快去上厕所，看谁回来快，老师让他排第一。孩子们都很快回来排队了。可是，有一天，我让孩子们上完厕所回来吃午饭，刚吃了一半，突然有一个孩子过来说："老师，妮妮尿裤子了。"我问她："你为什么上厕所的时候不尿尿呢？"妮妮哭着说："我想得第一。"

4. 军军是班上的淘气鬼，也是闻名的调皮大王，手脚一刻不闲，屁股坐不住小椅子。上课时，他爱做小动作，一会碰碰小积木，一会又惹惹小朋友。活动时，他更是横冲直撞，毫无约束。

第六单元 适用不同对象的幼儿教师口语的运用

第一节 对不同年龄班幼儿的口语运用

案例分享

教师口语适应不同年龄幼儿的必要性

请看下面的案例：

> 一次，某位老师带着本班一群3岁左右的幼儿去阅览室，进去阅读前她说："每一个小朋友都应该爱护图书。"然而没过多久，老师就发现了书被撕破的事件。老师随即责问撕破书的那位小朋友："你为什么不爱护图书？"小朋友却反过来问："老师，爱护是什么意思？"

启示录

在幼儿教师的日常工作中，会听到不少"明明已经跟孩子说得清清楚楚了，却有些孩子总是会明知故犯"的抱怨，而这到底是什么原因造成的呢？如果对上面案例中的幼儿换一种说法："我希望小朋友进去看书的时候，能做到不折书、不撕书、不在书上乱涂乱画。"会不会让这群3岁左右的幼儿对"爱护图书"这个要求理解得更明白一点呢？

所以，教师口语的运用，应该考虑不同幼儿年龄的特点，做到"因材施教"，才能取得相应的教育成效。

发散讨论

语言对幼儿的影响，有时候相当于给幼儿重新建构一个世界。根据下图的情景，分组讨论这位教师可能会对这些孩子说些什么。

汇集每个小组的答案，分析这些语言会导致什么结果。

学习目标

1）能简要解释不同年龄班的幼儿需要采取不同的教师口语的原因。

2）能说出不同年龄班幼儿的教师口语运用的基本要求。

3）能根据具体案例，为不同年龄班幼儿设计合适的教师口语。

知识讲解

3～6岁幼儿不管是思维能力、知识水平、语言理解与表达，还是情绪情感、社会交往与个性形成等各方面的心理状态，都处于不断的发展和变化当中。教师针对小班、中班、大班幼儿的各项活动，也应该选择恰当的教学口语。

一、针对小班（3~4岁）幼儿的教师口语

3~4岁幼儿具有强烈的好奇心，喜欢模仿，思维活动主要依靠具体行为和动作，又受知识经验少、所掌握的词汇有限的影响，思维往往缺乏可逆性和相对性，理解能力较弱和易受暗示。所以教师在对小班幼儿说话时，应以形象、具体的语言为主，多借助形状、颜色、声音来提升语言的效应。

1. 表扬或批评的内容要直接、具体

2~3岁的幼儿已开始具有最初的对社会规则、行为规范的认识，能做最直接、简单的道德判断。所以教师在批评或表扬幼儿时内容也要直接、具体，同时呈现出对批评或表扬事件应有的情感态度。

课堂练习

3岁的小飞经常打人。这次，陈老师又看见他在打另一名小朋友了，急忙过去制止，并严厉地对小飞说："今天老师已经告诉你多少次不能打人了？"小飞嘟囔着："不知道（多少次）。"陈老师郑重地说："5次了！"可是小飞并没有在听到这个答案后出现内疚或羞愧的表情。

请根据小班幼儿的心理发展总特征，分析以上案例中陈老师的教育口语存在的问题。

2. 借助肢体语言和拟人化

3~4岁幼儿还未掌握一定的记忆方法，记忆带有很大的无意性，加之这一阶段的幼儿思想上具有"泛灵"（即幼儿认为花草、树木、猫狗等万物都与人一样能说话、有感情）的特点，所以形象鲜明、具体生动、能满足幼儿个体需要的事物，容易被幼儿自然而然地记住和理解。

课堂练习

老师："小朋友，今天老师遇到一群猴子在山上开大会，要不要听听猴子们在说什么？"

……

老师："这老猴认为出头露面的机会来了，他捋了捋胡子，清了清嗓子说：'这吃西瓜嘛，当然……当然是吃皮喽。我从小就爱吃西瓜，而且……而且一直都是吃皮的。我想，我之所以老而不死，就是因为吃了西瓜皮的缘故……'"（摘自寓言故事《猴吃西瓜》）

以上案例中哪些地方使用了拟人化？请借助肢体语言对小班幼儿讲述以上故事片段。

3. 语速慢，多用单句、短句和重复

3~4岁的幼儿由于神经系统发育不够完善，发音器官和听觉器官的调节、控制能力还相对较弱，虽然掌握了一些常用词，能听懂简单的句子，但对词意的理解较浅，发出的语音也有些不够准确和清晰。所以对小班幼儿所用的词句要简单易懂，向幼儿提问或发出指令时语速要慢，答案或者指令最好是一句话、一层意思，必要时多用"高高的""香香的""红红的"叠音词加深他们的印象。

知识链接

研究表明，对于不到5岁的儿童来说，一次接收并记住两个以上的指导信息是有困难的。一次给出两个或两个以上的指导信息，只会主观超越儿童有限的记忆范围，影响儿童的理解能力。所以，要使儿童能够执行并完成某样指定的任务，必须分层次、按步骤进行。

二、针对中班（4~5岁）幼儿的教师口语

4~5岁的幼儿活泼好动，开始摆脱3~4岁时期那种思维受到动作束缚的特点，其思维有了一定的目的性和预见性，但仍离不开实物和实物的表象。另外，中班幼儿的有意行为开始发展，主意也比小班的多，针对教师口语，可考虑以下三方面的变化。

1. 语言重复次数可以减少

中班幼儿对事物的理解能力开始增强，能分辨今天、明天、白天、晚上等时间概念；能区别前后、中间、最先、最后等空间位置；数学概念上，有初步的物体类别概念，能自如地数1~10。所以中班教师在给幼儿提要求或布置任务时，不必像小班教师那样多次叮嘱和重复解释了。

2. 问题的答案可以有多种

4~5岁的儿童已掌握口语的基本语法和2000个左右的词汇，能够独立地讲故事或叙述日常生活中的各种事物，所以中班教师在提问时为了发展幼儿的想象力和思维能力，可以多提答案有多种可能的问题。

课堂练习

秋天到了，中2班的陈老师在一次户外活动时，发现班上的孩子对地上的“叶子”特别感兴趣。请以“叶子”为主题，为陈老师设计合适的提问语言，以促使该班孩子能就“叶子”展开热烈的讨论，说出各种答案。

3. 句式、用词可以多样化

中班幼儿认知能力已有所提高，但仍然是典型的具体形象思维。为启发中班幼儿从多种角度思考问题，教师在表达时所用的句式可以从单句转向复句，用词从单一转向多样，语言表达的自由度可加大。

课堂练习

对比分析以下句式，说说它们适用的年龄对象。

1）请像小花猫一样静悄悄地把小椅子搬到后面的黄线上，然后小手放在膝盖上坐好。

2）请把你们的小眼睛看向老师。

3）3个苹果加上3个苹果是几个苹果？

4）2加2等于几？

三、针对大班（5~6岁）幼儿的教师口语

大班幼儿神经系统的发育已趋于完善，相比小班、中班，他们已有了初步的抽象逻辑思维，会话性讲述能力明显进步，有意行为增多，表现得更加爱学、好问。所以大班教师口语可做出如下三大调整。

1. 语言更加简洁

大班幼儿掌握了大量的名词、动词、形容词、代词，基本能用清楚、连贯的语言表达意愿与人交谈，所以针对大班幼儿的语言可以说得较概括、简洁。

课堂练习

根据大班幼儿的心理发展特点，请对以下教师口语做适当修改。

1）宝宝们，小鱼儿都睡觉了，我们现在要像小花猫一样轻轻地去看小鱼，请你们将小手背后，安静地看小鱼。

2）小朋友，上床去，花被子，盖盖好，闭上眼睛睡觉觉。

3）请小朋友去厕所小便，把裤子脱到膝盖处，不要尿裤子哦！

2. 复句相应增加

随着大班幼儿对事物及其关系的进一步理解，教师在口语表达时相应地增加复句数量和难度，可以帮助幼儿讲述能力的发展，为学习书面语言打好基础。

课堂练习

请对大班幼儿用复句表达以下教师口语内容：

1）表扬陈康小朋友今天午餐时帮助保育员分发碗筷。

2）用“有的……有的……”归纳总结小朋友最喜欢的人。

3. 使用类别概念的词

大班幼儿能够初步理解事物的本质属性和内在规律，能按照一定的类别为物体分类，但是他们掌握的概念大部分还是具体和直观的，缺少概括性，这就需要教师在运用口语的过程中使用一些表示类别概念的词（如“交通工具”“功能”“用途”“工具”），帮助幼儿完成具体形象思维向抽象逻辑思维的转变。

课堂练习

请根据以下内容，为大班教师设计带有类别概念词语的口语：船、车、火车、汽车、自行车、摩托车、三轮车、电车、飞机、飞船、潜艇、卡车、小汽车、大轿车、面包车、吉普车。

课后练习

1. 你认为下面这位实习教师的口语有什么问题，为什么？该怎么调整？

在一次混龄班的科学课上，一位实习老师准备教 3～5 岁的孩子学习播种。她这样给幼儿提要求：“请小朋友先去水池边拿一个玻璃杯，到门口的红桶里盛上半杯黑土，然后到我这里来领一颗种子。你们要把种子埋进土里，再到水池那儿接点水，最后把玻璃杯放在水池边的台子上。今天我们要学习播种。”听完实习老师的指导后，有的孩子去要种子；有的孩子仍然坐在地毯上；有的孩子站起身，但不知道要做什么；有的孩子去拿杯子；有的孩子去捧黑土……

2. 观察以下图片和提示语，根据你的理解，设计适合该年龄特点以及相应情景的教师口语。

幼儿情况：小班刚入园一个月，第一次主动向老师问好。

幼儿情况：中班，摔破了玩具。

幼儿情况：大班，故事表演。

第二节　对不同气质类型幼儿的口语运用

案例分享

教师口语适应不同气质类型幼儿的必要性

幼儿园组织孩子们去看电影，电影院规定在开播后10分钟就不能再进场了。这时来了四个迟到的孩子，教师向他们说明电影院规定后，这四个孩子做出了以下不同的表现。

幼儿1：怒发冲冠，大哭大闹，情绪不能安抚。

幼儿2：与教师说了很多好话，打算找机会溜进去。

幼儿3：自言自语“不看就不看”，然后安静离开。

幼儿4：垂头丧气，一言不发，表现得十分委屈。

启示录

以上四个幼儿分别代表了四种不同气质类型的幼儿，对同一件事情产生的不同心理体验。不同的心理体验可促使他们形成不同的习惯化行为模式。如果是积极的行为模式，那便是教师和家长都希望看到的，可是，如果是消极的行为模式呢？

作为幼儿教师，必须学会“察言观色”，根据不同气质类型幼儿的心理特点实施教育。

发散讨论

根据最早的气质类型研究，把气质类型分成了胆汁质、多血质、黏液质、抑郁质。你知道每一种气质类型都有什么特点吗？动手查一查吧！

学习目标

1）能简要解释不同气质类型的幼儿需要采取不同的教师口语的原因。

2）能说出针对不同气质类型的幼儿，教师口语的注意事项。

3）能根据具体案例，为不同气质类型的幼儿设计合适的教师口语。

知识讲解

生活中，活泼开朗的多血质幼儿易让教师产生偏爱，冲动要强的胆汁质幼儿常让教师反感，而沉静缓慢的黏液质幼儿易被教师忽视，内向胆怯的抑郁质幼儿让教师常感无奈。当然，这种差别对待是有悖教育教学原则的。气质没有好坏之分，每一种气质类型的幼儿都希望获得教师的关注、喜欢和称赞。为了避免在教学过程中受到幼儿气质类型的影响，教师在使用口语的过程中应该做到扬长避短，做出适当的干预和引导。

一、针对多血质幼儿的教师口语

多血质幼儿思维活跃，兴趣广泛，擅于交往，适应环境能力较强，但同时也具有注意力易转移，缺乏耐心的特点。教师在劝慰、说服、评定该类幼儿时应多带一些赏识和鼓励，保护好他们的自尊心、自信心，此外还有以下两点特别需要注意。

1. 批评要具体

多血质幼儿容易接受批评，可由于其气质类型的特点，多血质幼儿接受批评后往往忘得也快。所以教师批评该类幼儿时，在语言的运用上，可以开门见山，直接指出其存在的问题和不足，便于他们及时纠正。

课堂练习

儿歌朗诵时孩子们都跟着老师认真读，明明的声音特别大，还不时地站起来东张西望，或者跟旁边的小朋友说话。在明明的影响下，有几个幼儿也开始分神。

教师：______________________________

2. 表扬需适度

因其思维活跃、反应灵敏的特点，多血质幼儿在课堂上经常能与教师有积极的课堂互动，营造良好的课堂氛围，获得教师较多的赞扬。但是过多的表扬，容易助长多血质幼儿骄傲自满的思想，给幼儿的个性形成带来负面影响。因此，教师在语言运用时需要把握好表扬的度。为使幼儿始终保持活跃的思维状态，教师可以根据不同的情况，使用不同的表扬语言，如微笑、竖起大拇指、赞许的眼神、拍肩等。

课堂练习

分析以下图中教师口语的问题。

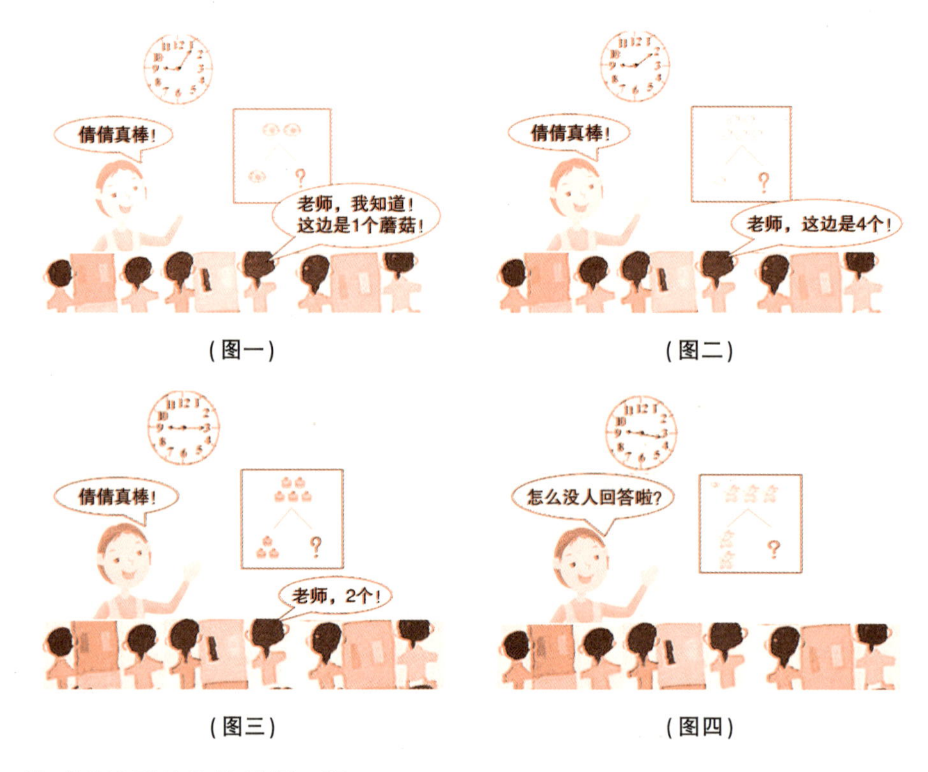

（图一） （图二）

（图三） （图四）

二、针对胆汁质幼儿的教师口语

胆汁质幼儿热情、精力旺盛，情绪容易激动、不容易遏制，反应速度虽然快但是不够灵活，克服困难时意志力较强，但是注意力起伏不定，经常质疑公平。教师在使用语言时可遵循以下两个原则，并善于根据具体的情境，寻找合适的契机与该类幼儿沟通。

1. 语言要冷静

基于胆汁质幼儿的情绪特点，对这类幼儿的批评应等到其情绪平静后，或者带离问题现场后，态度温和地进行沟通。教师切忌使用过激的语言，这样只会适得其反。

课堂练习

餐前故事时间又到了，文老师正声情并茂地为幼儿讲述《狼和七只小羊》的故事，海君小朋友（海君是一名胆汁质类型的幼儿）大声嚷道："这个故事我早就听过啦！哼！一点都不好听！"

文老师闻言脸色一变："你不想听是吧，不想听就算了，不想听的就给我出去！"

分析：猜猜海君听到文老师以上语言后会怎么做？请对文老师的批评语发表自己的看法，如不妥，该怎么做、怎么说？

2. 善用"高帽"和"煽动"

为充分发挥胆汁质幼儿行动迅速、敢于冒险的精神，教师在布置任务或解决纠纷时，语言上可多给胆汁质幼儿戴"高帽"，使用"煽动"性的语言，在幼儿高涨的情绪中，趁机表明态度和要求，能取得事半功倍的效果。

课堂练习

在今天的玩具分享活动中，浩浩带来了爸爸给他买的新玩具——坦克。班里很多小男生对这个玩具充满了好奇和羡慕，都想与他交换玩具，浩浩觉得特别自豪，可是他不愿意与任何人交换。

刘老师了解情况后说："你们看，今天浩浩带来的坦克真好玩，浩浩肯定是带来和小朋友一起玩的，我们对他说什么呀？”旁边的小男生们马上大声说：“谢谢浩浩！”浩浩有点犹豫了。刘老师接着说：“我下午一定要告诉你爸爸你是个大方的孩子，愿意把自己的新玩具与小朋友们分享，相信小朋友们一定会好好爱护你的新玩具的。”本来还在犹豫的浩浩于是大大方方地把玩具放在桌子上与其他小朋友一起玩耍。

分享活动结束后，刘老师又一次在集体面前肯定了浩浩今天的行为，浩浩拿着新玩具乐得呵呵笑。

要求：分析以上案例中刘老师的语言技巧，并模拟这个情境，体验教师语言的魅力吧！

三、针对黏液质幼儿的教师口语

黏液质幼儿不容易接受新鲜事物，情绪兴奋性较弱，反应速度较为迟缓，但是该类幼儿沉稳，有耐心，自制力较强。教师在使用评定、表扬、激励语时，对他们应做到情真意切、活泼生动，增强其自信心，引导其主动进步。为建立他们对教师的信赖感，在沟通过程中，教师使用语言时尽量做到以下两点。

1. 不勉强，要等待

相比多血质和胆汁质幼儿，黏液质幼儿面对问题和困境时需要更多的时间来消化和思考。如果要他们做出表态，教师应注意口吻委婉，多一些耐心和等待。如批评该类幼儿时，不勉强他们马上承认错误并做出检讨，适当给他们思考和回味的时间。因为这类幼儿情感体验较为深刻，一旦认识到错误，明白了道理后很少重复犯错。

知识链接

“灰色儿童”多以黏液质、抑郁质为主，大都腼腆胆怯，虽然能积极思考，但心理紧张，不善于表达自己的意见和想法。当遇到事情必须发表意见时，他们往往思想斗争激烈，内心充满矛盾，在发表与不发表之间徘徊，最后多以回避、无言而告终。可他们又生怕被看作无能，有着极强的自尊心。所以这类儿童的心理负担较重，若没有外在的因素、力量帮助他们战胜自我，便会更加胆怯，从而走向心理封闭的状态。

2. 重倾听，多询问

一般来说，理解和关怀是使人心理放松，产生轻松愉快心情的重要因素。所以受到教师关心和信任的学生往往具有良好的心理状态，同时也具有较强的表现愿望和探索精神。黏液质幼儿由于大多不善言辞，从众意识强，因此在学习和生活上易被教师忽略。对待这类幼儿，教师一定要多倾听和询问他们内心的想法。

课堂练习

小班的陈老师无意中发现班上有个孩子，不管是吃饭、睡觉、上厕所，还是户外活动，都拿着自己的花手套。

思考与讨论：如果这是一个黏液质的幼儿，针对此事，请为陈老师设计合适的口语。

教师：____

四、针对抑郁质幼儿的教师口语

抑郁质幼儿感情细腻、隐晦，行动缓慢，不善交际，对消极事情比较不安和畏缩。为促进该类幼儿的心理健康发展，形成良好的个性特征，教师在教学过程中，语言的使用要为他们营造较为宽松的氛围，少看到不足，强化其闪光点，帮助他们不断获得快乐体验和成就感。具体如下：

1. 重鼓励，多亲近

对于抑郁质幼儿，其胆怯常常是因为有过失败的体验，而且这些失败的情绪情感体验比一般幼儿深刻，所以造成了心理的脆弱。但是同样一点点成功，也很容易为他们增添勇气和自信。因此教师平时在语言上要以鼓励为主，多亲近，不厌其烦，设法引导其远离引发不良情绪的环境。

2. 发挥非言语的表达效果

与抑郁质幼儿对话时，教师用亲切、柔和的语气与和蔼的目光，或者拉着他们的小手、轻抚他们的肩膀，能使抑郁质幼儿更容易感受到教师对自己的关爱和理解，建立对教师的安全感和信赖感。

课堂练习

结合上述针对抑郁质幼儿的教师口语要求，为以下教育情境设计相应的教师语言和动作。

“老师你看，孙洋今天肯定又没洗脸！”一个孩子指着班上性格孤僻的孙洋说。

老师闻言，走到孙洋面前，____________________并说：“______________________________”

课后练习

1. 通过本节课的学习，你发现不同气质类型的幼儿语言接受能力有何不同？为什么要根据幼儿的气质类型来设计教师口语？

2. 讨论分析四种气质类型的幼儿听到以下这些教师口语时，会有什么心理体验？

教师 1：“你怎么做事情总是莽莽撞撞的。你看，又做错了！算了，以后不要你做了。”

教师 2：“怎么了，快说啊。啊，你不知道？不知道你举什么手啊？”

第三节　对问题儿童的口语运用

案例分享

教师口语适应问题儿童的必要性

在印度电影《地球上的星星》里有一句经典台词：“每一个孩子都是独一无二的，总有一天，他们会走出自己的路。”这是一部关于阅读障碍儿童成长的电影。

可是现实生活中并不是每个问题儿童都能如电影里的伊夏一样遇上美术老师尼克。我们仍然会听到从幼儿教师口中说出这样的话：

“再调皮就把你们统统送给大灰狼吃掉！”

“你还不快点吃饭！瘦得像根杆。”

“你要是我儿子，我早就扇你两耳光了。”

“你怎么蠢得像头驴？我教了这么多年，都没见过像你这样的。”

“你屁股长疮吗？怎么一刻都坐不住?!”

……

启示录

马卡连柯说：“不良儿童乃是失败教师的象征。”

问题儿童较之正常儿童，其品行与成绩上的差异，容易导致教师对其产生偏见，使得这些问题儿童在成长的道路上偏离正常轨道越来越远。学习本节内容之前，一定要意识到对待问题儿童的语言应该更加慎重。

发散讨论

想一想，在你的学习生涯中，是否也见过一些问题学生？针对这些问题学生，你们的老师是如何使用语言的？这些语言曾经对你产生什么影响？

学习目标

1）能理解教师口语对问题儿童的成长具有非常重要的影响作用，并能形成正确使用教师口语的意识。

2）能根据具体案例，为不同的问题儿童设计合适的教师口语。

知识讲解

问题儿童指的是在生理、心理等方面发展异常，品德行为上有严重缺陷的儿童，他们会表现出各种各样的问题行为。幼儿园里，问题儿童注意力缺乏、攻击性行为、情绪障碍等情况让教师最为头疼。这些孩子往往不能与他人正常交往，在处理问题和学习上与正常幼儿有显著差异。但是教师应避免总把注意力集中在他们的问题之处，否则这些孩子的不良行为便会得到强化。总的来说，教师的口语可遵循以下原则。

1. 语言中应避免暴力导向

不少教师在遇到问题儿童，特别是有攻击行为的儿童时，容易情绪激动，说出一些带有暴力性质的语言，如“再吵我就揍你”“再打人我就把你丢垃圾桶”“你再打一次给我看看”“你敢再动一下”……这些语言本意是制止幼儿行为，可是很多幼儿是听不懂隐语的，他们的思维多为直觉行动与具体形象思维，以上口语细读后会发现无一不带有暴力行为的导向性，这对于本来就有攻击习惯的儿童来说会进一步加剧他们的破坏性。

课堂练习

小组讨论与合作，设计一个拒绝使用暴力语言的宣传标语。

2. 语言中应多强化积极行为

问题儿童的形成，既有先天遗传因素的影响，也有后天社会环境因素的影响。人本赤裸裸来到这个世界，他们个性的塑造、品行的养成，并不能完全由自己掌控。所以对于一些具有注意力缺乏症、学习困难、情绪障碍的问题儿童，幼儿教师在了解其成因后，应在一定程度上给予相应的理解与同情，力戒歧视和厌烦，适当降低对他们的要求，减轻他们的心理压力，让其增加安全感，使用积极强化的原理，发现他们进步时，及时、真诚地表扬和肯定。

知识链接

注意力缺乏症的幼儿显得精力过剩，容易分心，通常安静不下来；重复捣乱动作；没有耐心，容易激动和发脾气，难以控制冲动行为；情绪不稳定，对挫折反应过度，自尊、自信心不足；人际关系不和谐。

情绪障碍幼儿表现为退缩、拒绝交往、难以参加游戏、懒得谈话，急性的情绪障碍甚至会表现出号啕大哭、尿床、扯头发、恋物等。

课堂练习

角色扮演与体验：

情境1：教师请一名学生设计并扮演注意力缺乏症幼儿的某种行为表现，然后请其他同学尝试对该“幼儿”说一段真诚的表扬语。

情境2：教师请一名学生设计并扮演情绪障碍幼儿的某种行为表现，然后请其他同学尝试对该“幼儿”说一段真诚的激励语。

3. 语言中不要随便贴标签

苏霍姆林斯基说：“老师无意间的一句话，可能造就一个天才，也可能毁灭一个天才。”

3～6岁幼儿的个性开始形成。一名称职的幼儿教师，应是对幼儿充满爱心和责任感，为他们的健康成长提供安全、和谐的环境，体现出对幼儿的关心和指导。问题儿童相比正常儿童，必然会给教师的日常工作带来一定的困扰，而这恰恰是考验教师职业素养高低的关键。按照一般规律，人的个性在18岁才基本定型，这说明在教学过程中，教师需要十分慎重地评价那些出现问题行为的幼儿，切忌把一些不良行为扩大化，过早给他们贴上标签。因为诸如贝多芬、爱因斯坦、爱迪生等具有阅读障碍的名人，虽小时候也曾被称为“笨小孩”，但是经过后天不断的积极引导和学习，同样可以实现其人生和社会的价值。

课堂练习

分组讨论：幼儿教师最容易说哪些给幼儿贴标签的话？如果是你，如何把其中那些消极意义的语言转换成积极的语言？

课后练习

1. 借助网络、名人传记等载体，查阅相关名人成长过程中对其影响比较大的语言，并记录下来，分析该语言所产生的影响力。

2．为以下两幅图的情境设计合适的教师口语。

第七单元　幼儿教师其他工作口语训练

第一节　与同事的谈话

案例分享

同事关系是一种特殊的社会关系，建立在工作基础之上，直接关系到工作的效率、事业的成功和心情的舒畅。就教师这个职业而言，它属于一种群体性、协作性要求较高的工作，尤其是幼儿教师，经常两个教师或教师和保育员在同一个时间和空间共事。教师之间只有建立起和谐、团结、协作的同事关系，形成良好的工作氛围，才能有事半功倍的效果。

天堂与地狱的区别

一个人不知道天堂与地狱的区别，于是去求教上帝。上帝先带他去了地狱，他看到所有人都是面黄肌瘦的，但面前都是美食，每个人手里都拿着一双长长的筷子，很多人都在努力往自己嘴里送，但筷子太长了，永远都送不进自己嘴里。上帝又带他去了天堂，结果天堂里的人个个红光满面，欢声笑语，原来是一样的筷子，自己送不到自己嘴里，但两个人可以互相喂食，其乐无穷。

启示录

由此可见，良好的同事关系是非常重要的。掌握与同事相处的谈话技巧，是一件颇为重要的事情。

发散讨论

在日常的生活中，我们离不开和人的交往，更离不开和人的交流。那么，你有没有在与人的交谈中，出现过这样或者那样的问题？后来是如何解决的？

学习目标

1）了解与同事、幼儿家长、园长交谈及在教研活动时的口语表达。

2）初步掌握与同事、幼儿家长、园长及在教研活动时的谈话技巧。

知识讲解

幼儿教师与小学、中学、大学教师相比，更需要团结协作。幼儿教师不仅要传递知识技能，发展幼儿的智力和体力，还要照顾幼儿的生活。工作任务的多样化、复杂化需要教师通力合作才能完成。如果幼儿教师钩心斗角，互相拆台，不仅会影响教师的工作热情，更会给幼儿教育事业带来灾难性的影响。

首先，教师间的交往是幼儿同伴交往和发出社会行为的重要榜样。教师教育幼儿要互相关心、帮助、抚慰、进行合作等行为，如果教师以身作则，那幼儿就更容易产生这种行为方式，并且长期稳定下来；反之，如果教师之间反其道而行之，那么教师对幼儿的爱心、同情心的培养效果就会大打折扣。

其次，教师间的交往涉及班级、幼儿园是否具有良好的气氛，能否发出积极的社会性行为。幼儿也会从中耳濡目染，不仅学会体察别人的情绪情感，也能学会正确、适宜的行为方式。所以在创设精神环境时要注意小至一个班的两教一保，大至全员教师和全体教职工之间的交往，都应当成为幼儿良好社会性发展的榜样。

要和同事之间建立良好的关系，需要掌握一些方法和技巧。

1. 真诚相待，互相尊重

同事之间相互尊重和友善的心态，对构建良好的人际交往环境是很有好处的，不但能增加同事间的亲密感，而且还容易达成工作中的精诚合作。

身为同事，地位平等，在谈话中言行要特别注意礼貌，对同事要做到人格上尊重，工作上支持合作，生活上关心，处处以礼相待，互相尊重，见面时应主动打招呼。最简单的方式就是微笑点头，同时道声“早”“你好”之类的问候语。和同事意见不同时，禁止人身攻击，应“对事不对人”，切忌揭老底、算旧账，不能使用“你这毛病怎么总是改不了”“你这个人怎么这样呢”“你太自私了”“你真差劲”“小气鬼”等语言。同时语气要婉转，语速要放慢，尽量调整自己的情绪，心平气和地表达自己的观点和态度。

同事交往，要做到：感情互慰，人格互尊，目标互促，困境互助，过失互谅。

2. 注意礼仪，保持距离

在与同事进行寒暄性、情感性谈话时，不可在人前随意议论他人的长短，有意披露同事的隐私，或到领导面前挑拨同事之间的关系，伤害同事之间的感情。这样可以避免人为地制造矛盾，引起人际关系紧张，甚至恶化。在工作谈话中，一切都应该从“公”字出发，从大局出发，面对名利不能毫无顾忌地争夺，或寻找各种冠冕堂皇的理由，争名夺利。另外在交谈中，还要注意把握好和同事间亲与疏的分寸，不可以亲此疏彼，要团结所有的同事，要与同事保持合适的距离。再者，说话要注意场合，不要开庸俗的玩笑，不要随意对他人评头论足，不要擅自动用他人物品，要尊重他人的工作，这样有利于维护各自的利益，也有利于彼此的合作和竞争。

3. 因人而异，灵活表达

同事之间相处，应注意做到平等待人，尤其是在人格上要一视同仁。这是教师在口语交际活动中应遵循的普遍原则。然而，在同事相处活动中，必定存在着各种类型的交际对象，所以教师在谈话中，一定要根据这些交际对象的身份、思想、修养以及心境，巧妙地选择和调整自己的话语表达方式。

幼儿教师日常除了与其他教师交流沟通外，还和班级的保育员有密切接触。在“保教合一”的理念下，教师和保育员的工作内容，虽有不同，但不应有明显的界限。教师在与保育员的交际沟通中，首先要做到尊重、支持。教师和保育员只是分工不同，同样是幼儿园开展工作不可缺少的一分子。保育员并不低人一等，教师应给予充分的尊重，尤其是在家长和幼儿的面前，同时教师要支持保育员的工作。譬如，午饭后一般由保育员整理幼儿的餐具，如果情况允许，教师应给予帮助，共同收拾。其次，教师应主动指导保育员的工作。许多保育员并未接受过系统正规的学前教育培训，他们多半是凭借多年的实际经验在工作。在共同的工作中，教师如果可以针对问题，给予专业的指导，相信可以让保育员的工作有更高的成效和更高的配合度。

教师要为保育员提供发挥工作才能的平台，重视保育员在工作中不断闪现的激情和智慧火花，这样做不仅有利于提高保育员的素质，而且间接促进了自身的成长。保育员除了照顾好幼儿的一日生活外，也应协助教师的工作，以达到共同促进幼儿发展的目的。

4. 心理相容，宽容大度

心理相容是指幼儿教师之间要相互接纳，不要用自己的标准衡量他人，尝试接受他人的想法和感受。有些教师，对什么人都有看法：领导要求太严，不考虑教师的感受；老教师固执死板，缺乏活力；年轻教师幼稚天真，举止轻浮；同班教师自私自利，不懂得照顾别人。其实最应该反思的是自己。遇到问题一味地指责别人，不仅不能解决问题，反而会使得教师之间的关系变得糟糕，不利于以后的工作。

知识链接

苏格拉底的为人之道

一次苏格拉底的学生柏拉图对他说："东格拉底这人很不怎么样！"苏格拉底问："这话怎么讲？"柏拉图说："他老是挑剔你的学说，并且不喜欢你的扁鼻子。"苏格拉底笑了笑，缓缓地说："可我觉得，他这人很不错。"柏拉图不解。苏格拉底说："他对他母亲很孝顺，每天都照顾得非常周到；他对他的老师十分尊敬，从来没有对老师不恭的行为；他对他的朋友很真诚，常常当面指出别人的缺点，帮助改正；他对孩子很友善，经常和孩子们一起做游戏；他对穷人富于同情和怜悯，有一次，我亲眼见他搜出最后一个铜板，丢进了乞丐的破帽子里……"

"但是，他对你却不那么尊敬啊！"柏拉图说。

"孩子，问题就在这里。"苏格拉底站起来，慈爱地抚摸着柏拉图的肩膀说，"一个人如果站在自己的立场上来看待别人，常常会把别人看错。所以，我看人，从来不看他对我如何，而是看他对待别人如何。"

这个事例告诉我们，人与人之间相处要宽容大度，不拘小节，切记斤斤计较、睚眦必报。同事之间同样如此，在工作中难免有些"磕磕碰碰"，只要解释清楚，相互谅解，问题是可以解决的。不要抓住对方的"小辫子"不放，更不能锱铢必较，争名夺利。当同事取得成功、获奖或升迁时，应给予真心的祝贺。当与同事合作出现问题时，应敢于面对自己的错误，不要把责任推给他人。

课堂练习

午餐的时候，明明坐在饭桌旁发呆，别的小朋友都吃完了，他的饭却连动都没动一下。李老师问："你怎么不吃啊？"明明说："今天的饭我不爱吃。"李老师急了，对明明说："就你事儿多，爱吃不吃，不吃别睡觉！"同班的王老师对李老师说："你怎么能这样呢？有违师德呀！"李老师转向王老师："你算哪根葱啊！你行，你来呀！"

假如你是王老师，你会如何和李老师沟通？

课堂思考

教师甲和教师乙是搭班的同事，一天教师甲家里有急事，而教室布置还在进行中，教师甲拿起背包，说了声"我有事，先走了"就急匆匆离开了。教师乙看着她离开的背影，非常生气。

你认为教师乙为什么生气了？如果你是教师甲，你会怎么做？

课后练习

1. 要建立良好的同事关系，要注意哪些？

2. 仔细阅读“教师让保育员为一个尿裤子的幼儿换裤子的对话”，回答下面问题。

教师：“快来，快来！”

保育员跑来：“怎么了？”

教师：“小甜甜又尿裤子了！”

保育员：“我去拿条裤子。”

教师说：“请你再拿一双袜子。”

保育员说：“好。”

保育员拿来裤子、袜子后，教师对保育员说：“来，请你给她换上！”

说说这位教师在和保育员的对话中，哪些地方做得不合适？

第二节　与园长的谈话

案例分享

掌握与领导相处的艺术，是职场生存智慧的一种体现，也是职业人士在职场有效地表现自我、不断拓展自我生存空间、把握发展机会、实现自我价值的重要途径。教师在领导面前要诚实、守信、尽职、认真而努力地工作，做到领导在与不在一个样、检查与不检查一个样，而不是欺上瞒下、阿谀奉承。

由于工作关系，幼儿教师经常要接触园长。为了更好地开展工作，幼儿教师要掌握一定的谈话技巧，向领导提出建议和意见。

路老师：园长，今天我想忘记咱们是领导和下属的关系，推心置腹地和您谈谈我对换班的感受。可能您认为这样做是顾全大局，但您考虑过我和我们班的孩子，还有大部分家长的想法吗？从小班那么辛苦地把孩子带到现在，这里面有我太多的泪水和汗水，我了解每一个孩子需要什么，害怕什么。虽然我对他们很严厉，但是我是打心底里爱他们的，孩子明天就要来了，我心里真的很酸。我不知道作为领导，您考虑过我的感受吗？您问我愿意不愿意时，我可以回答“不”吗？组织的安排，我能不服从吗？第一天上班，我又怎能拉着脸拒绝您？也许我的某种方式让少数家长不能理解，但是，我可以自信地说，我们班大部分家长是信任我的。

（园长拨通了路老师的电话，但被挂断了。）

路老师：如果选择面对面我不可能这样跟您说话，因为我虽然嘴快但不敢跟您凶，在我心中您跟我的长辈一样，甚至比他们更有威望，所以我不想跟您通话。我没别的意思，定下来的事情，我也不想改变，我就是想把自己的委屈说出来，心里爽快了，也就算了。

园长：你不想改变？

路老师：不想是假，但我之所以说出来不是为了改变，而是想让自己心里好受些，让自己有好的心情投入到新的工作中，我不喜欢带着情绪工作。不要为这件事找我谈话，因为我很难做到平静地和您对话。现在已经情绪大乱，我可不想在办公室掉眼泪。您只要能理解我，就是对我最大的帮助了。

园长：我理解你的心情，也看到你付出的艰辛。没有人能吹灭自己心中的那盏希望的灯，除非自己固执地掐灭。你是心地善良的姑娘，但你与家长沟通的能力和方法，要不断加强，性格一定要温柔起来，这是幼儿教师的职业要求。我希望你能克服不足，成长为一名出色的幼儿教师。

路老师：嘿嘿，我可不想做什么掌门人，我只想尽力做好每件事。因为我时常感到力不从心。您一天到晚让我们写作，我是那块料吗？我自己还不了解自己吗？

园长：你的短信用词准确，思维如行云流水，标点符号一个没错，你不会写？是懒吧？好了，上了一天班累了，睡个好觉，做个好梦！

启示录

与领导沟通主动的态度十分重要，有些教师在工作中发现了问题不敢和领导沟通，只是背地里发牢骚，这样不仅不能解决问题，还会影响幼儿园的安定团结，影响群体的战斗力。教师在工作中出现纰漏或错误，感到内疚、自卑，甚至后悔不已，但不主动与领导沟通交流，害怕领导责备自己，害怕见到领导。事实上，犯错误本身并不可怕，重要的是要尽早与领导沟通，以期得到领导的批评、指正和帮助，同时取得领导的谅解。消极回避不但不能解决问题，反而有可能让领导产生误解。

发散讨论

以上案例中，路老师是怎样和园长进行沟通的？她对园长的态度是怎样的？你认为路老师的做法好吗？如果你遇到了这样的情况，你会怎么做？

学习目标

1）了解与园长交谈时口语表达的要求。

2）初步掌握与园长的谈话技巧。

知识讲解

教师与领导的工作性谈话，包括请示、汇报等内容。谈话的目的是争取领导的认可、理解、信任和支持。

一、接触领导的语言表达方式

1. 摆正位置

教师在接触领导时，必须严格遵守上下级关系，恪守各种口语交际规则，识大体，顾大局，巧于服从，必须调整好自己的角色，摆正位置，一言一行都要按照下级的言语行为规范进行。在口语交际活动中，应严格按照领导的分工和实际工作需要，区分清楚交际对象。该请示谁就请示谁；该向谁汇报就向谁汇报；对所有的领导都应该“一视同仁”，积极服从分管不同工作的领导的安排。

2. 心怀敬仰

幼儿园的领导大都是从一线优秀教师中选拔出来的，具有丰富的教学经验，值得尊敬和信赖。所以在与领导交谈时，要有积极乐观的态度，向领导叙述重要事宜或回答领导提问时，要做到目不斜视，集中精力，不仅可以增强语言的说服力，还会给领导留下精力充沛、光明磊落的印象。听取领导讲话，高兴时扬起眉毛，严肃时瞪大眼睛，困惑时大胆提问，听完时简要复述。

3. 把握尺度

与领导沟通，要把握尺度，不能无原则地拉关系、套近乎。对领导交办的事情，要慎重，看问题要有自己的立场和观点，不能一味地附和。如果确信自己在某件事上没有过错，就应该及时提出来，共同商议解决的办法。只要从工作出发，而不是个人不良情绪发泄，就要勇于表达自己的不同观点。对于领导的私事，作为下属不宜妄加评论。对领导提出的问题发表评论时，应当把握分寸。轻易地表态或过于绝对地进行评价都容易导致工作失误，必须承担相应的责任。

二、与领导的交往技巧

1. 坦诚相待，主动沟通

在工作中，幼儿教师要赢得幼儿园领导的肯定和支持，很重要的一点是要让领导感受到自己的坦诚。有关工作的事情，不要对领导保密或隐瞒，要以开放而坦率的态度与领导交往，这样领导才觉得你可以信赖，他才能以一种真心交流的态度与你相处。

2. 了解领导，理解领导

幼儿教师只有了解幼儿园领导的个性心理，才方便与其进行沟通。领导首先是一个人，作为一个人，他有自己的性格、爱好，也有自己的作风和习惯。对领导有清楚的了解，运用心理学规律与领导进行沟通，可以更好地处理上下级关系，做好工作。幼儿教师和幼儿园领导发生的冲突，很多都是沟通不利，互不理解造成的。幼儿园领导站在全员的角度安排工作，势必会和教师的个人利益发生冲突。当个人利益受到损害时，教师一方面要及时与领导沟通，另一方面也要进行换位思考，充分理解领导的苦衷，不要过多地指责和抱怨，更不要当面顶撞或争论，而要给予充分的谅解。

3. 口齿清楚，语气谦敬

由于领导需要处理的工作头绪很多，时间有限，所以教师在与领导接触时，应当注意口齿清楚，语速适中。如果领导因为教师说话模糊不清、语速不当而失去交流的耐心和兴趣，这对于教师及时开展工作，较好地完成工作任务是非常不利的。

说话时，语气要谦虚谨慎，表现出对领导的尊重，使彼此保持良好的心态，创造和谐的谈话气氛。在谈话时，要做到称呼准确。一般以称呼领导的职务为主，尤其在公共场合称呼领导要用“姓氏加职务”的模式，不可过于随意，也不宜用显示自己与领导交情非同一般的称呼。多使用表示尊重的人称代词“您”，不要开口闭口就是“你”“你们领导”“你们这些领导”“你们当官儿的”“头儿们”等。谦敬的语气往往能让谈话双方保持良好的心态，创造和谐的谈话氛围。

在与领导进行交谈时，教师宜多使用疑问句和陈述句。疑问句用于提出问题，以及商量、征求意见的口气，能表示出下级对上级的尊重。

一般来说，陈述句对客观事实或现象加以说明，有利于教师方便、快捷地向领导提供信息；相反，祈使句带有命令的口味，容易造成领导不愉快的情绪体验。

4. 目的明确，表达简洁

在与领导接触时，教师应本着对工作负责、对领导尊重的态度，开门见山地把要说的问题说出来，或是汇报工作，或是寻求帮助，或是提出建议，不要兜圈子，不要拖泥带水，要做到态度诚恳、言简意赅、正面阐述。不要以告状的形式向领导诉说，在背后评说他人长短，应本着对工作认真负责的心态，如实反映情况。

5. 把握时机，化解冲突

与领导进行谈话的时机是否适宜，是影响谈话成败的不可忽略的因素。选择恰当的时机，能够便于实现谈话目的，时机不适宜会给谈话带来困难。选择合适的时机，必须建立在教师对领导基本了解的前提下。所谓基本了解主要包括思维方式、工作方法、工作习惯等内容。这种了解，主要是为了更好地与领导相互协调、精诚合作，促进工作的开展。它与为了讨好领导、逢迎领导而进行的“基本了解”具有本质的区别。

总之，教师如果能与领导进行有效的沟通，对建立并保持良好的上下级关系，对自己以后的发展和成功，都具有很重要的意义。

知识链接

说服的艺术

著名的《战国策》中的《触龙说赵太后》一篇，是一个成功的说服案例。而成功说服的关键在于触龙能洞悉赵太后的内心世界，“对症下药”，想对方之所想，急对方之所急，有的放矢，击中要害。在以让长安君到齐国做人质为目标的说服中，众大臣说了许多有关国家安危的大道理，虽然正确，但没有针对赵太后宠爱长安君的心理，没有满足她的需求，因此非但没有成功，反而激怒了赵太后。

触龙高明说服的第一步，是先和赵太后讨论饮食起居的小事，而这正是老年人最喜欢讨论的日常话题，从而进入了赵太后的世界，双方有了共同语言，使赵太后从“盛气而揖之”变为“色少解”。

第二步，从自己的小儿子说起，引出赵太后对女儿和儿子的爱不一样，来讨论怎样才算真正爱子女，这样就针对赵太后的心理，使她发现自己的真正需求。赵太后从露出了“笑”的表情到深表理解地说“然”时，说明她也赞同触龙的道理了。

第三步，以赵国和诸侯历代子孙的下场为例，使赵太后明白，不让长安君“有功于国”将来无法“自托于赵”，这就满足了赵太后“让长安君将来在赵国平安地为王为侯”的需求，使她建立了新信念——“恣君之所使之”。

触龙能如此成功地说服与其极端对立的赵太后，使人由衷地赞叹他的高明，赞叹中国古人的说服艺术。

课堂练习

毕业实习之前，学校派一位同学到一个幼儿园联系实习工作，这位同学来到园长办公室，一边拿出介绍信，一边对接介绍信的同志说：“我是学校派来联系实习工作的，请你们安排一下。”

你觉得这位同学在说话的语气上怎么样？你认为怎么说才合适？

课堂思考

一位小班教师请园长批准他们班先与其他班开一次家长会。

教师：园长，我们班打算在这周五召开一次家长会。

园长：这学期的家长会全园各班都计划在期中召开，你们班不是也在计划里写着在期中开吗？怎么提前了？

教师：本来是打算在期中开的，可是这次我们班测查之后，有不少问题需要幼儿家长密切配合解决，想早一点召开家长会，提醒家长注意。

园长：解决幼儿教育中出现的问题，宜早不宜迟。

教师：那，园长您同意了？

园长：嗯，不过发通知和其他有关的事你们班自己解决。

教师：好吧。谢谢园长。

这位教师选择的时机是否适宜？如果是你，你会怎么做？

课后练习

职称评定的时候，王老师被“刷”了下来，心里很是郁闷，条件明显不如自己的刘老师却顺利晋级，她想和领导“理论理论”，盛怒之下和领导争论起来。

假如你是王老师，应该如何与领导沟通？

第三节　与家长的谈话

案例分享

幼儿园教育与家庭教育只有保持一致性，才能收到最佳的教育效果。苏联教育家苏霍姆林斯基说：“教育的效果，取决于学校和家庭教育影响的一致性。如果没有这种一致性，那么学校的教学和教育过程就像纸做的房子一样倒塌下来。”

学生所受的教育主要有两种，一种是学校教育，另一种是家庭教育。促进学生良好发展需要学校教育与家庭教育有机结合。这样的结合，是通过教师和家长的联系、互相合作来实现的。请欣赏下面的案例。

陈晨是幼儿园小班的孩子，他每次吃饭时都要去上厕所，时间还很长，等他从厕所出来，别的孩子就基本吃完饭了。老师向家长反映过这件事，家长带孩子去医院做了检查，什么病都没有。陈晨妈妈也向老师反映孩子在家也这样，还说确实能拉大便。但依据多年的经验，老师觉得孩子是以这种方法逃避吃饭或者是为了单独玩一会儿。于是，老师暗地观察孩子发现，一离开老师的视线，陈晨就慢慢地去上厕所，有时甚至不上厕所，而是在里面玩。因此，老师确定孩子是以这种方法逃避吃饭。于是老师找来陈晨妈妈，因为陈晨妈妈是一个性格特别好，很开朗的人，所以老师开门见山地说：“我想给孩子改改吃饭上厕所的坏习惯。”陈晨妈妈说：“好啊！”之后，老师把近期观察到的情况告诉陈晨妈妈，然后请妈妈明天送孩子入园时带一套换洗的衣服来。陈晨妈妈不解这是为什么。老师开玩笑地说：“要强制执行噢！万一孩子哪天拉裤子了，你可别怪我啊！”陈晨妈妈说：“不会，我信得过你！知道你是为了我儿子好。”于是第二天，陈晨又提出上厕所时，老师告诉他饭吃一半后再去，接下来几天，又让他全吃完再去。当然，在老师看到他确实想上厕所时，允许他去，只是提醒他要快，而且就算小朋友都吃完了，也不允许他把饭菜倒掉。如果他吃得好，并且吃完饭才去上厕所，老师就会表扬他。慢慢地，孩子改掉了坏习惯，妈妈也很开心。

启示录

这位老师在发现了问题后，没有对孩子进行严厉的批评或阻止，而是通过仔细观察，然后向家长反映了孩子的坏习惯。在老师和家长进行了有效沟通后，家长积极配合老师，共同帮助孩子改掉了坏习惯。

发散讨论

幼儿园老师平时会在什么情况下和家长接触？家长对待孩子的教育有哪些情况呢？

学习目标

1）了解与幼儿家长沟通的方式。

2）掌握与幼儿家长谈话的技巧。

知识讲解

家长决定把孩子送到幼儿园，首先是对这所幼儿园的信任和认可。幼儿园的各项教育必然也离不开家长的配合。教师对家长也倾注了期待和信任。教师要经常和家长交流，互相学习，取长补短，共同教育好幼儿。无数事实也证明了家园共同教育，比幼儿园单方实施教育的效果更好、更快、更巩固。因此，如何与家长沟通、建立合作的朋友式新型关系，成为现在幼儿园工作努力追求的方向。

一、教师和幼儿家长沟通的方式

幼儿教师和家长沟通的方式很多，既有书面语言沟通，也有口头语言沟通，但最重要的是口头语言沟通。

一般来说，幼儿教师与家长的日常交流，主要发生在幼儿来园、离园的过程中。幼儿教师利用短暂的时间与家长进行沟通，让家长了解幼儿园的教育教学工作，了解自己孩子在幼儿园的情况，挖掘家长的教育资源，发挥家园共育的最大功效。除面谈外，还可以利用电话、网络聊天等方式进行沟通，在与家长的沟通中，谈话的质量决定着信息传递的质量，也间接地影响了儿童教育的质量。

二、教师与幼儿家长沟通的技巧

要做到和家长有效沟通，达到良好的教育目标，就要掌握以下谈话技巧。

1. 认真倾听，尊重家长，一视同仁

由于幼儿的年龄特点，家长每天都会定时接送幼儿，幼儿教师每天都会接触家长，和家长一般都会有短暂的交流，这样的谈话受到时间、情境的制约。家长接送幼儿时与教师的交流，多数是临时起意的，即使家长有备而来，但教师都是毫无准备的。在这种情况下，教师首先要注意倾听家长的话，迅速搞明白家长的意图，做出恰当的回应，如果不能立即解决，可以告诉家长，事后电话联系或再找时间面谈。

教师在与幼儿家长沟通时，要尊重他们的人格与观点，耐心、虚心、诚心地听取家长的一些合理有益的建议，努力营造一个和谐、轻松、愉快的交流环境，要善于发现孩子的优点，并真诚地欣赏每一个孩子。教师一句微不足道的称赞，都会让家长感到高兴，直至影响对待孩子的态度，要公平地对待每一个孩子，一视同仁，不偏爱、不溺爱。

2. 坦诚和善，积极主动，团结合作

和善是人际交往必须具备的品格，更是教师必须具备的职业道德。在与家长的交往过程中，哪怕只是接送幼儿时的一个招呼，教师也应该显示其亲和力，让家长觉得教师好接近，才会慢慢建立融洽的关系。

幼儿园教师每天要与家长接触交流，由于家长自身的素质参差不齐，在教育孩子的过程中，难免会出现这样或那样的问题。与家长进行必要的交流，可以引导家长共同参与对幼儿的教育，可以向家长呈现幼儿园的教育理念、教师的专业水平和责任感，培养家长对幼儿园和幼儿教师的信任感，培养家长与幼儿园的合作态度。

幼儿教师要利用一切可能的机会与家长沟通，取得共识，更好地发挥家庭教育的作用。在谈话时，教师要控制谈话内容和进程。在工作场合最好谈和教育有关的话题，不能漫无边际地聊天，否则不仅无助于教育工作，还可能会由于教师的疏忽造成工作失误。

有些家长沟通能力差，沟通时，只能简单应对，缺乏沟通的主动性，不能准确地把心里话讲出来。此时教师可以适度提示，比如："刚才您说的问题特别重要，您能再详细点吗？""多亏了您提醒，不然就麻烦了，希望您以后多提宝贵意见。"

3. 态度谦和，语言平实，有针对性

幼儿教师在与家长交谈的时候要态度谦和，语言平实，少用或不用专业术语。谦和的态度可以让家长放松下来，自然大方地和教师谈一些问题。专业的教师教育术语，不仅会让家长产生距离感，而且还可能因为家长的不理解而影响沟通效果。

表情要自然大方，不矫揉造作，既不居高临下、盛气凌人，又不低人一等、谄媚逢迎，应以平等的态度和家长交流。

接送幼儿时，教室内会比较嘈杂，有时会有三四个家长同时想要和教师沟通。此时教师要有针对性地和家长交流，言简意赅地提供给家长迫切想要获得的信息。

每一位家长都希望教师用肯定的态度对待自己的孩子，但同时也希望教师能够指出孩子的弱点，帮助孩子进步。"说什么"很重要，但更重要的是"怎么说"。如果教师一味地强调孩子或家长的问题，歇斯底里地发泄自己的不满，肯定会引起家长的反感。例如："这孩子简直是个猴，一刻也坐不住！你们家长怎么当的，连这么小的孩子都管不了。""你的孩子真是让人头疼，神仙也没有办法！我是没有办法了，爱怎么样就怎么样吧！"教师应该诚挚地指出问题，共同探讨解决问题的方法。例如："您的孩子注意力不够集中，不过不要过于担心，毕竟孩子年龄还小，咱们好好地研究一下，看看怎么解决孩子的这个问题。""这孩子除了这点问题外，其他地方都很好，老师和小朋友都很喜欢他。"

4. 冷静客观，换位思考，理智应对

家长和幼儿园之间有时会存在一定的隔阂和不协调，教师在工作中也经常被家长误解，原因可能是教师自己工作失误，家长不信任，家长对教师采取的教育方法不理解，等等。面对这些问题，沟通是必不可少的，教师只有积极地与家长进行沟通，才能消除误解，否则就有可能引发冲突，产生矛盾，甚至激化矛盾。这样无论对幼儿，还是对教师、家长，都会产生不良的后果。

教师由于工作失误给孩子带来伤害或不良影响时，教师应换位思考，勇于认错并承担责任。幼儿活泼好动，又缺少安全意识和自我保护能力，容易出现安全问题。教师要增强责任心，尽量避免安全问题的发生。一旦出现安全问题，教师一定要实事求是地解释当时的情况，还要认真地向家长、幼儿道歉。只有这样，家长和教师之间，教师和孩子之间才能彼此信任，才能消除家长的怒气，使隔阂、猜疑、埋怨和不信任得以化解。同时，面对教师的道歉，家长会相信教师有知错即改的决心和具体的改进措施。教师可以这样说："很抱歉，孩子受伤了，我也很心疼，以后我会特别注意。今天，我没有尽到做教师的责任，我知道您作为家长很心疼，假如我是您我也一样，希望您能够理解。"

另外，家长不是专业的教育者，并不完全了解幼儿的心理发展规律、特点及在教育上应该采取的措施。他们的教育观念可能不够正确，又没有完全掌握对幼儿的教育技巧，因此，难免对幼儿园教育不理解，对教师误解，有时不顾场合胡乱评价幼儿园教育活动，随意指责幼儿园教师。遇到这种情况，应该避免矛盾激化，最好暂时忍耐，并做出乐于倾听的表示，不管家长的观点正确与否，不要当面否定家长，对家长产生戒心，要听完之后再做解释。有些家长由于自身文化修养的原因，有时可能不够冷静，过于急躁，片面提出的意见、要求可能不太合理，这时教师应该理解、包容家长，等待并帮助家长冷静下来，选择恰当的方式和时机，与家长开诚布公地交流看法，取得家长的理解和认同，然后向家长摆事实、讲道理，只有让家长更多地了解教师，了解幼儿园教育，才能更有效地做好家园共建工作，才能消除误会。

在幼儿园中幼儿教师发怒，大多数与幼儿家长有关。幼儿教师与家长发生冲突，恶言相向是非常不可取的，既影响教师自己的形象，也有损幼儿园的声誉。在幼儿园竞争日趋激烈的今天，幼儿教师的整体素质也是家长看重的一个方面。从某种角度来说，教师的形象就是幼儿园的形象。因此，需要幼儿教师注意自我调节，劳逸结合，多参加一些文体活动，多与领导同事谈心，以缓解压力调整情绪，尽量避免在情绪不佳时与人发生冲突，以避免一时语言失控造成严重后果。要知道，人在情绪激愤时最容易说过头话，所谓“话赶话”就是这个道理。

知识链接

沟通之道在于平等

美国作家马克·吐温在没有成名之前，不善于沟通。一次，有人把他介绍给后来成为美国第 18 任总统的格兰特将军。当时马克·吐温想不出一句可讲的话，而格兰特将军也保持着平时的庄重和严肃，也不说一句话。最后，马克·吐温说：“将军，我感到很尴尬，你呢？”

课堂练习

离园的时候，彤彤的妈妈对侯老师说：“侯老师，彤彤最近总说在幼儿园吃不饱，这是怎么回事啊？”侯老师一听就急了，说道：“彤彤的妈妈，不是我说你，你太娇惯孩子了。你看彤彤都变成什么样子了！吃饭的时候挑挑拣拣，肥的怕肥，瘦的嫌瘦，一到吃饭的时候，我都求着她吃，这样的孩子谁有办法？你们家长都无能为力，我一个老师有什么办法？”彤彤妈妈的脸色一下子阴沉了下来。

你认为侯老师在和家长沟通的时候犯了什么错误？如何做才不会影响家园关系？

课堂思考

一天中午，培培的妈妈来给孩子送药。由于是第一次和幼儿的妈妈接触，教师没有谈及孩子的一些缺点，只是向家长反映了孩子近期的进步，继而把话题转到了幼儿用药的问题上。讲到这里，家长颇有心得，谈话气氛也显得轻松、融洽。这样的谈话，看似跑题，第一次见面就这样在聊家常中结束了，但家长应该更喜欢这样与他们有共同话题可聊的老师，而不是不可亲近“说教式”或“逮着就告状式”的教师。只有这样的点滴积累，才会为建立良好的合作关系做好准备。你觉得这位教师的谈话方式好吗？能说说理由吗？

课后练习

东东把玩具汽车带到了幼儿园，嬉闹中被乐乐摔坏了，东东的家长执意要乐乐的家长赔。乐乐的家长说：“玩具是在幼儿园摔坏的，老师应该负责任。”

假如你是东东和乐乐的老师，你会如何与家长沟通以解决问题呢？

第四节　集体研讨中的谈话

案例分享

为提高教育、教学工作的水平，教师经常会参加各级教育部门、幼儿园组织的教研活动，这是教师专业水平以及个人能力提升的重要途径。参加教研活动，有助于开阔视野，分享教学经验，拓展教育信息的来源。请欣赏下面关于“游戏的场景设置是否需要预先固定”教研活动案例。

主持人：游戏的场景设置问题，在三个年龄阶段都涉及，请大家结合自己平时积累的游戏经验，与大家一起分享、交流。萧伯纳说得好：你一个思想，我一个思想，我们交换了就有两种思想。

A组陈老师：预先固定游戏的场景，对小班幼儿比较适宜。因为幼儿的游戏行为本身受制于游戏环境，小班幼儿通过固定场景设置，可以熟悉游戏内容，逐渐融入游戏之中。

B组顾老师：上次我看到中班开展“超市”游戏，教师预先将游戏区域固定，环境本身已经暗示了幼儿游戏的主题，幼儿参与游戏的积极性大打折扣。

主持人：幼儿是游戏的主体，教师就应该充分放手，引导幼儿共同讨论布置游戏场景，幼儿参与游戏的兴趣就会更高、更浓，游戏的效果也会迥然不同。还有哪组老师想发言？

A组陶老师：主持人说得对。虽然幼儿只是用简单的玩具柜、桌子或用其他物品在摆设，但是在摆设过程中，幼儿在思考多个问题，用什么东西来摆，如何设置，怎样摆设才好。

B组宗老师：是的，幼儿在这一过程中不断想象与建构着，同时也在与同伴共同合作中积极交往着，语言与动手能力同时获得发展。

B组姚老师：其实，不管是在教学活动还是在游戏中，教师都要关注幼儿的年龄特点。环境场景的设置可以交给中、大班的幼儿，给予他们一定的空间。

A组李老师：要用发展的眼光来看幼儿，可以让幼儿进行尝试，试过之后才会知道幼儿会与不会。

B组王老师：我们应该积极让幼儿都来尝试。如果尝试的机会都没有，那幼儿游戏的水平永远得不到提高。

主持人：虽然设置游戏场景只是游戏中的一个细小环节，但也值得教师重视，真正做到在每个细节之处给予幼儿自主，焕发游戏精神。

启示录

在这个案例中，发言的教师都能围绕“游戏的场景设置是否需要预先固定”的话题，从不同方面，言简意赅地表达自己的观点。而主持人在讨论的开头、中间、结尾的发言很好地串联了整个教研活动，有引导，有总结，使这个活动环节很丰富，也很圆满。

发散讨论

你在班级或者学校组织的一些活动中会不会积极发言呢？发言的时候有没有发言稿？发言的依据是什么？

学习目标

1）了解集体研讨中应注意的问题。

2）掌握集体研讨中谈话的技巧。

知识讲解

幼儿园里的教研活动有很多种，如集体备课时的教研、本园内的专题教研、本行业的学术报告等。参加教研活动，要本着虚心学习的态度，也要提出有理论依据的观点，对于意见相左的问题，以探讨为主，可以求同存异。

一、集体研讨中应注意的问题

为了确保完成教学研究的任务，达到教学研究的效果，幼儿教师在教研活动时的口语表达要注意以下几点。

1. 态度谦和

教师研讨是一项严肃庄重的活动，幼儿教师在参与过程中要态度谦和，虚心诚恳，多用礼貌用语和谦辞，如“你好”“谢谢”“请多指教”等，遇到不同观点要认真倾听，不可极力争辩，努力创造良好的学术氛围。

2. 观点鲜明

教研活动就是为了提高教学水平，让参会人员各抒己见、交流教学体会的一个交流平台。在教研活动中，幼儿教师要有自己独到的见解，不能人云亦云，要言之有理、言之有据。

3. 简明扼要

每次的教研活动既是学习也是交流，每个人都有自我展示的机会。良好展示的前提就是要认真听，仔细想，积极说。所以幼儿教师在发言时无须过多的客套话，尽可能地避免过多的口头禅，最好开门见山，直达主题。

教师在参加交谈活动时，都要经过一定的准备，包括从内容到形式上的准备。从内容上看，教师的话语要具有创新性、独特性和实践性；从时间上看，基本属于限时发言；从形式上看，可以是独白式的，也可以是对话式的。

二、集体研讨中的口语表达技巧

1. 紧扣主题，观点鲜明

无论是哪种形式的研讨活动，都要紧扣主题、有的放矢，要围绕与会者所关注的、所要讨论的话题进行交流，不要语无伦次、颠三倒四，也不要漫无边际、喋喋不休。自己发言时必须明确地亮出自己的观点，言之有理，言之有据，做到有独到的见解，不人云亦云。听的时候要专注，认真思考发言者的讲话内容，吸取有价值的信息。

2. 表述准确，言简意赅

教师参加的教研活动都是比较正规的，带有一定的学术研讨性质，教师要把自己的观点说清楚，必须有完整的结构和清晰的条理。如果是学术报告、专题讲座，可以事先写好讲稿或列好讲话提纲，有条件的还可以运用多媒体展示。如果需要即兴发言，教师在了解讨论主题的情况下，先厘清说话的思路，打个腹稿，可以使用第一、第二、第三，或者首先、其次、最后等表示顺序的词，这样有助于说话结构完整，条理清晰。

由于研讨活动具有学术性质，因此不仅表达的内容要科学，用语和措辞也都必须严谨、准确，不要说没有把握的话，更不可信口开河。当然，在教研活动中，也不要沉默不语，只当听众。

3. 态度诚恳，求同存异

教研活动都是围绕某一问题开展的，往往会有不同的观点。教师一方面应以平稳的语调、诚恳的态度、冷静的举止来表达自己的观点，另一方面也应耐心、冷静地倾听别人的不同观点，不能夸夸其谈，唯我独尊。如果遇到观点碰撞非常激烈，教师要先肯定发言者的意见，再提出自己的观点，不可随便插话，也不可随便打断别人的发言，不可用反语、激动的言语触怒对方。如果要求对方回答或解释问题，要尽量做到语气谦恭，多用征询语气，让对方有被尊重的感觉。态度诚恳，求同存异，可以营造融洽的交流气氛，便于活动的顺利开展，有助于开阔视野，吸取信息，获得启示。

知识链接

教师在参加教研活动时有哪些发言形式呢？

1. 独白式　2. 宣读论文式　3. 讲述观点式

4. 对话式　5. 交替发言式　6. 交流式

答：共6种

课堂练习

以小组为单位，组织一个以“如何更有效地和家长进行沟通？”为主题的教研活动。

课堂思考

如果要组织一次主题为“作为一名刚参加工作不久的新教师，如何更快地完成学生到教师的角色转换？”的集体研讨活动，你准备从哪些方面谈论？

课后练习

以小组为单位，召开模拟讨论会，轮流主持或发言。讨论内容：幼儿教育专业的学生学习“幼儿教师口语”的意义和作用。

____

____

____

第八单元　幼儿教师展示性口语训练

第一节　讲故事训练

案例分享

独特的教育方式——讲故事

讲故事是寓教于乐的活动形式，也是幼儿园老师常用的教育方式之一，对幼儿具有独特的教育效果。请欣赏下面案例。

小李老师在日常活动中观察到班里个别孩子存在做事情三心二意、注意力不集中的情况，主要表现在以下几个方面：在教育活动过程中，老师在上面介绍讲解，个别孩子听一会儿后就被其他事情吸引去，弄弄小手，看看窗外，心不在焉的样子。在游戏活动过程中，个别孩子持续玩一种游戏的时间很短，看到别的孩子玩其他好玩的，就会毫不犹豫地扔下手上未完成的游戏跑开了……

为此，小李老师专门准备了《小猫钓鱼》这个故事讲给孩子们听。讲完故事后，老师进行了提问："小猫咪咪一开始为什么总钓不到鱼呢？"孩子们叽叽喳喳地回答："因为咪咪做事总不认真，钓鱼的时候又打瞌睡又去抓蝴蝶，鱼上钩了都不知道！"这时，小李老师说："那咱们平时在开展活动的时候是不是也该认认真真的、不随便走神呢？小朋友们应该认真地听老师说话，认真地把手头上的事情做完了再去玩，千万不可以三心二意。"孩子们纷纷用力地点点头。在随后的观察中，孩子们注意力不集中的情况有明显改善。

启示录

同学们，平时生活中，你肯定不喜欢听老师或家长说大道理，换位思考一下，其实小朋友们也不喜欢。如果你是案例中的小李老师，遇到问题后一味地和孩子们讲大道理，诸如"你不可以这样！""你怎么总是不认真呢？"教育效果可想而知。但是，如果通过讲故事的方式对孩子们进行渗透式教育，能让孩子们以"局外人"的角度分析故事中人物行为的不足，并在现实生活中与自己或他人的行为进行比对，从而形成价值观。

故事是深受孩子们喜欢和欢迎的教育教学模式，也是幼儿园教学活动、家庭教育的常用手段，对幼儿的人格塑造、情操陶冶等方面起着非常重要的作用，一名合格的幼儿教师应该懂得善于运用讲故事来实现教育目标。

发散讨论

同学们从小到大应该听过不少故事，让你印象最深刻的是哪一个故事呢？试着讲给同学们听听吧。

学习目标

1）了解什么是讲故事。
2）学会对儿童故事进行选材。
3）掌握讲故事的技巧。

知识讲解

一、什么是讲故事

儿童故事是指根据儿童年龄特点、认知水平而专为其撰写、改编，供儿童欣赏阅读的材料。给孩子们讲故事，就是用口语把儿童故事绘声绘色地讲给孩子们听，要求适当结合态势语进行故事讲述。

在幼儿园，儿童故事以其生动连贯的情节、通俗易懂的语言深深打动着孩子们，是孩子们最为喜爱的文学形式之一。因此，讲故事是教育活动中常用的手段，对培养幼儿良好品性，发展幼儿语言能力、想象力等方面有重要作用。

知识链接

研究表明，儿童时期正是大脑中枢神经系统发育的关键时期，故事中的人物形象及情节能迅速被大脑接受并储存，进一步刺激大脑皮层的增生。因此，有目的、有针对性地讲故事能使幼儿获得积极的刺激，进而使智力得到提高。

二、讲故事的选材技巧

1. 主题鲜明、内容健康、富有童趣

一个好的儿童故事要有鲜明的主题、积极的思想、生动的情节、立体的人物形象和深刻的意义，并且极富童趣，能被孩子们喜爱并传诵。因此，在选择儿童故事时要学会换位思考，站在儿童的角度考虑该故事能否获得孩子们的喜爱。

例如，《龟兔赛跑》成功塑造了一只骄傲的兔子和一只坚持不懈的小乌龟的形象，通过曲折、反转的故事情节，向孩子们传递了虚心使人进步、骄傲使人落后的道理。《穿靴子的梅花鹿》充分结合幼儿认知过程中“万物有灵化”的特点，赋予了梅花鹿拟人化的形象，能让孩子们在听故事的时候更专注、更投入、更身临其境。

优秀的儿童故事能通过鲜明的故事主题、积极健康的故事内容以及极富童趣的表达形式，让孩子们在故事中感受到世界万物之美。优秀的儿童故事也可以启发孩子的思考，有助于他们形成良好品德，达到教育的目的。

2. 构思生动巧妙、人物形象立体、情节合情合理

“精彩的情节能够创造‘张力’，让故事充分展开，就像在射箭时往后拉弦那样，故事越具有张力（情节），箭就会越直接射入听者的心中。”（选自苏珊·佩罗《故事知道怎么办》）因此，在故事构思、人物情节方面，对儿童故事提出了更高的要求。

儿童故事应是环环紧扣、跌宕起伏的，因为幼儿在听故事的过程中希望听到老师“抖包袱”，即需要故事中不断设置悬念、起伏交织，让孩子们能在故事中体会到“焦急”“揪心”“舒畅”“愤怒”等不同的情感情绪。例如，经典故事《灰姑娘》，作者以巧妙独特的构思，描绘了受到不公正对待的灰姑娘，在超自然力量的帮助下，与王子相遇、分离、相聚，最后获得幸福的故事。孩子们在聆听故事的过程中，会为灰姑娘的凄凉身世感到难过心疼，会为后母姐姐们的所作所为

感到厌恶气愤，也会为王子公主的美好结局而欢欣愉悦，这就是好故事的魅力。

3. 符合幼儿年龄特点、认知水平、情感需要

幼儿在思维能力、知识水平、语言理解与表达等方面的心理状态都处于不断发展中，教师面对不同年龄段的幼儿时，也应当选择适合不同年龄段幼儿阅读的故事。

在故事篇幅上，对于年龄较小的幼儿，应选择较短较浅的故事来讲，可用讲故事的时间作为参考，以孩子的兴趣度为限。3 岁左右的幼儿以不超过 15 分钟为宜，4 岁以上的幼儿可延长至 30 分钟左右。若听故事过程中，孩子表现出了走神、不耐烦的情绪，则应停止讲述。

在故事内容上，由于 0 ~3 岁的婴幼儿形象思维尚未建立，也不具备抽象思维，因此建议采用歌谣的形式，给他们讲简单易懂的故事。因为歌谣极具韵律感，且朗朗上口，相比冗长的书面文字，低龄段的婴幼儿会对歌谣更感兴趣。例如歌谣《十二生肖》："小小老鼠前面跑，牛在后面追着走，老虎一旁大声吼，兔子吓得抖三抖，龙在天上云中游，蛇在草地身子扭，马儿拉车特别快，小羊打架头顶头，猴儿树梢翻跟头，鸡在高声喊加油，狗在家门做警卫，猪儿呼呼睡不够。"教师以哼唱的形式讲述这首精练押韵的歌谣，能让孩子们初步形成对不同动物形象的认识，有助于日后的深入学习。另外，以歌谣方式讲故事，让孩子们跟着诵读，还能帮助调整孩子尚未发育形成的呼吸方式、吐字方法。针对 3 ~6 岁的儿童，可以讲一些有趣的童话故事，如格林童话、安徒生童话等都是故事讲述的优秀选材，甚至还可以配上生动的手偶戏加以演绎。除此之外，还可以讲一些取材于动物、植物和人的自然故事，即使简单，在孩子眼里都是非常有趣的。绘本也是讲故事的好选择，通过和孩子一起读绘本，教师对绘本的内容加以扩充、改编、演绎，都能起到不错的效果。

课堂练习

刚工作不久的小王老师最近在读《小王子》，她特别希望能和自己所带的小班孩子们分享，于是便给孩子们讲《小王子》的故事。她仔细地讲述了小王子在旅途路上遇见了国王、爱虚荣的人、酒鬼、商人、点灯人、地理学家、蛇、三枚花瓣的沙漠花、玫瑰园、扳道工、商贩、狐狸等的经历，却发现孩子们听故事时显得很茫然。

请根据小班幼儿年龄特点，分析以上案例中小王老师工作的不足。

知识链接

《小王子》是法国作家安托万·德·圣·埃克苏佩里于 1942 年写成的著名儿童文学短篇小说。本书的主人公是来自外星球的小王子。书中以一位飞行员作为故事叙述者，讲述了小王子从自己星球出发前往地球的过程中的各种经历。作者以小王子孩子式的眼光，透视出成人的空虚、盲目，愚妄和死板教条，用浅显天真的语言写出了人类的孤独寂寞、没有根基随风流浪的命运，同时，也表达出作者对金钱关系的批判，对真善美的讴歌。

三、如何讲述儿童故事

1. 通读故事，熟悉故事内容和情节，根据故事的主题确立感情基调

认真阅读故事，明确故事所传达的中心思想，根据故事的主题确立故事的基调：是欢快轻松的，是忧愁伤感的，是诙谐幽默的，是深情感人的，还是富含哲理的……根据不同的故事基调，设计合适的语调：是高昂的，低沉的，还是活泼欢快的，等等。另外，故事高潮与低谷部分的语调设计也应有所差异，故事的高潮部分，需要把内容充分渲染突出，而低谷部分则需要语调保持婉转、平稳，因此需要更多的语言加工。

2. 分析故事中人物角色的特点，确立语言特色，用声音塑造形象

在分析了人物角色特点之后，就要选择适当的声音来表现，也就是为声音做“造型”。声音的造型要求清晰标准、绘声绘色、形象生动和富有趣味性。故事中的人物角色在年龄、性别、身份、性格等方面各不相同，他们说话的声音也会表现得不一样。例如，小孩说话声音高而细、吐字靠前、语速较快；老人说话声音低而粗、吐字靠后、语速缓慢；刚直豪爽的人，说话声音厚实、吐字饱满有力；善良柔弱的人，说话声音半虚半实、吐字轻缓。因此，在讲述故事的时候，需要对声音进行不同的加工，通过声音把各种角色区分开来，通常可以在语气、语调、重音、停顿、速度与节奏、气息等方面对语言进行适当加工。

为了让幼儿更容易区分故事中的人物角色，声音造型不妨略带夸张，不必追求逼真，更不必拿腔捏调，重在神似。还可以使用一些特殊的声音，例如，用粗涩的声音扮演鸭爸爸，用恶狠狠的腔调演绎大灰狼，用尖细做作的嗓音塑造狐狸，用阴郁沉闷的怪声表现老巫婆……这样，一个个各具魅力与个性的形象就出现了，这些声音会把幼儿带入精彩的童话世界，让他们乐在其中，也会让之后的交流和教学进行得更加顺利。

课堂练习

请同学们分别演绎这两个故事中的小羊，体会同一种动物在不同故事中的形象差异。

1）可怜的小羊喊道：“啊，亲爱的狼先生，那是不会有的事，去年我还没有生下来呢。”狼不想再争辩了，龇着牙，逼近小羊，大声嚷道：“你这个小坏蛋，说我坏话的不是你，就是你爸爸，反正都一样！”——选自《狼和小羊》

2）小白羊生气了，瞪着眼睛说：“是我先上桥的，你退回去，退回去，退回去……”——选自《两只小羊》

3. 使用标准规范的语言、抑扬顿挫的语调，善于使用“儿童化”语言

发音标准规范，是讲好故事的基本条件；声音抑扬顿挫，是讲故事的重要技巧。发音不清楚，会大大降低故事的质量，影响故事的生动性。语气语调太平淡，则会让故事听起来乏味无趣，难以吸引孩子的注意力。

儿童化的语言，指的是适合儿童、强调童趣的语言。幼儿年龄小、理解能力较弱，因此，教师在使用语言时应当避繁就简，使用词汇涉及范围较小、语法结构简单的语句，避免使用让幼儿感到理解困难的专有名词、抽象词语、长句和复合句等。语言的“儿童化”，主要表现为以下特点。

1）词语运用的儿童化。选择词语要遵循“以浅代深”的原则，说话时要多用表示具体概念，表现色彩、形态、动作的词，多用叠音词、感叹词、语气词。例如，可以这样描述一只兔子——圆圆的眼睛、长长的耳朵、白白的毛、短短的尾巴。

2）句式运用的儿童化。句子要更短小、简单，附加成分尽量减少，适当重复。例如故事《动物做鞋》——小猴开鞋店，大家来做鞋。仙鹤说：“请你给我做一双鞋。”小马说：“请你给我做两双鞋。”蜻蜓说：“请你给我做三双鞋。”大虾说：“请你给我做五双鞋。”最后，蜈蚣也要做鞋，小猴急了：“你要做二十一双鞋，什么时候才能做完啊？”这个故事中不断重复的句子不仅可以加深幼儿印象，还具有回环跌宕的韵律感，正是典型的儿童化句式。

3）语情语境的儿童化。对儿童说话要多注入一些情感因素：节奏较慢，语音和谐悦耳，声调愉快柔和，语气委婉坚定，节奏鲜明匀称、富于音乐美，语气“柔”一点，语调“甜”一点等。除此之外，可多使用修辞手法，使口语更生动活泼，更加富有趣味性。例如，形容天气很热，可以说：“天真热啊，能热死四百头大象。”这样的说法更能吸引幼儿。

课堂练习

请对该故事进行语言“儿童化”改造，并讲给全班同学听。

小猫钓鱼

老猫和小猫一块儿在河边钓鱼。

一只蜻蜓飞来了。小猫看见了，放下钓鱼竿，就去捉蜻蜓。蜻蜓飞走了，小猫没捉着，空着手回到河边来。小猫一看，老猫钓着了一条大鱼。

一只蝴蝶飞来了。小猫看见了，放下钓鱼竿，又去捉蝴蝶。蝴蝶飞走了，小猫又没捉着，空着手回到河边来。小猫一看，老猫又钓着了一条大鱼。

小猫说：“真气人，我怎么一条小鱼也钓不着？”

老猫看了看小猫，说：“钓鱼就钓鱼，不要这么三心二意的。一会儿捉蜻蜓，一会儿捉蝴蝶，怎么能钓着鱼呢？”

小猫听了老猫的话，就一心一意地钓鱼。

蜻蜓又飞来了，蝴蝶又飞来了，小猫就像没看见一样。不大一会儿，小猫也钓着了一条大鱼。

4. 合理停顿，设置提问

因为幼儿注意力集中时间比较短，他们在较长时间听故事的过程中，思想容易游离。因此在讲故事的时候，不要一口气讲完，在适当的时候设置一些提问，或者卖一下关子，让他们重新把注意力放到故事中。除了提问和卖关子，也可以在讲故事的过程中与幼儿互动，例如，在讲到故事中的弱者时，可以让幼儿给他们打打气。

5. 恰当运用肢体语言

肢体语言，又称身体语言，是指通过头、眼、颈、手、肘、臂、身、胯、足等人体部位的协调活动来传达人物思想，形象地借以表情达意的一种沟通方式。广义的肢体语言，也包括面目表情。例如，“眯着眼”代表不同意、厌恶、发怒、不欣赏、蔑视、鄙夷，“来回走动”代表受挫、不安，“向前倾”代表注意或感兴趣，“点头”代表同意或听懂了，“鼓掌”代表高兴或赞成，等等。

讲故事时带有一点表演性，模拟不同的眼神、姿势、动作、表情等肢体语言，可以使人物性格突出，增加故事的表现力与感染力。例如，讲到小白兔时，语言欢快，两手放在头部两侧展示小白兔的两只大耳朵；讲到大灰狼时，语言粗暴，脸部要把大灰狼的狰狞面目表现出来；讲到小鸟时，可用双手做出飞翔的动作；讲到小猫时，可以模仿喵喵的叫声；讲到难过的情绪时，就做出哭泣的表情；讲到生气的感情时，就噘噘嘴、跺跺脚……

6. 设计开头和结尾

故事的开头一定要有吸引力，要能引起孩子对故事的好奇心。一般常见的开头方式有以下几种。

1）提问式。提出一个孩子感兴趣的问题，引起他们的思考，集中其注意力。提问的时候要适当地对提问语言进行加工，语调上扬，适当停顿。

2）议论式。针对教育目的，简单地阐述一个道理，让孩子们做适当的讨论。

3）介绍式。这种方式一般应用于节选的故事。

故事的结尾要留给孩子回味的余地和思考的空间。常见的结尾方式有以下两种。

1）总结式。进一步说明或适当延伸故事中的道理，强化故事的教育意义。

2）悬念式。这种方式一般应用于分次讲述的长故事。

课后练习

1. 请同学们结合本节课内容，浅析以下故事，试分析该故事是否适合读给孩子听。

很早以前，不知从哪儿飞来一条大黄龙，作恶多端。它不是呼风唤雨破坏庄稼，就是吞云吐雾残害生灵，把整个村庄搞得乌烟瘴气，不得安宁。每年六月六日它的生日这天，它更是强迫人们献上一百头猪供它享用。如若不然，它就会破坏田园，害得村民们叫苦连天。在镇上，有一位聪明俊美的小姑娘，名叫玉姑，她下决心，非除掉这条恶龙不可。有几次，她去找仙子求救，都未找着。她仍不灰心，继续去找。这天清晨，她又去找仙子，仙子被玉姑心诚志坚的精神感动了，出现在她眼前，向她指点说："离这儿千里之外有个鲤鱼洞，你可前去找一位鲤鱼仙子，她定能相助于你。"玉姑辞别仙子，跋山涉水，历尽千辛万苦，来到鲤鱼洞中，找到鲤鱼仙子，说明来意。鲤鱼仙子对玉姑说："你想为民除害，这是件大好事，可是必须牺牲你自己啊！你能这样做吗?"玉姑毫不犹豫地说："只要是为乡亲们除害，我心甘情愿!"鲤鱼仙子见玉姑这样诚恳坚决，十分满意地点了点头，朝玉姑喷了三口白泉，玉姑顿时变成了一条美丽的红鲤鱼。红鲤鱼游回家乡的这天正是六月六日清晨，她摇身一变，变回原貌，见乡亲们已准备了一百头肥猪。黄龙见百姓送到盛餐佳肴，早已垂涎三尺，得意地张开大口。就在这时，玉姑抢先上前，拦住父老乡亲们说道："大家在此稍等，让我前去收拾这条恶龙。"话刚说完，只见玉姑纵身跳入水中，霎时变成一条大红鲤鱼，直朝恶龙口中冲去，一下蹿进它的肚中，东刺西戳，把恶龙的五脏六腑捣得稀烂。恶龙拼命挣扎，浑身翻滚，但无济于事，终于被玉姑制服了。从此，村民们又过上了安居乐业的日子。

2. 请同学们结合本节课内容，分析以下故事中狐狸和狗熊这两类不同的形象，应该分别用什么样的声音形式来塑造。

狗熊妈妈有两个孩子，一个叫大黑，一个叫小黑，它们长得挺胖，可是都很笨，是两只笨狗熊。

一天，天气非常好，哥俩儿手拉手一起出去玩儿。它们走着，走着，忽然看见路边有一块肉，捡起来闻闻，嘿，香喷喷。可是只有一块肉，两只小狗熊怎么吃呢？大黑怕小黑多吃一点，小黑也怕大黑多吃一点，这可不好办呀！

大黑说："咱们分了吃，可要分得公平，我的不能比你的小。"

小黑说："对，要分得公平，你的不能比我的大。"

哥俩儿正闹着呢，狐狸大婶来了，它看见肉，眼珠骨碌碌一转，说："噢，你们是怕分得不公平吧，让大婶来帮你们分。"哥儿俩说："好，好，咱们让狐狸大婶来分吧。"

狐狸大婶接过肉，恨不得一口吞下去，可是它没有这样做，一下子把肉分成两块，哥俩儿一看，连忙叫起来："不行！不行！一块大，一块小。"

狐狸大婶说："你们别着急，瞧，这一块大一点吧，我咬它一口。"狐狸大婶张开大嘴巴，"啊呜"咬了一口。哥俩儿一看，又叫起来了："不行，不行，这块大的被你咬了一口，又变成小的了。"

狐狸大婶说："你们急什么呀，那块大了，我再咬它一口吧。"狐狸大婶张开大嘴巴又"啊呜"咬了一口。哥儿俩一看，急得叫起来："那块大的被你咬了一口，又变成小的了。"

狐狸大婶就这样这块咬一口，那块咬一口，肉只剩下小手指头那么一点儿了。它把一丁点大的肉分给大黑和小黑，说："现在两块肉都一样大小了，吃吧，吃吧，吃得饱饱的。"

大黑和小黑你看看我，我看看你，一句话也说不出来。

3. 请为下面这两则故事设计开头、结尾，并讲给全班同学听。

不爱洗澡的小猪

小猪罗罗胖胖的、白白的，可真讨人喜欢，小动物们都爱和它做朋友。可是，最近罗罗变得不爱洗澡了，身上臭臭的，小动物们再也不和它玩了。

一天，罗罗去参加小兔咪咪的生日宴会，它对大家说："我们一起来跳舞，帮咪咪切蛋糕吧！"可大家都不喜欢它，都说："快走开，讨厌的臭臭！"罗罗伤心地哭起来："为什么大家都不和我玩，还叫我臭臭呢？"大象伯伯忙说："这都怪你自己，谁叫你不爱洗澡啊，大家才不和又脏又臭的娃娃玩呢！"罗罗听完大象伯伯的话，很不好意思，赶紧跑回家洗了个澡。

瞧，现在的罗罗多干净呀，小动物们又和以前一样喜欢它了！

小蛋壳的故事

"噼噼啪！"小蛋壳裂开了，钻出一只毛茸茸的鸡宝宝。鸡妈妈带着鸡宝宝去散步。刮风了，鸡妈妈张开大翅膀，鸡宝宝赶快钻进去。这是它的新家呀。

小蛋壳有点孤单。"现在我不是鸡宝宝的家了。对了，我再去找一个小宝宝，做它的家。"它咕噜咕噜滚走了。

一只蜜蜂在采花粉。"蜜蜂宝宝，我做你的新家吧！""谢谢你，小蛋壳。我不是蜜蜂宝宝，我是蜜蜂阿姨。我的家在大树上，那个圆圆的蜂巢就是我的家。"

一只蚂蚁在拖虫子。"蚂蚁宝宝，我做你的新家吧！""谢谢你，小蛋壳。我不是蚂蚁宝宝，我是蚂蚁姐姐。我的家在田埂上，那个小小的泥洞就是我的家。"

一只小青蛙在唱歌。"青蛙宝宝，我做你的新家吧！""谢谢你，小蛋壳。我不是青蛙宝宝，我是青蛙哥哥。我的家在前面的小池塘里。"

一只小蜗牛在散步。"蜗牛宝宝，我做你的新家吧！""谢谢你，小蛋壳。我有家呀，你看我的家在背上呢。"

谁也不要它，小蛋壳有点难过。一只金龟子路过这里。"太好啦，我的宝宝正缺个摇篮，这只蛋壳做摇篮刚刚好！"金龟子衔来一片花瓣铺在小蛋壳里面。多舒服呀！

"快快睡，小宝贝。"金龟子向睡在蛋壳摇篮里的小宝宝唱起了歌。小蛋壳听着听着，也睡着啦。

第二节　幼儿园集体教学活动模拟课堂训练

案例分享

幼儿园集体教学活动是幼儿在园活动的重要组成部分。因此，作为幼儿教师，清楚了解教学对象的知识水平，熟练掌握各个教学环节的流程显得尤为重要。但由于缺乏一线工作经验以及幼儿园教学活动环节的模拟训练，很多刚毕业的年轻幼儿教师会参照中小学教师的教学模式来给幼儿开展教学活动。请看下面的例子。

刚从学校毕业的小瑶正应聘一份幼儿教师岗位的工作。在面试现场，园长要求其展示一次小班数学教育活动的模拟教学。小瑶清清嗓子，自信地开始了展示："各位小朋友好！请小朋友们翻开课本的第十页，今天我们一起来学习‘5以内的加减法’，5减去2等于多少？有小朋友知道吗？”随即便在黑板上写下了算术式。但此时，园长却摇了摇头，对小瑶的表现并不是很满意。

同学们，你知道园长不满意小瑶哪方面的表现吗？

启示录

《幼儿园教育指导纲要》倡导开展以幼儿为主体、教师为主导的教育活动，各种集体教学活动的开展都要建立在幼儿感兴趣、愿学习的基础上。“幼儿化”是幼儿教师教学口语的突出特征，是指在教学活动中，幼儿教师的教学口语要顺应幼儿的理解能力，做到通俗易懂、简洁流畅、易于被幼儿接受，避免“小学化”“课程化”，切忌与中小学教师雷同，如出现“上课”“讲课”“翻开课本”等字眼，可用“开展活动”“玩个游戏”“看看书上是怎么说的”等表述进行替代。

上面案例中的小瑶老师对不同年龄段幼儿的理解能力缺乏正确认识，在教学活动环节的语言表述上也较“小学化”。造成该问题的原因在于其专业学习期间缺少幼儿园集体教学活动模拟训练，以致走上讲台面对幼儿时，不知道该如何开展教学活动。

发散讨论

如果你是案例中的小瑶老师，你会如何设计模拟教学活动的对白呢？试着在同学们面前展示一下吧！

学习目标

1）知道什么是幼儿园集体教学活动。

2）了解幼儿园集体教学活动模拟训练的各个环节。

3）学会对幼儿园集体教学活动进行评价。

知识讲解

一、什么是幼儿园集体教学活动

幼儿园集体教学活动是指教师有目的、有计划地组织班级所有幼儿集体参加的教育活动。幼儿园集体教学活动包括教师预设和生成的教育活动（教师发起和幼儿发起的活动），单独的一节“课”和围绕一个主题展开的系列活动，全班一起同时进行的和分小组进行的活动。幼儿园集体教学活动是和“生活活动”和“活动区活动”相配合，共同构成幼儿园生活的重要活动类型。

幼儿园集体教学活动模拟课堂训练，涵盖了活动前期选择内容、制订目标、确定重难点、活动准备，以及活动开展过程中的教育活动过程设计、活动后的能力延伸等几方面。在本节内容中，主要探讨的是幼儿园集体教学活动中针对某个主题或内容进行单独的一节“课”的模拟课堂训练，探讨如何在幼儿园情境中学会上好一节“课”。

二、幼儿园集体教学活动模拟课堂训练的各个环节

当前，职业院校幼儿教育专业发展的瓶颈在于实训基地不足和职业技能训练不到位，这也是阻碍本专业学生职业能力提高的主要原因。幼儿园集体教学活动模拟课堂训练模式，凭借其互动性与配合性、情境性与体验性、计划性与创造性、可控性与灵活性等方面的特征，可以有效提高幼儿教师职业技能训练水平，提高人才培养的质量。然而，幼儿园集体教学活动模拟课堂训练并不仅是简单地写教案、模拟试讲，而是涉及了主要教师角色撰写活动设计、其余幼儿角色撰写配角方案、说课试讲、自评互评、指导教师点评等各个环节，下面一一介绍。

1. 指导教师进行示范课展示，正确示范幼儿园集体教学活动各环节

指导教师可通过亲身示范、优秀课视频展播等形式，选取特定年龄班、专门领域的集体教学活动，如播放省级示范课小班语言教育活动《我要拉粑粑》的教学视频，向学生正确示范幼儿园集体教学活动各环节的内容，然后要求学生参考示范课模式，撰写相关教学活动设计方案。

知识链接

绘本《我要拉粑粑》是由日本佐佐木洋子编绘的认知翻翻书，是“噼里啪啦”系列丛书之一。作者运用生动活泼的图画表现了小朋友日常生活的活动，如刷牙、如厕、洗澡等。小朋友在阅读的过程中，自然而然受到有关生活常识的教育。

我要拉粑粑

大河马、粉红猪和小老鼠是三个好朋友，它们在一起玩开汽车。嘀嘀叭叭……突然，大河马说：“哎哟！我肚子疼，我要拉粑粑！”粉红猪也说：“哎哟！我也肚子疼，我也要拉粑粑！”小老鼠也急忙叫起来：“我也要拉粑粑，我也要拉粑粑！”

它们跑呀跑，一起找厕所。找到了，大树下有3间厕所，门是关着的。小老鼠来到小门前，先敲敲门：“笃笃笃，里面有人吗？”粉红猪来到中门前：“笃笃笃，里面有人吗？”大河马来到大门前：“笃笃笃，里面有人吗？”

没声音，里面没人，小老鼠、粉红猪开门赶紧进去。“我来不及了，我来不及了！”大河马急得大喊！原来，门内有鳄鱼，大河马进不去。“哎呀，对不起，我来不及了，请你快出来好吗？”大河马着急地问着。鳄鱼急急忙忙起身穿裤子，准备出来了！

大河马说：“唔——拉出来了，好舒服啊！”粉红猪说：“唔——拉出来了，好舒服啊！”小老鼠却还在用力：“嗯——嗯——使劲！嗯！终于拉出来了！好舒服啊！”拉完粑粑，它们站起来擦屁股。它们拿起纸巾擦一擦，纸巾叠好再擦擦，最后把纸巾扔进马桶里。

大河马，拉的是大粑粑，真臭，赶快用水冲掉它

粉红猪，拉的是中粑粑，真臭，赶快用水冲掉它！

小老鼠，拉的是小粑粑，真臭，赶快用水冲掉它！

它们都在洗手。三个好朋友拉完粑粑又去开汽车了，一只小鸟在天上叫着：“忘记啦，忘记啦！”哦！它们忘记穿短裤了！

2. 试讲学生撰写教学活动设计方案，其他学生撰写该活动的配角方案

模拟训练前，要求试讲学生按照教育目标、课程标准，并在教师的指导下撰写教学活动设计方案，其余学生扮演幼儿，并需提前撰写各自的配角方案。

例如，幼儿教育专业某班30位同学模拟一节中班科学教育活动“空气在哪里”。其中，一名试讲同学和一名配班同学要进行活动设计，撰写试讲方案，可称为“主角方案”。另外，其余28位同学要设计“配合方案”，分别扮演不同类型的中班幼儿，如“调皮捣蛋型”“木讷沉默型”“踊跃发言型”等，给试讲的“教师”出难题。

实战演练

中班科学教育活动“空气在哪里”活动设计

教学目标：

1. 在玩抓空气的游戏中，感知空气是无色、无味、看不见、摸不着的。
2. 运用多种感官，学习寻找空气的简单方法。

教学准备：透明的盆若干、透明塑料杯若干、手绢若干、塑料袋若干。

教学过程：

一、小实验：手绢为什么不湿

1）教师举起塑料杯，请幼儿看杯子里有没有东西。（没有，是空的。）

2）杯子里真的没有东西吗？请幼儿猜一猜手绢湿了没有。（教师把手绢塞入杯底，把杯子倒扣着压入水下。）

3）到底湿了还是没有湿？我们拿出来看看。（教师拿出手绢，请幼儿摸一摸，手绢没有湿。）

4）手绢为什么没有湿呢？水为什么进不了杯子？多奇怪呀！杯子里有什么东西挡着不让水进去呢？（请幼儿讨论，说说原因。）

5）教师进行第二次实验，将杯子压入水下后倾斜，使气泡冒出。

6）引起幼儿注意：哎呀！什么跑出来了？

7）猜一猜，手绢湿了吗？

8）请一个幼儿拿出来看看，到底湿了没有，让大家都来摸一摸。

9）再请幼儿讨论手绢为什么湿了。

在讨论的过程中，教师提醒幼儿：空杯子里为什么会跑出泡泡来？第一次实验有泡泡吗？杯子里是空的吗？

小结：第一次手绢没湿是因为空气在杯子里，水进不去。第二次杯子倾斜空气跑出来，冒出气泡，水就进去了，手绢也就湿了。原来杯子不是空的，里面装满了看不见的空气。当空气在水里变成了气泡，我们才能看见它。

二、小实验：找空气

1）用塑料袋抓空气。把塑料袋抓紧，看看塑料袋有什么变化。

2）教师引导幼儿思考：为什么塑料袋会鼓起来？

3）将塑料袋打开，挤压一下，看一看，摸一摸，闻一闻，有什么感觉吗？

三、找一找

让幼儿找一找，什么东西里、什么地方还有空气？

四、教师引导幼儿了解空气的作用

1）幼儿将嘴闭上，用手捂住鼻子，说一说有什么感觉，为什么难受。

2）引导幼儿想一想：如果没有空气会怎样？

小结：空气是我们的好朋友，我们要好好保护空气，不要让空气受到污染，清新干净的空气对我们的身体是非常有益的。

五、拓展延伸

游戏：把空气吹出来。

玩法：幼儿每人一个吸管，对着盆里的水，把吸管插入里面，轻轻地吹一吹。

请同学们参照以上教学活动设计模板，撰写中班美术教育活动“海底世界”的活动设计方案，注意详写师幼对白。

全体学生合理分工，模拟幼儿园集体课堂教学活动全过程

本环节要求全体学生根据所撰写的活动设计方案、配合方案进行模拟训练。

其中，试讲学生须严格按照幼儿教师教学口语规范开展模拟训练，合理规范地使用导入语、讲解语、结束语等，并且要顺应幼儿的理解能力，要求教师语言通俗易懂、简洁流畅、易于被幼儿接受，避免落入“小学化”“课程化”的误区。

对于配合角色，要求配角演绎好幼儿角色，模仿特定年龄阶段幼儿的心理表现和行为特征，并做出相应的言行举止，创设出既丰富多彩，又合情合理的情境氛围。

如此模拟训练，既加深了对幼儿生理及心理特性的了解，也在模拟情境中锻炼了职业技能。

课堂练习

1）在科学教育活动“食物哪去了”中，王老师是这样导入的：“我们每天都要吃很多东西，可是这些食物都到哪儿去了呢？”短短的一句话便能引发幼儿强烈的好奇心和探索欲望。请同学们根据以上学习内容，给大班教学活动“我会看时钟”设计一个巧妙的导入语。

2）请你发散思维，运用比喻式讲解法，比喻一下数字 1～10 的写法。

3）自我反思。自我反思包括两个方面：一是试讲学生根据自己的活动设计与实际的授课效果进行比对、反思；二是模拟幼儿的学生也要根据自己的课堂表现对照幼儿的年龄特点进行学习反思。

4）开展活动评价，指导教师进行总评

幼儿园集体教学活动评价表

<table>
<tr><td>活动名称</td><td>执教者</td><td colspan="4">得分</td></tr>
<tr><td rowspan="2">评价内容</td><td rowspan="2">评 价 要 求</td><td colspan="4">评价等级</td></tr>
<tr><td>A</td><td>B</td><td>C</td><td>D</td></tr>
<tr><td rowspan="4">教学目标
20%</td><td>1. 注重幼儿全面发展和良好行为习惯的培养</td><td></td><td></td><td></td><td></td></tr>
<tr><td>2. 目标明确具体、多元化，幼儿知道学什么、怎样学</td><td></td><td></td><td></td><td></td></tr>
<tr><td>3. 内容正确，能使幼儿产生学习动机和求知欲</td><td></td><td></td><td></td><td></td></tr>
<tr><td>4. 内容深浅适度，联系幼儿生活经验，符合幼儿实际情况</td><td></td><td></td><td></td><td></td></tr>
<tr><td rowspan="5">教学过程方法
40%</td><td>1. 围绕目标创设情景，结构有序、层次分明、时间安排合理</td><td></td><td></td><td></td><td></td></tr>
<tr><td>2. 能充分发挥幼儿的主动性，有充分思考和练习的机会</td><td></td><td></td><td></td><td></td></tr>
<tr><td>3. 既面向全体，又注重个别差异</td><td></td><td></td><td></td><td></td></tr>
<tr><td>4. 注意观察幼儿，指导有针对性、启发性、可操作性</td><td></td><td></td><td></td><td></td></tr>
<tr><td>5. 方法手段选择合理，突出重点，抓住关键，确保幼儿的主体性</td><td></td><td></td><td></td><td></td></tr>
<tr><td rowspan="4">教师基本素质
20%</td><td>1. 教态自然亲切，既尊重幼儿，又严格要求</td><td></td><td></td><td></td><td></td></tr>
<tr><td>2. 语言简练规范，生动富有感染力，易于幼儿理解</td><td></td><td></td><td></td><td></td></tr>
<tr><td>3. 教具制作恰当，演示操作准确熟练</td><td></td><td></td><td></td><td></td></tr>
<tr><td>4. 有较强的沟通能力与应变能力</td><td></td><td></td><td></td><td></td></tr>
<tr><td rowspan="2">教学效果
20%</td><td>1. 幼儿态度积极，情绪良好，注意力集中，思维活跃</td><td></td><td></td><td></td><td></td></tr>
<tr><td>2. 幼儿的能力得到充分发展，目标达成度高</td><td></td><td></td><td></td><td></td></tr>
<tr><td>综合评价</td><td colspan="5"></td></tr>
</table>

评价人：　　　　　　　　日期：

课后练习

请在下列主题中选择一项开展模拟课堂教学活动训练：

1. 小班健康教育活动“我爱洗手”。

2. 中班音乐教育活动“春天在哪里”。

3. 大班社会教育活动“你的名字与众不同”。

第三节　模拟求职情境训练

案例分享

试讲 = 说课?

即将毕业的小青接到了自己心仪幼儿园的面试通知，幼儿园要求她准备15分钟大班科学教育活动的说课展示，小青信心满满地做起了准备。面试当天，面对一众面试官，小青迫不及待地开始了她的展示：“小朋友们，你们好！我是你们的小青老师。你们看看，我手里拿着的是什么？没错……”她严格按照课本上学到的活动流程，从导入、讲解、互动、总结等环节进行了全面的展示。但是，在展示快结束的时候，一位面试官打断了她，说道：“不好意思，你这是在试讲，我们要求的是说课。”这句话，一下子把小青说蒙了，她心里嘀咕着：“难道试讲不就是说课吗？”

发散讨论

同学们，你们听说过“试讲”和“说课”吗？知道二者的区别吗？

启示录

“试讲”及“说课”作为教师求职面试的重要环节，在很多幼儿园的教师招聘面试中有要求，准确把握二者的区别与本质，对求职面试有很大帮助。

“试讲”主要是现场模拟上课的情景，可以将面试官当作学生、幼儿，在规定时间内简要呈现导入、新授、互动、小结等课堂活动环节；“说课”则是运用系统的教学理论，将面试官当作同行，向他们介绍这节活动打算怎么开展，在规定时间内，从说教材、说学情、说目标、说重难点、说教法学法、说教学过程等步骤来完成。由此可知，“试讲”和“说课”有本质的区别，同学们要根据面试要求区分开。

学习目标

1）了解教师招聘面试常见环节。
2）学会根据不同面试环节进行应对。

知识讲解

教师招聘面试常见环节及应对方法

经过几年的在校学习，相信大家对幼儿教育的相关知识已经掌握得很不错了，对于即将实习、毕业的同学来说，求职面试可以说是几年学习成果的一次集中展示，面试效果的好坏也许会决定着能否获得心仪的录取通知。因此，熟悉了解教师招聘面试中的常见环节则显得尤为重要。

知识链接

幼儿教师资格证面试流程

幼儿教师资格证的考试由笔试和面试共同组成。当“综合素质”和“保教知识与能力”两科笔试都超过 70 分时，则可进入面试环节。如果有一科或两科没有及格，也不要灰心，笔试成绩是两年有效的，两年之内考过剩下的科目也可继续参加面试。

幼儿教师资格证的面试环节如下：

1. 候考

考试当天，需提前一个小时以上到达考场，带好准考证和身份证，进入考场，前往候考室。工作人员将核对求职者面试准考证和身份证等相关证件。这时候要求求职者将与考试无关的东西放到指定位置，不可带入考场。进入候考室后，安静等待考场工作人员的安排。求职者需严格按照规定的顺序，在规定的时间进行抽题、备课和面试。面试顺序一经确定，不得更改。考试结束前不得擅自离开考场。

2. 抽题

按照自己的顺序和考试时间，会有考场引导员带领求职者去抽题室抽题。负责抽题的老师会登录“面试测评软件系统”，要求求职者报出自己的准考证号或者在报名阶段所使用的手机号，系统会自动挑选一套题目。有条件的考场会有大屏幕，可以在大屏幕上看到抽到的题目，之后负责的老师会把抽到的考题打印出来。

3. 备课

拿到备课纸，可以前往备考室进行备课，共有 20 分钟的备课时间。同样，进入备考室时不能携带任何与考试相关的物品和资料。

4. 面试

按照考试顺序和考试时间，备课时间结束后，会有考场引导员带领求职者前往考场，开始面试。

面试时长共 20 分钟，流程安排如下：

① 回答问题。面试官会登录“面试测评软件系统”，从题库中抽取两道问题，5 分钟的时间作答。

② 试讲。按自己备课时准备的内容进行 10 分钟的试讲。

③ 答辩。面试官会根据试讲情况，随机提问两个问题，5 分钟的时间作答。

至此，面试结束，可以离场。

一、自我介绍

除个别招聘面试不允许求职者在面试过程中透露个人信息外，大部分的幼师招聘考试都是需要自我介绍的。自我介绍就好比一张活名片，通过 3 ~ 5 分钟的自我口语简述，让面试官较为全面地认识你，因此自我介绍应凝练简洁、有要点，避免长、拖、杂。

在内容把控上，自我介绍主要涉及以下内容。

1）做过什么？即简要介绍个人履历，把自己曾经做过的事情说清楚，对应时间节点的工作单位、工作地点、工作岗位、担任职务、工作内容等，较早之前的工作、学习经历可以一带而过，要把握“重点突出”的原则。

2）做成过什么？即介绍个人业绩，把自己在不同阶段做成的有代表性的事情介绍清楚，与应聘岗位需要能力相关的业绩多介绍，不相关的一笔带过或不介绍。

3）特长是什么？注意一定要介绍与应聘岗位密切相关的特长，如向面试官着重推荐自己的绘画特长时可附带上美术作品。

实战演练

各位领导、评委老师：

你们好！我叫×××，今年20岁，毕业于×××技师学院幼儿教育专业，我应聘的是贵园的幼儿教师岗位。

在专业上，我积极求知、勤于实践，刻苦学习弹唱说跳各门专业课程，考取了高级保育员证、普通话证，现正在积极备考幼儿教师资格证。在舞蹈方面，我具有较为突出的特长，曾获得全市技工院校幼儿教育专业学生舞蹈技能大赛一等奖。从小我就十分崇拜教师，经过几年的专业学习，加深了对幼儿教育行业的了解，毕业后更希望投入一线幼儿教师岗位进行更深入的实践锻炼。

在专业实践方面，我先后在×××师范大学附属幼儿园、××××幼儿园和×××外国语学校幼儿园见习、实习过一到两个月。在幼儿园实习任教期间，我不仅耐心教授小朋友知识技能，而且还注重培养小朋友们的兴趣爱好。工作中的我用心进取、吃苦耐劳，深得幼儿园领导、同事、指导老师的好评。

请各位领导给我一次机会，我会用实际行动去证明我的潜力与价值！

请你参考以上范例，把台下的老师、同学当作面试官，走上讲台，来一次自信的自我介绍吧！

二、结构化面试

结构化面试是现在很多正规招聘面试选择使用的考试形式之一，是指由多名面试官按照预先设计的一套包括各种测评要素在内的试题向求职者提问，根据求职者的回答，给出求职者在各个测评要素上的得分，各个测评要素得分的总和就是求职者结构化面试的最后成绩。测评要素主要包括综合分析能力、语言表达能力、应变能力、计划能力、组织能力、协调能力等方面。

在结构化面试中，首先会让你先抽题，即场准备2～3分钟后进行答题，题目涉及面较广，但与专业密切相关。在此环节，不必过于焦虑、紧张，按步骤、分类进行回答即可。

实战演练

问：**作为一名幼儿教师，面对家长的谴责应该怎么办？**

例答：作为一名幼儿教师，面对家长的谴责，要放平心态，耐心听完家长的话。如果是误解，心平气和地做出解释；如果是自己工作失误，要态度诚恳地接受家长的批评，并且要表示在今后工作中会加以改进。人无完人，遇到问题积极去解决，也是逐渐完善自我的过程。开展工作确实也很难让每个家长都满意，很多时候家长关键看老师的态度，如果确实是认真去做了，相信没有哪个家长会无故谴责老师的。以上是我的回答，谢谢。

问：**孩子尿裤子回家，家长来园中质疑，您会怎么处理？**

例答：孩子尿裤子是正常的，这是由于孩子的身体还没有成长到可以自我控制的程度。我认为，遇到此情况，教师应首先道歉，因为在班级中，教师的配备是有限的，不可能真正完全照顾到每一个幼儿，要向家长解释清楚，恳请获得谅解。另外，教师要注意不要在孩子尿裤子的时候责问或者打击他，这种过激行为很容易造成孩子心理疾病的隐患。教师也应建议家长留意孩子的自身状况，若是偶尔尿裤子，可能白天玩兴奋了或者睡前进水太多；若是经常，可能是神经系统发育不完善造成的，建议尽早到医院检查，与家长一同探讨解决办法。

问：幼儿教师如何处理孩子间的争闹与纠纷？

例答：幼儿间发生纠纷时，可以先让孩子们自己解决，而不是由教师一味地说理训教，毕竟要教会他们自己处理问题的能力。老师要注意的是，不要让孩子间的简单纠纷升级为过激冲突就好。

问：你认为在当今社会中幼儿教师应该扮演什么样的角色？

例答：从保育员到教育能手的角色，能照顾孩子的生活，站起来会讲（执教），坐下去会写（写论文等），琴、画、唱、跳、手工样样精通，有爱心、有耐心、有责任心，这就是幼儿教师最理想的标准。

课堂思考

问：作为一名幼儿教师，如何和小朋友沟通？如何让小朋友喜欢你呢？

你的回答：……

问：幼儿教师应具备的专业能力有哪些？

你的回答：……

三、试讲

试讲是指在有限时间内，求职者通过口语、态势语对各教学技能与组织形式的展示，主要考查求职者对课堂的组织能力、授课语言的使用能力、教态的展示能力、知识点的归纳能力、师生互动的运用能力等。那么，如何进行一场生动、丰富的试讲呢？那就需要了解一整套完整的试讲流程。

1）进入面试考场后，对面试官鞠躬行礼，同时伴随语言交流：“各位面试官，大家好，我是××号求职者，下面开始我的试讲。”

2）试讲开始后，求职者马上要进入到老师的角色中去，求职者就是老师，同时把面试官当成幼儿开始活动。首先，要做活动导入，可用故事导入、提问导入等方法。

3）开始全面讲解知识点，区分难点，把握重点，得出结论。在内容的讲解过程中，要充分运用师幼互动，体现幼儿的主体作用和老师的引导作用。注意在开展活动的过程中，可同时在黑板上写下知识要点或关键词。

4）活动小结，答疑解惑。

5）布置课外亲子任务，体现教学活动的完整性。

6）用语言提示幼儿活动时间已到，可到户外活动或去喝水。

7）最后，试讲完后对面试官说：“各位面试官，我的试讲完毕，谢谢！”对面试官行鞠躬礼。

实战演练

幼儿园中班科学教育活动“不一样的叶子”试讲案例

活动目标：

1）发现并比较不同叶子的差别，有重点地说出叶子的特征。

2）能按不同条件给叶子分类，了解几种特殊的叶子，感受叶子的多样性和奇特性。

活动准备：幼儿事先采集的叶子；不同的叶子实物和图片；分类盒、纸、笔；投影仪；盆栽含羞草、猪笼草。

各位面试官，大家好，我是××号求职者，我抽到的题目是中班科学活动“不一样的叶子”，下面开始我的试讲。

1）分享交流采集叶子的成果。

教师：小朋友们，昨天老师布置了让大家回去收集不一样的叶子，现在大家来相互说一说，你采集到了什么叶子，它是什么样的？

2）比较不同叶子的差别，有重点地说出叶子的特征。

教师：这些叶子一样吗？有什么不同？我们看到小红举手了，你来说一说。

（教师引导幼儿说出叶子的不同之处，并通过投影仪展示、比较叶子。）

小结：叶子有各种各样的，颜色、形状、大小、叶脉、边缘都不一样，但是每片叶子都有叶肉、叶脉和叶柄。

3）给叶子分类。

教师：你会给叶子分类吗？看看谁和谁一家？为什么要这样分，给它们做个标记。

（引导幼儿在分类盒中将叶子分类，并制作分类标记。）

教师：下面我们有请小朋友来介绍一下自己收集到的“叶子的一家”。

4）了解几种特殊的叶子。

教师：叶子可以吃吗？你吃过什么样的叶子？（出示一些蔬菜）你吃过这些菜的叶子吗？你还吃过哪些菜的叶子？还有一些叶子有特殊的本领。（出示盆栽含羞草、猪笼草，以及毛毡苔、合欢的图片）你认识这是什么植物吗？它们的叶子可有着特殊的本领。

教师演示、介绍这四种植物叶子的特殊本领。

5）总结性谈话。

教师：看了那么多有趣的叶子，大家觉得大自然奇妙吗？大自然是个神奇的大宝库，有许许多多的奥秘等着我们去探索发现。

请参考以上案例，以“有趣的磁铁”为主题，面向大班幼儿开展一节科学教育活动的试讲，要求在10分钟之内完成。

四、说课

说课，就是求职者以口头表述的形式具体阐释教学活动的设想及其理论根据。简单来讲就是要说清：教什么、怎么教、为什么教。求职者在说课过程中不仅要将教学设计说出来，还要将隐含于教学设计背后的设计思想、教育理念、具体依据一并说出。

1）说教材：通过分析所选活动主题的内容特点，指明它在整体教学中的地位，求职者须说明此次活动的内容是什么、为什么要选择这些内容以及参考的相应教材。

2）说学情：简要说明包括幼儿的年龄特点、身心发展状况、幼儿原有知识和基础技能的掌握情况、智力发展情况等。

3）说目标：如何确定目标——情感、认知、能力。目标的评价重点在于是否明确、是否具体、是否可检。与此同时，教学活动的重点、难点以及突破的方法也在此项说明。

4）说准备：包括活动前的准备（家长工作、社区协调、环境创设、资料收集等）、活动中的准备（有关玩具、教材等材料）。

5）说教法：主要说明在本次活动中将采用的教学方法和运用的教学手段，以及这样做的原因。建议着重说明有创意、有想法的教法，特别是培养幼儿创新精神和实践能力的具体做法。

6）说学法：说学法就是说明幼儿要“怎样学”“为什么这样学”的环节，教师要说出教给幼儿哪些学习方法、培养幼儿哪方面的能力。幼儿园教学活动中常用体验法、操作法、小组合作法、观察法等学习方法。

7）说流程：这一环节往往是拉大不同求职者说课水平差距的环节，一般要说清“总共有几大环节”“各环节的主要目标”“如何引导幼儿学习”“ 如何帮助幼儿在情感、认知、能力等方面获得提高”等方面。

8）说特色与亮点：要突出说明自身的教学风格与特色。

案例欣赏

大班社会活动“着火了，怎样办?”说课稿

1. 说教材

（1）课题来源　火灾是生活中危害极大的意外事故之一，因此，让幼儿学会在火灾事故中保护自己的生命显得尤为重要。有必要让幼儿了解火灾发生的几种原因，培养幼儿的防火意识，学习拨打“119”火警电话的正确方法及几种火场逃生的技能。《幼儿园教育指导纲要》指出，幼儿园教育活动要既符合幼儿的现实需要，又利于其长远发展，还助于拓展幼儿的经验和视野。因此，此活动既来源于现实生活，又能服务于幼儿的生活。

（2）目标

1）了解火灾发生的几种原因，明白在平时生活中不能随意玩火（重点）。

2）知道火灾报警电话为“119”，以及拨打的正确方法（重点）。

3）学习几种火场逃生的方法和技能（难点）。

2. 说教法

《幼儿园教育指导纲要》指出：“教师应成为学习活动的支持者、合作者、引导者。”因此，活动中应力求“构成合作探究式”的师幼互动。大班幼儿已有了基本的思维和分析能力，因此，采用直观教学法，先设置问题，让幼儿带着问题去看挂图寻找答案。此外，还适时采用了交流讨论法、赏识激励法、审美熏陶法、游戏法层层深入，加以整合。

3. 说学法

以幼儿为主体，创设条件让幼儿参加探究活动，不仅仅提高了认识，锻炼了潜力，社会情感也得到深化。

（1）多通道参与法　新《幼儿园教育指导纲要》指出，幼儿能用多种感官，动手动脑，探究问题，并用适当的方法表达、交流探索的过程和结果。因此，活动中每一个环节都引导幼儿带着问题去看一看、想一想、说一说、尝一尝、学一学，不知不觉就掌握了自我保护的方法，提高了自我保护的意识。

（2）游戏体验法　心理学指出，凡是人们用心参加体验过的活动，记忆效果就会明显提高。为了让幼儿能掌握正确的方法从火场里逃生，在设置的火灾场景中进行逃生、消防演习。

4. 说活动过程

活动流程为：激发兴趣→自由探索→学习讨论→游戏体验。

（1）激发兴趣　活动一开始教师就提出问题：“发生一件什么事情?”“什么原因引起火灾的?”通过课件“着火了”设置情境，引发幼儿对教师提出的问题的关注、兴趣。在接下来的环节中，以“你认为是什么原因引起火灾?”作为发展主线推进活动开展。

（2）自由探索　根据幼儿好奇、求知的特点，运用皮亚杰的认知发展理论，在第二环节中安排孩子自由探索。给幼儿看挂图，进行观察。在这一过程，教师是引导者、支持者、合作者，让幼儿在简单自由的氛围中与同伴、教师说说各自看到的是什么。在这一过程中，孩子获得的经验是零碎的，那怎样进行加工整理呢?为此，在自由探索后以幼儿集体讨论的方式，对发生火灾的原因进行整理。由于挂图材料投放在孩子们的视线前面，故讲评时可结合挂图进行，避免空洞错漏。

（3）学习讨论　由于大班孩子已具备多维度思考的能力，因此，在让孩子学习如何报火警、逃生两个重要环节中，都是先提出问题让幼儿去思考，再让他们进行分享。在此，对于错误的方

法和争论，教师不加以否认，而是通过多媒体学习，教师再加以分析、引导、小结。这两个环节，孩子都处于自由、宽松的氛围中。

(4) 游戏体验　在幼儿都掌握了报火警、逃生方法后，可采用老师扮演消防员，孩子扮演报警群众、受困群众来开展游戏体验活动。这一环节充分体现了角色游戏带来的趣味性、知识性，让孩子完全投入于游戏知识的氛围中。在教师生动的言语引导下，师生共同游戏、学习。

请参考以上说课稿，撰写一篇针对小班健康教育活动“我爱洗手”的说课稿。

五、才艺展示

作为幼儿教育专业的毕业生，弹、唱、说、跳样样不能少，但是在面试应聘的讲台上，该如何进行才艺展示呢？建议同学们侧重选择能体现自身教学能力的才艺进行展示。例如，某位同学钢琴弹得非常好，演奏八级曲目不是问题，但需考虑到幼儿教师在日常教学活动中涉及难度较高的专业曲目的机会较少。因此，建议该生在才艺展示中选择演绎幼儿即兴伴奏或弹奏幼儿钢琴曲目，这样显得更具有专业针对性。同理，唱歌、讲故事、舞蹈等才艺展示都建议尽量以幼儿教育专业为基础，着重展现自身教学能力。

实战演练

1. 请即兴讲述一个与“夏天”有关的儿童故事，限时 5 分钟。

____

____

____

2. 请以“我和妈妈”为主题创编一段即兴幼儿诗歌并进行诵读演绎，限时 5 分钟。

____

____

____

参考文献

[1] 陶建君. 浅谈幼师生儿童故事讲述策略 [J]. 语文学刊（教育版），2013（14）：130－131.
[2] 张莹. 浅谈幼儿故事编构能力培养策略 [J]. 好家长，2015（34）：194.
[3] 黄珠平. 浅谈幼儿故事的讲述艺术 [J]. 林区教学，2001（1）：30－31.
[4] 袁增欣. 幼师“讲故事”教学研究 [D]. 石家庄：河北师范大学，2012.
[5] 教育部基础教育改革研究中心. 2017 年区域优质教育资源的整合研究研讨会成果集. [C]. 北京：[出版者不详]，2017.
[6] 石英. 幼师生故事讲述能力培养浅谈 [J]. 语文学刊（教育版），2014（17）：156－157.
[7] 贾莉霞. 浅谈幼儿园故事教学——让孩子在故事中成长 [J]. 小学科学（教师版），2015（6）：177－177.
[8] 中公青海教师考试网. 教师招聘考试幼儿教学技巧：如何讲故事 [EB/OL]. (2014－07－21) [2018－03－08]. https://wenku.baidu.com/view/25c19ac2dd88dod233d46a84.html.